The Master Thought Quintessence

康德论人性与道德

[德国] 伊曼努尔·康德◎著
石磊◎编译

中国商业出版社

图书在版编目（CIP）数据

康德论人性与道德 /（德）康德著；石磊编译．--北京：中国商业出版社，2016.2

ISBN 978-7-5044-9274-6

Ⅰ.①康… Ⅱ.①康…②石… Ⅲ.①康德，I.（1724～1804）—哲学思想 Ⅳ.①B516.31

中国版本图书馆 CIP 数据核字（2016）第 021084 号

责任编辑　姜丽君

中国商业出版社出版发行

010－63180647　www.c－cbook.com

（100053　北京广安门内报国寺 1 号）

新华书店总店北京发行所经销

北京中创彩色印刷有限公司

＊　＊　＊　＊

710×1000 毫米　16 开　18 印张　250 千字

2016 年 4 月第 1 版　2021 年 1 月第 2 次印刷

定价：38.00 元

＊　＊　＊　＊

（如有印装质量问题可更换）

序

有两种伟大的事物，时间越长我们越是执著地思考它们，我们心中就越是充满永远的新鲜，有增无减的赞叹和敬畏——那就是我们头上的灿烂星空和心中的道德法则！两百多年前，一个世界上最伟大的哲学家，把这个结论写在了他的著作《实践理性批判》中，并刻在了他的墓道上。他就是康德，一个被誉为哲学王冠上最璀璨的明珠，卓然挺立于人类思想顶峰上的巨人。在他离去200多年后，20世纪的哲学家们，惊叹地发现他的哲学应当成为新哲学的基础和出发点，任何离开他的立场的倒退都是不能接受的。哲人们纷纷著书立说高呼着“回到康德那里去”，回到这个世界公民的身边去。

伊曼努尔·康德，1724年诞生在波罗的海一个建堡不久的城市——哥尼斯堡，这个意为“国王之山”的城堡，如果也算是一座历史名城的话，那也是因为康德这个哲学王国的国王的诞生。经过时代的变迁，战争的洗礼，如今在地图上已查不到这个城市了，这也许让这个期望“永久和平”的老人永远无法安息，只有他那不算富裕的父母，送给他的名字的取义——上帝保佑我们，可以为其超度灵魂。在未来的几百年里，是否还会有另一个哲学王者出现，我们不得而知，但我们应该崇敬他。

伊曼努尔·康德的王者气度，不在于其智慧胜过了辩才无碍的释迦牟尼，而在于他通过理性假定了上帝的存在，正如他所说，如果上帝存在的目的是为了人类的幸福，也因为上帝的存在是不可以证明的。他的二律背反为自己的哲学划出了界限，而一个又一个的二律背反，也为世间的思维划出了界限的边缘。今天，即使是职业的哲学家，大多数人也都无法将浩如烟海的西方哲学著作读懂，读遍，更遑论一般读者。不懂哲学的人群，是文明程度低下的人群，也是缺乏思辨智慧、找不到真正的真理及思想的人群。

正是因为这一点，为了能让更多的读者快速简约地与大师亲密地接触，我们编译了这本《康德论人性与道德》一书，将康德深奥的哲学思想，以通俗易懂、短小凝练的方式介绍给广大读者，也算是我们奉献给当代社会的一顿思想大餐，以此反省我们的生活，反省我们的流行文化，反省我们的人生。我真诚地希望这一点能为大家所接受，并且希望我们不仅做了，而且做到了这一点。

我们编译的这本《康德论人性与道德》，其题材内容可以说是康德哲学思想的经典智慧。为了符合读者的要求，我们在编译的过程中，对本书的部分文章按原稿内容的层次添加了部分标题，使读者读起来更易于理解，但由于水平所限，所拟的标题不一定贴切，望读者见谅！

最后尚需说明的是，由于时代的局限和康德个人的偏见，本书一些作品中的唯心主义和个人主义表现比较明显，有些观点和论述显然是主观的，请读者在阅读中予以鉴别，取其精华，去其糟粕。

目录

一、善良的意志

在世界之内，除了善的意志外，没有什么可被称为善而无限制。明智、机敏、判断，以及心灵的其他才能，不管你如何称呼，或者胆量、勇敢、坚忍等等气质上的品质，在许多方面，无疑都是好的，而且是可欲的；但是如果“去使用这些天赋才能”的意志，因而也就“构成那叫做品格”的意志，不是善的，这些天赋就可能变成极端坏的或有害的。关于天赋幸运，也是如此。权力、富有、荣誉，甚至健康，以及一般的福利，与那称为“幸福”的人自己状况的舒适满意，“如果没有善的意志”去纠正这些事物在心灵上的影响，去纠正行动的全部原则，而使这些东西的影响以及行动的全部原则都成为“普遍的和目的的”，那些事物、权力、富有等都可能引发骄傲，并且时常引发专横武断。……如果没有善的意志去纠正它们（权力等）在心灵上以及在善的意志的“行动的诸原则”上的影响力，以便去使权力等的影响力普遍地符合于善的意志的目的，则它们（权力等）都可造成骄傲，甚至妄自尊大。一个人若不曾以纯粹而良善的意志的特征来润饰自己，却享受无止境的荣华，这样一个人的风貌决不能给一个公正而有理性的旁观者以愉快的感觉。这样说来，善的意志是构成幸福不可缺少的条件。

甚至还有一些特性，它们可服务于善的意志本身，而且可促进其活动，但它们却没有内在的、无条件的价值，它们总是要预设善的意志，这善的意志限制着我们对它们正当地尊崇，也不容许我们去认它们为绝对的善。例如在性情及情绪方面的温和，自我节制，以及安静的思考，这些不但在许多方面都是好的，而且可构成人格的内在价值；然而它们却远不足以无限制地被称为善，纵使它们曾无条件地被古人赞美。因为若没有善的意志原则，它们也可以变为极端的坏。一个恶徒的冷静沉着，在我们眼中，不仅使他比他无此冷静更为危险，而且也直接使他比他无此冷静更为可憎。

善的意志，并不是因为它所做成的而为善，也不是由于它适宜于达到某种拟议的目的，而是因决意之故而为善，那就是说，它自身就是善的，而且以自身而论，它是被估价为比它在偏爱任何性好中，甚至在偏爱一切性好的总集中所能做到的要高很多。纵使有这样情形发生，即由于幸运特别不眷顾，或由于继母般的虐待恶遇，这意志完全无力去完成其目的，即使尽其最大的努力，它也毫无所成，这时只剩下一个善的意志（这善的意志并非只是愿望，但却是能聚集力量中的一切意志），纵然如此，它也好似珠宝一样，仍以自己之光而照耀，好似其自身就有全部价值。它是否有用，既不能对这价值增加什么，也不能从这价值中减损什么。好像只是一种镶嵌物，这足以使我们在普通商业中更便利地去销售它，或吸引那些不是精于此道的外行人对它注意，但却不把它推荐于内行人，也不去决定它的价值。

但是，只是意志本身的绝对价值这种观念中有某种甚为奇怪的事，即既然普通理性也完全同意这个观念，然而仍怀疑会发生：它或许只是高度幻想的产品，而我们也许在指定理性为我们意志的统治者中误解了自然目的。所以我们将以这个观点来考察这个观念。

在有机的物理构造中，我们预定以下所述为根本原则，即对任何目的没有其他器官可被发现，除了那最合适的而且最能适应于目的的器官。现在，在一个具有理性与意志的存在中，如果自然恰当的目的真只是它的保存、它的福利，总之真只是它的幸福，则自然在选择存在的理性以达到目的，可说是作了一个很坏的安排。因为，这个被造的存在为此目的去做的一切活动，以及它行为的全部规律，必能因本能而规划给它，而那个目的也借着本能比借着理性更确定地达到。在本能以上，如果一定要将理性授与这被眷顾的存在，理性只是服务于存在，可让它去体会它本性的幸运构造，去赞叹这幸运的构造，去庆祝它自己在这幸运的构造上面的成功，并去为这幸运的构造而感谢造物主，但却决不是说理性是为将它的欲望隶属于软弱而虚幻的指导之下，而且为这存在干涉自然的目的。

总之，自然必自戒慎，不让理性横加干预实践的运作，也不让理性有无根的臆想，以其虚弱的洞见擅自去为自己想出幸福的方案，并想出达到幸福的手段。自然不只理会目的的选择，也要理会手段的选择，而且以明智的先见将目的与手段都委托于本能。

事实上，一个有教养的理性越是致力于生活的享受与幸福，这人就越不能有真正的满足。从这种事实里，在许多人身上（如果这许多人他们坦诚承认这事实），发生某种程度的理论厌恶，即痛恨理性，特别在那些对使用理性最有经验的人身上是这样，因为这些人甚至从科学引出的一切利益之后，事实上只负荷了更多的苦恼在他们的肩上，而并不是对幸福有所获得，所以，他们就终于嫉妒（而不是轻视）一般人的较通常的行径，这一般人是听任本能的指导，而且不让理性影响他们的行为的。可是我们也必须承认这一点，即那些想把理性所给予我们的利益赞颂极力降低，甚至把这降至为零的人们判断的善不高兴或不感恩，却是在判断的深处藏有这样的观念，即我们的生存有不同的目的，理性正是指向这目的，而并不是指向那幸福，因此，这较高贵的目的必须被认为是最高的条件，而人们的目的必须移后。

理性在意志的对象以及我们的欲求的满足上，不足以用确定性去指导意志，就此指导这一目的，那一植根很深的本能却能以更大的确定性来导致此目的。纵然如此，但因为理性是当作一个实践机能而赋予我们，也就是当作一个“在意志上有影响力”的实践机能而赋予我们，所以，由于承认大自然一般的说法，在她的能量的分配上，已能使手段适宜于目的，因此理性的使命也必须去产生意志，这意志也为善，不只是当作获得某种别的东西的手段而为善，而且其本身就是善。而对这样的意志，理性是绝对必要的，因为大自然在别处已能把那些能量分配得很适宜于它们所要的功能，所以理性的恰当功能必须去产生一个自身为善的意志，而不是一个只当作工具而为善的意志。这个意志，虽不是唯一个而完整的善，却必须是究其极致的善，必须是其余的每一善的条件，甚至是幸福的欲求的条件。在这种情形下，理性的培养，至少受到今生多方干预，但在这事实中，并没有与大自然的智慧不一致，理性的培养甚至把那次等目的（幸福）化归于无，大自然也不因此而不适合她的目的，因为理性认为善的意志建立为最高的实践使命，而在达到这个目的或完成这个使命中，理性只能得到它自己的同类者的满足，就是说，这种满足是目的的达到才获得的满足，而这一目的又只为理性所决定，是从这样一个目的的达到而来的满足，不管这种满足是否可使性好的目的大为失望（落空），也不会有丝毫的改变。

因此，我们要把意志的概念发展成这样一种意志：它是单为自己值得高度地被尊崇，而且其为善并不因顾及任何别的东西而为善，这样一种意志的概念，早已存在于健全的自然理解之中，它只需要弄清楚，而不需要被教成，而且它在估量我们的行动的价值中，总是居在首要的地位，而且是构成一切其他价值的条件。要想做到这一点，我们将运用义务的概念，这个概念包含着善的意志的概念，虽然它也蕴涵着一些主观的限制和阻碍，但是这些决不足以蒙蔽这善的意志，或使它成为不可认知的，通过对照，反而能把它表露出来，并且使它更光亮地发光。

二、道德的修养与训练

所谓纯粹实践理性的方法学，我们不是把它理解为“不管在研究中或在解释中，为得到纯粹实践原则的科学性的知识而去进行这些原则”，这种进行的模式在别处理论的（知解的）哲学中恰当地被称为“方法”的唯一模式。反之，此处所谓方法学被理解为这样的一种模式：在此模式中，我们能使纯粹实践理性的法则接近于“人的心灵”，并且影响于“人的心灵之格言”，那就是说，通过这种模式，我们能使客观实践的理性成为主观实践的。

“唯那些‘能使各种格言成为真正道德的格言，并给予此格言道德的价值’的意志之决定原则”，即，唯直接法则之观念（思想），以及“遵守此法则以为我们的义务”之客观的必然性，必须被视为行动的真正动力，这一点是很清楚的。行动的合法性或可被产生出来，但是品格的道德性却并不能被产生出来。可是，“主观地说：那种纯粹道德性的展现比快乐欺骗性的诱惑，或一切算作幸福的欺骗性的诱惑，或痛苦不幸之威胁，能有更多的力量以驾驭人心，并能结成（达成）行为的合法性而供给较为强大的动力，并能产生更为有力的决心以去符合于法则，而没有任何其他的考虑”。这一点却并不够清楚，而且相反，初看对每一人是不会发生的。可这一点却是实情，如果人性真不是这样被构成的，则没有“通过迂回的路径以及间接的劝告而呈现法则”，这样一种呈现模式将会产生品格之道德性，一切只是纯然的伪善。法则必是被厌恶的，或是被轻视的，当它被遵循时，却亦是为自己的利益而被遵循。法则的合法性自会见于我们的行动中，但是法则的精神却决不会见于我们的心灵中。由于我们的一切努力，仍不能在我们的判断中完全不受理性的约束，所以我们必不可避免地在自己眼中显现为无价值而又卑劣的人，纵使我们想在内部法庭面前，以享受快乐来为此耻辱而补偿我们自己，也仍是无价值而又卑劣的人。所谓以享受快乐来补偿，这快乐即一假想的自然法则或神性法则，可以被想象为要把一种警察机关与此快乐相联系，此警察机关是通过那已被做成的事而规制其行动或工作，而却并不以关于做此事的动机来困扰其自身。

"要想把一些无教养低劣的心灵引入'道德的善'的轨道中，某种预备的指引是必要的，或以展望于自己的利益而吸引他，或以利益丧失的恐惧而警诫他"，这层意思实不能被否决。但是当这种机械工作，这种引导线索，已产生某种效果时，我们即必须把纯粹的道德动力引至于心灵之前，此纯粹的道德动力，不只是因为它是唯一的能为一种品格的基础者，也因为它教导一个人能去感到自己的尊严，因此它能把一种料不到的力量，甚至自己也料不到的力量，给予心灵，给予他以便去把一个人自己与一切感触的附着物拉开，并为一个人所供给的牺牲找到丰富的补偿，即在此人本性的独立性中，以及在其见到其分到的灵魂之伟大中找到丰富的补偿。因此，通过这样的观察，我们将表示说：心灵的这种特性，这种接受纯粹的道德与兴趣的接受性，这纯粹德性概念的动力，便是最有力的动力，而当论及对于道德格言的连续而严格地遵守时，它是善行之唯一的动力。但是，以下一点必须记住，即如果这些观察只证明这样一种情感的真实性，却并不表明通过此情感而产生任何道德的改进，如果是如此时，这也并无论据足以反对"通过纯然义务概念的力量以使纯粹理性的客观实践的法则，成为也是主观地实践的"这唯一的方法确实存在着；它也不能证明这方法是无效的虚妄。由于此方法从未成为流行的时尚，因此关于此方法的结果，经验是并不能说什么的；一个人只能要求"对于这样的动力之接受"这接受性的证明。我现在将简单地把它们呈列出来，然后再把这方法，即"建立并训练或培养真正的道德意向”的方法描画出来。

当我们参与各式各样朋友的谈话时，观察出：除说故事及开玩笑外，他们间也有另一种娱乐，此节辩论是：因为故事，如果他们要有新奇兴趣，那他们不久便会说尽了，而开玩笑也同样容易变成乏味。说到辩论，一切辩论中，没有一个辩论比关于“某人的品格所以形成”的道德价值的辩论，更为那些“觉得任何其他精微的讨论都沉闷乏味”的人们所乐于参与，也没有一个辩论比关于行动的道德价值的辩论给朋友带来更多的生动活泼。人们，即“在其他情形的理论问题中的任何精微而思辨的东西，对之都是枯燥而令人厌倦”的那些人们，当这问题是要去做出那已被关涉到（被详说到）的善行或恶行之道德的意义时，他们立刻参与其中，并且在想出任何“足以减小行动中的目的的纯净性，因而也就是说，降低行动中德性的等级性”的东西中，他们又表现了准确，精细（明察），此则是在任何其他思辨中我们所不能期望于他们的。在这些评论中，对于他人作判断的人们常显露了他们自己的性格：有些人在实行他们的裁判任务时，特别是在实行其关于已死之人的裁判任务时，似乎主要倾向于去维护那关于这件事或那件事的善性，以反对一切有害的挑剔即关于不诚实的有害的挑剔，而最后总归于去维护此人的全部道德价值，以反对对于“虚伪与秘密的邪恶”的非难；另一些人则正相反，他们把心思更转向于攻击此价值，通过责备与挑剔（吹毛求疵）而攻击此价值。但是，我们不能总是把这意向，即“全然驳除德性于一切人类的行为范例之外，以便使德性为一空名”这种意向归给后一类人；正相反，他们的挑剔时常只是很有意义的严格，即在“依照不可通融的法则，以决定行动真正的道德意义”中的很有意义的严格。与这样一个法则相比较，这种比较大大降低了道德中的自大，它不只是教人谦卑，且使每人都感到谦卑，当每个人真切地检查自己时，虽然如此，我们也能大体在那些“维护特定范例中的目的之纯净性”的人们中观察出以下一点：当某处发生关于正直的推定时，他们急于排除那污点，即使是最小的污点他们也急于排除，怕如果一切范围例如其真诚性都须被争辩，又如果一切人类德性纯净性都真被否认，则人类的德性终于可被视为是纯然的妄想，因而去达成德性的一切努力，也必被轻视为徒然的做作（矫饰）与虚妄的自大。

我不知教育青年者为什么好久以来不曾使用理性的这种倾向，以快乐的心情去进入那些被堆起的实践问题最精微的考察；而且我也不知在首先奠下一纯粹道德的"问答教授法"的基础以后，他们为什么不曾通过古时以及近时的传记，以就近得有事例，即关于"所已置下"的义务的事例之目的，来作研究（或探索）。研究这样一种事，教育青年必可见到：即使是很年轻的青年，在关于其他种类的东西的思辨上尚仍未成熟者，必会即刻变得十分敏锐而且很有兴趣，因为这些青年已感到他们判断力的进步；而那最重要的事便是教育青年者能自信地希望"知道并且赞许善行的全部纯净"这种知道与赞许的经常的练习，以及"以遗憾或轻蔑来注入那些越轨的行动，甚至是最小的超轨的行动（越出善行）"这种注录之经常的习行。虽然这种练习可以只当作一种游戏，即"儿童于其中可以互相竞争"的游戏，然而它将对于尊敬这一面而厌恶另一面（给青年）留下一持久的印象；而这样，通过"注视行动值得赞许抑或值得责备"这种注视之纯然的习惯，一个好的基础必可为（青年之）将来的生活行程中的正直而置下。不过，我希望教育青年者割爱那些所谓高贵的（有非凡功绩的）行动的范例，而把一切事让它们只关涉到义务，以及只关涉到"一个人在其自己眼中所能给予于，而且必须给予于，他自己"的那价值，即通过"不要违犯义务"的意识所能给予于而且必须给予于他自己的那价值。因为凡是急想驰入空洞的愿望，并渴望一不可企及的圆满者都必只产生传奇的英雄，而这些英雄，当他们依其"超越的伟大"之感而自夸自负时，他们转而便解除了对于普通而日常的义务的遵守，这些日常的义务对于他们，似乎是琐碎而无意义的。

但是，如果问：什么东西真正的是纯粹的道德，以此纯粹的道德作为试金石，我们必可检验每一行动道德的意义，假定如此问时，则我必须承认：只有哲学家才能使此问题的裁决成为可疑的，因为就常识而言，那是早已通过习惯的使用而被裁决，就像左右手间的区别那样。因此，我们将首先在一范例中指出纯净德性的标准，继之，想象这范例是被置于孩子来判断，那么，他是否即以其自己而无教师指导便可必然如此来判断。设有一正直的人，人们想说服他去参加对一个无罪而又无力的人施诬告，人们以诸多利益，如高贵的礼物，高级的职位，供给那个正直的人，但是这正直的人拒绝了这一切利诱。这一点将只在听者的心灵中引起赞许或喝彩。现在，他开始遭受威胁。在这些诽谤者之间，有些是此正直人最好的朋友，这些最好的朋友现在要与他断绝朋友关系；有些是他的近亲，他的这些近亲威胁也要剥夺他的继承权（因此他将无财产）；有些是有权势的人，这些有权势的人迫害他与折磨他；有一个王子以自由的丧失甚至生命的丧失来威胁他。那么，为使"忍受痛苦"的忍受度充其极，以便他可以感觉到这样的痛苦，即"只有道德的善的心灵才能十分深切地感觉到之"这样的痛苦，让我们设想他的家族以极端的穷困与贫乏来威胁他，恳求他让步或投降；设想他自己，虽然是正直的人，然而其情感并非是刚性的或无感的（麻木的），即对他人的同情或对自己的灾难，并非是刚硬的或无感的；设想他，在当他想他决不愿活着去看到"把他暴露于这样不可言喻的痛苦中"的那一天，正在他这样想的那一刹那中，他犹存有忠诚于"其目的之正直"，没有摇动，或甚至也无疑虑；那么，我的年少的听者他渐渐从只是赞许上升到仰慕，从仰慕上升到惊异，而最后又上升到最大的尊敬，又上升到生动的愿望，即"他自己也能成为这样的一个人"的愿望。但是在这里，德性是有如此多的价值，并不因为它带来什么利益。一切赞美（仰慕），甚至一切努力去求类似于这种品性，都完全基于道德原则的纯净，此道德原则之纯净，只能通过"从行动的动力中，把人们视作幸福的东西都移除去"而显著地被展示出。那么，道德性若更纯净地被展示，它即必有更多的力量以驾驭人心。从此随之可说：如果道德的法则以及神圣性与德性的形象，要想毕竟能表现任何影响力于我们的灵魂上，则它们之能如此，是只当它们以其纯净性作为动力，即不夹杂以“任何意在于福利”的动力，而被安置于心灵上，因为那正是在忍受痛苦中，它们才最高贵地表现了其自身。一种因素如果被移除足以加强动力的效果，则它必曾经是一障碍；凡从我们自己的幸福而来的任何“动力之混杂”都是对于“道德法则影响于人心”的一种障碍。我们可进一步肯定：甚至在那种被仰慕的行动中，如果“此行动所由之以被作成”的动力是一高度的尊重于义务，则正是这尊敬法则才对于旁观者的心灵有最大的影响，而并不是任何虚伪的要求，要求一设想的“心灵内部的伟大或高贵的功绩热情”，它对于旁观者的心灵有最大的影响。我们可说：义务，并不是功绩，它必须不只对于心灵有最确定的影响，而且当它依其不可侵犯性的真相而被表象时，也对心灵有最深入的影响。

当人们希望以柔性的、和善的情感，或昂扬的、夸张的虚伪要求来在心灵上产生更多的结果，即比通过平易而真挚的“义务的表象”在心灵上产生更多的结果，当人们如此希望时，则在我们的时代把注意指向于这种方法，是比任何时代更为必要的。“去把那种叫做高贵的、豪爽的、有功绩的行动，当作一种模型置于儿童之前，以此置于其前，且连同迷惑他们的观念，即通过‘注入热情以热衷于这样的行动’来迷惑他们，这种迷惑的观念，而把那行动当作模型置于其前”，这种办法正足以挫折了我们的目的。由于他们在遵守日常的义务中，甚至在对此日常义务正确的估计中，仍然还是如此落后而迟钝，因此这种办法简单地说来，只是使他们即刻成为幻想的荒唐人。但是，即使就那已受教导而且有经验的一部分人而言，这种设想的动力，如果它不是有害的，它至少在心灵上也无真正的道德结果可产生，可是，这真正的道德结果却正是那设想的动力所产生者。

一切情感，特别是那些“产生不平常的努力”的情感，它们必须正在其鼎盛时，以及在其沉静下来之前完成其结果，不然，它们产生不了什么事，因为不曾有什么东西足以加强心灵，只去激起心灵，激起后，我们的心灵自然地又转回其正常的温和状态，因而回到以前的沉闷无力的状态。原则必须被建立于义理上；在任何其他基础上，只能有激情发作，此种激情不能给人以道德价值，甚至也不能给人以自信，可是若没有这种自信，人最高善的心灵与品格的道德性的意识，决不能存在。现在，如果这些义理要成为主观实践的，则我们必不要以“赞美客观的道德性的法则，并在涉及‘人类一般’中高度地尊崇此法则”为满足，且须在关联于作为一个个体的人来考虑对此法则的想法，则此法则即在一“实是高度地值得尊敬”的形式中显现，但它却并不显现为如此之可愉悦，好像它是属于这样的一种因素。即“此作为个体的人所自然地习惯之”的一种因素，正相反，它却显现为时常地强迫这作为个体的人去离弃这样的因素，此并非无自我否决者，也强迫这作为个体的人去把他自己委身于一较高的因素，在此较高的因素中，此作为个体的人只能以艰苦努力并以不停止的戒惧来维持自己。总之，道德法则要求从义务而来的遵守，并不是要求从嗜好而来的遵守，嗜好不能也不应被预设。

现在让我们在一个例子中，看看一个高贵而慷慨行动的想法，是否比“这行动只在关联于庄严道德性的法则中，被思议为义务”有更多主观的动力。这样一种行动，即“一个人想冒自己生命的危险，从一失事的船中营救他人，而最后终于在此企图中丧失生命”。这种行动，一方面可算是一种义务，另一方面它被算作一种有功绩的行动，但是，在后一种情形中，我们之所以尊敬此行动，是为此人的“对其自己的义务”的概念所减弱，其“对其自己的义务”的概念在上一情形中似乎或多或少被侵害了。为一个人或国家的安全而慷慨牺牲性命，这是更为果决的，但是，“自动地而且没有被指使地去尽力或献身于此目的，这是否是完全的义务，而这行动自身是否没有充分的模型力量，以及去做此模型的冲动”，关于这些，还有疑虑。但是，如果所论的是不可免除的的义务问题，违反此义务其自身即亵渎了道德法则而无须顾及人类的福利，而且也蹂躏了道德法则的神圣性，如果是如此，则即把我们的最圆满的尊敬给予于“此义务的追求或履行”，即在“牺牲一切那些在最亲爱的爱好上有任何价值的东西”中“义务的追求或履行”，而且我们见到我们的灵魂是通过这样的范例而被加强和被提升的。我们通过默想此范例而使我们自己确信：人性是能够有这样伟大的一种提升，提升于“大自然所能以之以反抗此范例”的每一动力之上时。犹文纳依“逐渐加强而达于顶点”之法描述这样的一种范例，此范例可以使读者很生动地感到那含在义务（作为义务的义务）的纯粹法则中动力的力量，其描述如下：

战士英勇，师道尊严；
听讼断案，明镜高悬。
司法场中，去作证人；
哪怕暴君，酷刑考验。
威逼利诱，作假证言；
当念人生，道德良心。
苟且偷生，罪莫大焉！

只要当我们把“任何谄媚性的功绩思想”带进我们的行动中时，则动机即早已或多或少夹杂自私，因而也有从感性边而来的某种参助。但是，“去把任何别的东西置于义务的神圣性之后，而且意识到我们之所以能如此处置，是因为我们自己的理性承认如此处置是为理性自己所发的命令，并且说我们应当去如此处置”，这一点，就好像是要去把我们自己全然升于感触世界以上，而且有法则意识不可分离地含在此提升中，而此法则的意识是当作一种“控制感性”机能的一动力者，虽然此一动力并非总是伴随结果，然而经常地用心或致力于此动力，并且初步小小的尝试——尝试使用此动力，这便可给以希望，即希望这结果可以被做成，并希望逐渐这结果中最大的而也仍是一纯粹的道德的兴趣，可以在我们身上被产生出来。

这样，我们的方法是取以下之程序。第一步，我们只关心于去使“依道德法则而判断行动”成为自然的事情，并且去使此判断好像是要成为一种习惯，并且为使此判断力锐利，我们首先问：此行动是否客观地符合于道德法则，如果符合，则符合什么法则；因此一问，我们把那只供给一“责成之原则”的法则，与那“实际上是责成的”法则区别开；举例来说，那关于“人们的需要所要求于我者”的法则，是与那关于“他们的权利所要求者”的法则相对，后者的法则规定本质的义务，而前者的法则只规定非本质的义务；而这样，我们可教人如何去分别那“在同一行动中相会合”的不同种类的义务。我们的注意所必须指向的另一点便是这问题，即这行动是否也主观地为道德法则之故而被作成，如果是这样，则此行动不只是当作一行事而为道德正确的，且通过“它所依以被作成”的那格言，它又当作一意向而有道德的价值。“这种练习功夫，以及在只判断实践的事中，我们理性的有成效的培养，必逐渐产生某种一定的兴趣，甚至有兴趣于理性的法则，有兴趣于道德地善的行动”，这里并无可疑虑。因为我们最后终于爱好一种事，对此事的默识可以使我们感到认知机能的使用是被扩张了的，而此种扩张特别是通过那“我们于其中找到道德的正确”的东西而被推进了一步，因为只有在这种事物的秩序中，理性，连同着其“依照原则而先验地决定那所应当被作成者”，这决定之的能力，才能找到满足。一个自然的观察者最后终于喜爱那“起初触犯其感性活动或作用”的对象，当他在此对象中发现了此对象的组织十分适合于设计时，既有此喜爱，则他的理性遂在其默察中找到了滋养。因此，莱布尼兹饶了一个他曾以显微镜仔细考察过的昆虫，并把此昆虫重放在树叶上，因为他已通过观察此昆虫而见到他自己已受到了教导，好像是他已从那昆虫里接受到一种利益似的。

但是判断机能的这种使用尚不是有兴趣于各种行动以及各种行动的道德性自身。它只使我们在从事于这样的评判（判断）中取得快乐，它并把一种“美的形式”给予于德性或给予于那“符合于道德法则”的心灵意向，此美的形式是可欣羡的，但并不因其可欣羡，它便是被寻求的（被赞美与被渴望的）。此种使用好像这类事情一样，即此类事的默识可以主观地产生一种“我们的各种概想力或表象力和谐”的意识，并且于此事中，我们感到知识机能的全部已被强化。它既好像这一类事情，所以它可产生一种满足，此满足也可传通于他人，可是虽然如此，“对象之存在”对于我们可是不相干的，由于对象的存在只被看成是一种机缘，即“我们能觉知我们的才能”之机缘，这些能是被升举在纯然的动物性之上的。

第二步的训练开始了。第二步的训练就是通过范例而来的品格道德性生动的展示，在此生动的展示中，我们的注意是指向于意志的纯净性，这纯净性首先是只当作消极的圆满而被注意，即只当在“依义务而被作成”的行动中，没有爱好的动力在决定此行动中有任何影响，也只当如此时，意志的纯净性便是只当作消极的圆满而被注意。通过此种意志之纯净性，受训练者的注意力是被固定于“他的自由”的意识上，虽然这种爱好的弃绝在开始时可引起痛苦感，可是通过这个受训者从需要或欲望的迫促中，甚至是真正的需要或欲望的迫促中，撤退回来，这对他也是一种得救。即从种种不满足中而得救，而他的心灵也可成为“能够接受从其他源泉而来的满足之感觉”者。人们的心灵可从那“总是秘密地压着它”的重担中解脱出来，而也减轻了这重担，当纯粹的道德决心之事例把内部的机能显露给人们时，此所谓内部的机能即是“内部自由”的机能，此足以把自己从爱好的狂暴的缠绕中解脱出来，解脱到这程度，即没有一种爱好，甚至最亲爱的（最珍贵的）爱好，将在决心上有任何影响，对此决心，我们现在是要去使用我们的理性。设想一案件，在此案件上，只有我知道错误是在我这方面，而且在此案件上，虽然坦白承认此错误以及以奉献去赔偿是十分强烈地相反于虚荣即自私，甚至相反于一种反感，即对于“我所损害其权利的人”的反感，此种反感是一种“如不认错，也不赔偿，也并非是不合法”的反感，虽然如此，然而我仍能去放弃这些考虑；在这种放弃中，即含有一种“独立不依于爱好与环境”这种独立的意识，以及“自足于我自己”这种自足可能的意识，此种意识一般地说来即在其他目的上对我也是有益的。现在，义务的法则，因积极价值之故，它见到其更易于被接近，即在“我们的自由”的意识中通过“尊敬我们自己”而较容易被接近。当这一点已被建立起，当一个人所恐怖者再没有什么比“依自我省察在其自己眼中，见到其自己为无价值而且为可鄙”为更可怖的东西，此时，则每一道德意向即可被接合到这一点上去，因为这一点是防止心灵受污浊的（腐败的）动机压力之最好的守护者，不，是唯一的守护者。

我仅仅想去指出道德修养与道德训练的方法学最一般的格准。由于义务繁多需要对于每一种义务有特殊的规律，而此必是一啰嗦之事，所以在此书中，如果我以这些纲要为满足，我将会容易被原谅。

三、道德与良心

人心中的一个内部法庭的意识便是良心（在此法庭面前，人的心意互相责难并互相原谅）。

每一个人都有良心，并且每一个人都觉得他自己为某一内部的法官（检查官）所注视，此内部的法官威吓他，并且使他处于恐惧中（处于敬畏中，处于与惧怕相结合的虔敬中）；而这种力量，即“注视或守护在他之内的法则”的力量，并不是某种“他自己所随意造成”的东西，而是生而有之的，即组织之于其存有中者。当他想去逃避它时，它却像影子一样永远跟着他。他确实可通过快乐与分散（迷乱）而自欺（自己愚弄自己），但他不能避免偶尔醒悟，在醒悟时，他即刻觉察到它可怕的声音。在其极度的坠落中，他确实不可注意此声音，但他又不能不去听它。

现在，这一种根源的、智的，而且是道德的能力，所被称为良心者，它有这特性，即虽然它的事业是“一个人有事于其自己”的事业，但是这一个人见到他自己为他的理性所逼迫，被逼迫着去处理这项事业，好像是在另一人的命令下去处理这项事业似的。因为这种处理在这里就是在法庭前一种裁判的行为。但是，“一个为其良心所责备的人必须被思议为与法官为同一人”，这是对法庭的一种背理的想法；如此，则控诉人必丧失其立场。因此，在一切义务中，人的良心，如果它要想避免自相矛盾，它必须视自己以外的另一个人为关于“他行动”的法官。现在，这另一个人可以是一个现实的人，也可以只是一个理想化中的人，即理性为自己所构想的一个理想中化的人。这样一个理想化的人（有权威的良心之法官）必须是一个“知道心意”的人，因为这法庭是建立在人的内部；同时，他也必须是责成一切者，也就是说，他必须是或被思议为是这样的一个人，即“在阔涉于这个人中，一切义务须被视为是他的命令”这样的一个人；因为良心是一切自由活动的内部法官（检察官）。现在，因为这样一个理想化的道德的存有必须同时有一切力量（天上地下的一切力量），因为若不然，也必不能把“诸命令的适当结果，给予一切力量”以上的力量的这样一个道德的存有即叫做上帝，所以良心必须被思议为“一个人在上帝面前为其自己的行为负责”这样一种负责的主观原则；这种上帝的概念包含在（虽然只是隐晦地包含在）第一道德的“自我意识”中，不只“在上帝面前”而已。

四、道德的价值

在此，我不叙述与义务不一致的一切行动，虽然这一切行动对某些目的或许有用，因为就这些行动来说，它们可能根本不会发生，因为它们甚至是与义务相冲突的。那些符合义务，但人们并无直接的性好，因为人们更为某种别的性好所逼迫而作成，在这样的情形中，我们很容易辨别出符合义务的行动是否从义务而作成，或是从自私的目的而作成。但是当这行动符合于义务，而作此行动的人有一直接的性好，那么去作这种分辨却很困难。例如，一个商人决不会对一个没有经验的买主高索售价,这总是义务的事；而且凡商业盛行的地方,谨慎的商人也不会“随意”高索售价，只保持固定的价格，这样，一个儿童去买他的货物也与任何其他人一样。因此，人们被诚实地对待；但这还不足以使我们相信商人这样做是由于义务的原因，并出于诚实的原则而这样做：他自己的利益需要他如此做；在这种情形下，去设想“在他自己的利益以外，他可以有一种直接的性好以顾念买主，因而好似由于爱，他决不应厚此而薄彼”，这样想是离题的。依此，这种行动既不是从义务而作成，也不是从直接的性好而作成，只是以自私的目的而作成。

另一方面，“去维持一个人的生命”是一种义务，而此外，每个人也有一个直接的性好去维持其生命。但是为了这个理由，大多数人对此维持生命的那种顾虑，却并没有内在的价值，而他们的标准也无道德的意思。他们保持其生命，无疑是义务所需要的。另一方面，如果逆境与无希望的忧伤完全夺去对生命的兴趣。如果这不幸的人心意坚强，愤慨其命运，却不沮丧和灰心。这样一个不幸的人，他很想死，却还保持着其生命，他之所以保持其生命，并不是因贪恋它，也不是从性好或恐惧而保持它，只从义务而保持它。于是，他的标准便有道德价值。

“当我们能时，施惠及人”是一种义务；而除此以外，更有许多人也是富于同情心的，以至没有任何其他“虚荣或自利”的动机，他们在环境的四周找到一种快乐，而且他们能在别人的满足中感到愉快，只要别人的满足是由他们自己促成的，他就会感到心满意足。但是我认为在这种情形中，这类的行动，不管它是如何恰当，如何可爱，却并无真正的道德价值，只是与其他性好，例如好荣誉的性好，为同一层次的，因为这“行动的”标准缺少了道德的意义，也就是说，缺少了这种道德的意义。设想那个慈善家的心灵已为自己的忧伤所笼罩，消失了一切对于别人命数的同情，并设想当他仍有力量去施于在灾难中的别人时，他却并没有为别人的苦恼所感动，因为他已专注于自己的忧伤。现在设想：他强忍自己脱离这麻木和无感动，而且他做成这“施惠的”行动，并没有对于这行动有任何性好，只单纯地从义务而做成的，这样，他的行动开始有其真正的道德价值。其次，如果自然以很少的同情置于这个或那个人的心肠中，又如果这个或那个人气禀上是冷淡的，而且他对别人的痛苦是漠不关心的，或许因为他是备有这种坚忍和刚毅的特别天禀，而他设想或甚至要求别人也必有这样的天禀——这样一个人一定不会是天生卑劣平庸之辈——但是，如果他根本不适合于做一个慈善家，难道他终不会在他自己身上找到一个根源给他自己一种更高的价值，就比天生好性情的气质作成的人的价值远为更高的价值吗？这毫无疑问是能的。在这里，品格的道德价值被现出，这种价值是一切价值中最高的价值，也就是说，他并不是从性好而施惠，是从义务而施惠。

“去寻求自己的幸福”是一种义务，因为对于自己的情境不满意，这不满意就变成大的诱惑，即“诱惑着去违犯义务”的诱惑。但是在这里，一切人对“幸福”原已具有最强烈而切挚的性好，却并没有注意到义务，因为在此幸福的观念中，一切性好被结合于整体中。但幸福的箴言也常是这样的一种格言，它大大地干扰了某些性好，而同时一个人对于幸福不能形成确实的概念。因此，一个简单的爱好，即“在关于它所许诺的方面以及在关于它被满足时间方面都是十分确定的”它往往能压服那类流动浮泛的观念，例如说，一个痛风的病人，他能自行选择去享受，他不会把当前享受牺牲于那一种幸福的期待。即使在这种情形下，如果对于幸福的一般欲求不曾影响他的意志，又设想在他的特殊情形中，健康在这估计中不是必要的因素，那么在这里如同别的情形一样，仍存有这个法则，即他决不可从爱好增进其幸福，只应从义务增进其幸福，因此，他的行为才具有真正的道德价值。

无疑的，我们也必须根据这些去理解圣经中的那些语句，即我们被命令着去爱我们的邻人，甚至去爱我们的仇敌的那些语句。因为当作一种情绪看的爱是不能被命令的，它只为义务的缘故而施仁爱那就可以被命令；这种为义务之故而施爱的爱，即使我们不为任何爱好所驱迫，甚至被自然而不可克服的厌恶所排拒，他不能不为。这是一种实践的爱，不是感性情绪的爱，一种位于意志中，而非位于感性中的爱——位于行动的原则中的爱，而不属于柔性民情的爱；只有这种爱才能被命令。

“这样，道德第一命题是：要想有道德价值，一个行动必须是从义务而完成。”

第二命题则是：由义务而完成的行动并不是从目的而引生出它的道德价值，而是从那“它由之以被决定”的标准引生出它的道德价值，因此，它并不依靠行动的对象（目的）的实现，只依靠那“行动所由之而发生（而完成）”的“决意的原则”，而不愿涉及欲望的任何对象。在我们的行动中，我们心中所有的目的，或行动的效果，都不能给予行动以任何无条件的或道德的价值。行动的价值，如果它不存在于意志中也不存于涉及意志所期待的效果中，那它能处于什么位置呢？它并不能处于任何别处，它只有处于意志的原则中，而不顾及为行动所能达到的目的。因为意志正立于它的先验原则和它的经验动力之间，就好像植立于两路之间，而又因为它必须为某物所决定，所以当行动是从义务而作成时，意志必须为决意的形式原则所决定，对这种情形，每一个物质原则都已从它身上被抽去。

第三命题，即作为前两命题的后果，我把它表示为：义务是“从尊敬法则而行”的行动的必然性。我可以对一个对象，即“作为我所设拟的行动的结果”的对象，有爱好，但是我决不能有尊敬，因为这样一个对象是意志的一个结果，而不是意志的一个活动。同样，我也不能对爱好有尊敬，无论这爱好是我自己的或是别人的。如果是我自己的，我至多只能赞许它；如果是别人的，有时我甚至喜爱它，即是说，视它为在我自己的利益上是可取的。只是那“当作一个原则，决不是当作一个结果，而与我的意志相联结”者——单只是那“不曲意顺从我的爱好，但是驾驭爱好，或至少在选择的情形中，把爱好排除而不计算在内”，那法则本身，才能算是一个尊敬的对象，因此，也才能算是一个命令。现在，一个从义务而做成的行动必须完全排除性好的影响，以及与爱好连同的“意志的每一对象”，这样，已没有东西留存下来能决定意志，除了在客观上的法则，以及主观上对这实践法则的纯粹尊敬，因而结果也就是这样一个标准：我应遵循这法则,即使这法则阻碍了我一切的爱好。我也会义无反顾地遵从它。

这样，一个行动的道德价值并不处于从行动所期望的效果中，也不处于那“需要从这所期望的效果以借得其动力”这样的行动的任何原则中。因为这些效果——一个人自己的情况的舒适，甚至别人幸福的增进——都可因其他原因而达到，所以对此，自然也不必需要理性存有的意志；可是就单在此理性存有的意志，那最高的而且是无条件的善才能被发现。根据这个，“我们称之为道德的善”的那种出类拔萃的善只能存于法则自身的观念中,这法则的观念只在一个理性的存在中才有可能，而且决不能存于任何别的地方，只要当这法则的观念决定意志，而不是所期望的效果决定意志时。这个卓越的善早已存在于依此观念而行的人身上，我们决不要去等待它开始出现在结果中。

五、道德与体验

我们已从实践理性的通常使用中引出我们的义务的概念，不应因此便推断义务概念即是经验的概念。相反，如果我们注视着“人的行为”经验，就会遇到公平而合理的苦诉。苦诉说：一个人决不能找到一个这样的例子，即“意向于从纯粹义务而行动”这种例子。虽然有许多事是按照义务所规定而完成的，可是尽管如此，它们是否严格地从义务而完成，因而得到道德价值，这仍是可疑的。因此，历代都有一些哲学家否认这种意向现实地存在于人类的行为中，并且将每一种东西都归于或多或少精练化的“自我贪恋”。并不是为此，他们就怀疑道德概念的正确性；相反，他们倒是衷心地道及了人性的软弱与腐败，人性是这样的：它虽然足够高贵，高贵至以一个如此值得崇敬的理念作为它的规律，但要去追随这理念，它却太脆弱了，而且它使用理性目的只是为爱好的利益作准备，爱好无论是个别，或至多是彼此间有最大可能的和谐的。

事实上，那绝不可能因为经验的确定性去找出这样一个事例，即在此事例中，一个行动的标准，无论其本身如何正当，竟是单只基于道德根据上，并单只基于义务的概念上。有时有以下的爱憎分明的情形发生：以最锐利的自我考察，我们也不能在义务的道德原则之外，发现出有什么其他东西，足以把我们推移到这种或那种行动上，以及把我们推移到如此重大的牺牲上；可是我们仍不能由此便确定地推断说：那不是某种秘密的自我贪恋的冲动，以为意志的实际的决定原因。对此我们喜欢以虚伪的动机而取得信任来谄媚我们自己；而事实上我们即使经过最严格的考察，也从未能完全测透这行动的秘密动力；因为当这问题是道德价值的问题时，我们所关切的，不是我们所见得到的行动，而是那些我们所见不到的行动的内部原理。

其次，我们不能更为屈从或迎合那些人的愿望，即嘲笑道德为人类想象虚幻之物，这样的一些人的愿望，我们不能屈从这些人的愿望而对他们让步说："义务必须只是从经验中抽引出"（因为从懒惰中人们很容易去想一切其他概念也同样是如此）更为屈从之意即我们不能对人们让步说：义务的概念必须只是从经验中抽引出，但也同样不能更为屈从或迎合他们嘲笑道德为人类想象虚幻之物；因为这样的屈从是去为他们预备一种确实的胜利。我以爱人类之心，愿承认我们的大部分行动都是正确的，但是如果我们较为密切地检查或注视这些行动，我们到处见到这珍贵的"自我"，它常是最优越的，而这些行动也正是以这自我为目的，而并不是以"义务的严格命令"为目的。"但是如果我们较为密切地注视我们的思想与心愿，我们见到这珍贵的自我总是在那里存在着的，它支持我们的计划，而并不是以义务的严格命令支持我们的计划"。不必说是与德性为敌者，即使是一个冷静的观察者，即一个人他并未将"对善之欲"误解为"善之实在"，他有时也怀疑真正的德性是否现实地见之于世界上任何处所；而当年龄渐长，判断能力也一方面因经验而更为明智，一方面在观察中更为敏锐时，尤其更加怀疑。如此，没有什么东西能保障我们完全不脱离义务的理念，或能把那对义务的法则有根据的尊敬保持于灵魂之中，除了以下的坚信，即虽然从未有过真从这样纯净的源泉中涌发出的行动，但是"这个或那个是否发生"，这并不是问题之所在，而是"理性以其本身，独立不依于一切经验，来规定那应当发生者"，这才是问题的症结所在，也就是说："这样的行动，这世界或许至今从未给予过一个范例，甚至这行动的可行性也可为那些将一切东西都基于经验之上的人们所怀疑，这样的行动，它们也必不可移易地为理性所命"，这才是问题之所在。例如，世间真诚的友人的"友情中纯粹真诚"并未丝毫减少，因为，这种义务包含于理性的理念中。

我们再进一步说，除非我们否认道德概念有任何真理性或有任何涉及，涉及任何可能的对象，否则我们必须承认它的法则必不只是对人妥当有效，且对一切理性的存有也妥当有效，不只是在某种偶然的条件下妥当有效，或有例外地妥当有效且具有绝对必然性而妥当有效；当我们进一步这样说时，那是很清楚的，即没有经验能使我们去推断出这样的必然性的法则的可能性。因为我们有何权利能把那“或许只在人类的偶然条件下成立”的事物，当作每一理性存有的普遍的箴言，带进无局限的尊敬中呢？或如果我们的意志的决定的法则只是经验的，而且不曾完全先验地从纯粹实践的理性中取得它们的根源，则那些法则又如何能被看成是一切理性存有的意志决定的法则，而且只当我们是理性的存有时，也是为我们而立的法则呢？

再没有任何事能比我们想从范例里引申出道德，更是道德的致命伤。因为摆在我们面前的每一道德范例，其自身必须首先为道德的原理所测验，看看它是否值得充作原始的范例，也就是说，充作一个规范的典型，但它决不能有权供给那道德的概念。即使是福音书中的独一圣子，在我们承认他是圣子以前，也必须先与我们的道德圆满的理想作一比较；所以他自己说：“为什么你们称‘你们所看见的’我为善的？除了‘你们所看不见的’上帝以外，没有配称为善者！”但是我们又从哪里得有上帝的概念以为最高的善呢？这简单地说来，只有从道德圆满的理念而得有之，这道德圆满的理念是理性所先验地构成者，并且不可分开地与自由意志的概念相联系。模仿，在道德中，毕竟毫无地位，而范例则只可供奖励之用，也就是说，它们可使“法则所命令的事的可行性”成为无可怀疑的，使“实践规律所更一般地表示者”成为可见的，但它们决不能使我们有权把那存于理性中的真正根源的东西置之不理，而只凭范例去指导我们自己。

六、人性的特殊

如果除了独立只基于纯粹理性之上的原则以外，便无真正的最高道德原则。我想连下列问题也不是必要的，即如果我们的知识要与流俗的知识区别开，而且可被哲学的知识，则如“这些概念连同属于这些概念的原则一起，都是先验地被建立”那样去展示这些概念，这问题也不是必要的。不过，在我们这个时代，实在说来，这个问题或许还是必要的；因为如果我们收集起选票看一看，是经验的东西区别开的纯粹理性知识，即道德的形而上学被赞成，或是那通俗的实践哲学被赞成，则哪一边占优势，这是很容易去猜测的。

如果“上升到纯粹理性的原则”这工作已先开始而且已经满意地被完成了，这种下降于通俗的概念的下降是极可称许的。我们首先把道德学建基于形而上学之上，当它已坚固地被建立起时，我们再给它一通俗性而为它取得倾听或表白的机会，好为大家所接受。但在“原则的健全”的初步研究中便去试想成为通俗的，这是十分荒谬的。不只是这种办法决不能要求真正哲学的大众化（哲学的通俗性）的稀有功绩（因为如果一个人抛弃那洞悟的透彻性或通透一切的洞悟，则在成为可理解上也并无巧妙之术可言）；不仅如此，而且这种进行的办法也必然会产生一种令人生厌的混合品，以所搜集的观察资料以及半生不熟的原则而凑成。浅尝之辈喜欢这个，因为它可用为日常的闲谈，但有识之士则只见混乱，不能令人满意，且不能有助于他们，他们就掉头不顾，而同时那些很能看穿这种幻局的哲学家们，当他们叫世人暂时离开，不要看这种虚伪的大众化（通俗化），以便好使他们在得到确定的洞悟之后，他们或可正当地成为通俗的哲学家之时，则又很少有人肯听信他们了。

我们只须看道德学家们在那种被大众所喜爱的样式中的试作，我们将在奇异的混杂中一会儿见到人性的特殊构造，一会儿见到圆满，一会儿又见到幸福，在这里见到道德感，在那里又见到敬畏上帝，见到关于这个有一点，关于那个也有一点，但他们却终于没有问一问：道德的原则究竟是否可在人性的知识中去寻求，如果不是如此，如果这些原则一起都只能脱离每一种是经验的东西而先验地见之于纯粹的理性概念中，此外更无他处可求，甚至一点也不要在他处求，去采取这方法，即"使这工作当作纯粹的实践哲学，或当作道德的形而上学，而成为一个个各不相同的研究"这方法，去使它因其自己而达于完整，并且去要求那意愿通俗讨论的大众去等候工作的成果。

这样一种道德的形而上学，完全被孤立起来了，不与任何人类学、神学、物理学相混，更不与隐秘质素相混，这样的一种道德的形而上学，它不只是义务的一切正确的理论知识不可缺少的基体，同时对于义务的箴言的现实的实现也有最高重要性。因为纯粹的义务的观念，所谓纯粹的义务观念，就是不混杂任何经验吸引来添加物的义务的观念。总之，即这道德法的观念，它只凭理性就可运用一种影响力于人心上，运用于人心上影响力比任何从经验领域内所可引申出的其他激发力更为强有力，以至于在它的价值的意识中，它鄙视其他那些激发力，并且能逐渐成为它们的主人，而那种混合性的伦理学，即由"从情感与性好而抽引出的动机"与"理性的概念"这两部分组合成的这种混合性的伦理学，它必致使人们的心灵摇摆于诸种动机之间，不能被带至任何原则之下，而且它们只因纯然的偶然而导致善，而且时常都会导致恶。

由上所说，那是很清楚的，即一切道德的概念都完全先验地在理性中有其根源，而且，在最高度的思辨理性中之为真；这些道德概念不能从任何经验中得到，因为只是从偶然的知识中被得到；正是它们的根源的这种纯粹性，才使它们堪充为我们的最高的实践原则，而且正当我们增加了任何是经验的东西，也就损坏了它们的真正影响力，并损坏了这行动的绝对价值；而“去从纯粹理性中引申出这些概念与法则，去把它们呈现为纯粹而无杂，而且甚至去决定这实践的但却是纯粹的理性知识的界域，也就是说，去决定纯粹实践理性全部机能”，这不只是纯粹思辨观点而属于“最大的必要”者，而且也是属于“最大的实践上的重要”者；而当如此去做时，我们不要使纯粹实践理性的诸原则依赖于人类理性的特殊本性上，虽然在思辨哲学中这也许被容许，甚至有时是必要的；但因为道德法则应当是对每一理性的被造物而有效，所以我们必须从理性存有的一般概念中把这些原则引申出来。这样，虽然道德应用于人，它有需于人类学，但我们却必须首先把它当作纯粹哲学，即当作形而上学，其自身即是完整的，而独立地讨论（这样独立地讨论，在如此显著而殊异的一支学问中是很容易做成的一件事）；由于我们深知：除非我们真握有这样一种形而上学，否则，不但“为思辨的评判的目的去决定正当行为中义务的道德要素”这事是无效的，而且“甚至为通常的实践目的，尤其是道德教训的目的，去把道德基于其真纯的原则之上，以便由此去产生出纯粹的道德习性，而且去把这纯粹的道德习性灌输到人的心灵上，以增进世界中最大可能的善”，这事也必不可能。

但是，要想在这种研究中，我们不只是因自然的步骤从通常的道德判断进入到哲学的道德判断，而且也须从通俗的哲学，进入到形而上学（此形而上学决不允许它自己被任何经验事物所牵制或阻止，而且因为它必须衡量这种理性知识的全部范围，所以它走得甚远，远至理想的概念之处，在那里甚至并无范例可寻），要想如此前进时，我们必须遵循而且清楚地表现出理性的实践能力，也就是从理性地决定一般规律，起到义务的概念由理性而涌出这一点为止，都必须遵循理性的实践能力，并清楚地表叙或呈现理性的实践能力。

七、头上与心中

有两种东西，我们越是时常地不断地反省它们，它们便总是以新的而且加深的仰慕与恐惧来充满我们的心灵，此两种东西便是在我之上的天体与我之内的道德法则。我并不去寻求它们，去猜测它们，好像它们被隐蔽在黑暗中，或是被隐蔽在超越视线之外的“超绝区域”中；眼见它们在我面前，并且我直接地把它们与“我的存在”的意识相联系。此两种东西的前者（天体），从我在外部的感触世界中所占有的地方开始，并从此把联系扩大到一个“具着世界上的世界以及系统的系统”的无界限的广漠，而且把我的联系扩大到这些世界与系统的周期运动的无限制的时间中。而后者（道德法则）则从不可见的自我以及人格性开始，并把我展示于一个“有真正无限性”的世界中，但是此有真正无限性的世界是只知性而为可追寻的，而且与同着此世界，我辨识到我不是存在于一种纯然偶然的联系中，但却是存在于一种普遍而必然的联系中，因而存在于与“一切那些可见的世界”相联系中。关于“无数的世界之乘叠”之前的观点，好像是把我的重要性消灭为只是一种动物，此动物在短暂时间中被供给一生力以后，必须把“它所由以形成”的那物质重给回“它所居住”的星球，这是一个人不知如何必须如此的。而后一种观点正好相反，它通过人格性把我的价值无限地升举为一睿智体（之价值）。在此睿智体的价值中，道德法则把一个“独立不依于动物性，甚至独立不依于全部感触世界”的生命显示给我——至少就此种生命可以从“此法则所指派给我的存在”的使命而被推断出而言，道德法则可把一如此独立不依之生命显示给我，而所谓“道德法则所指派给我的存在”的使命，这一使命即是那“不被限制于此生的条件与范围，且也达至无限”的使命。此使命即“今生来生都坚守而且继续不断地坚守，并充尽而且期望圆满地充尽道德法则”之使命，以及“促进并实现圆善”的使命，此类使命即由道德法则所指派给我者。由前一使命，我们设定灵魂不灭；由后一使命，我们设定上帝存在。此两种设定即使此使命“不被限制于此生的条件与范围，而且达至于无限”。由此使命即可推断一“独立不依于全部感触世界”的生命，即依此而言道德法则把一如此独立不依的生命显示给我。如此我即足反示我为睿智体的存在，不是现象的存在。

虽然仰慕与尊敬可以激起研究，但它们却不能补充研究的缺陷。要想在有用的样式而且是一个“适宜于这主题之崇高”的样式中去进入研究，那需要被作成的是什么呢？在此，举些例子可用来充作警戒，也可取用之以为法。世界的默识开始于这最高贵的景象，即“人类的感性作用所呈现给我们”的景象，以及“我们的知性以其广大的扩张所及所堪能去追随”的景象；而此路结束了——结束于占星学。道德学开始于人性最高贵的属性，此最高贵属性的发展于培养给我们一对于“无限的功用”的展望；结束于狂热或迷信。这在一切粗略的试探上皆然，在此粗略的试探处，工作或事业的主要部分依靠理性的使用，不过这一使用是这样的，它并不像两足的使用那样，经常地练习，以期自己即可来到，尤其当论及那些“不能直接地被展示于普通经验中”的属性时为然。但是，在这格言，即“事先谨慎地去考察理性所想去采取的一切步骤，而且不要让理性在事先想好方法的轨道以外，去依别样的方法来进行”这格言，已开始流行之后，那时对于宇宙（世界）结构的研究便已采取了一个完全不同的方向，而也因此已达到了一个无比可喜的结果。一块石头的降落，一架投石器的运动，把这石头与弹石器化解成其因素以及那“显现于此因素中而又数学地被处理”的力量，最后都产生了那种清晰的而此后又不变的洞见——“洞见于世界的系统”之洞见，此种洞见，当观察继续进行时，可希望去扩大其自己，但又无需恐惧被迫着去缩回。

这个例子可把“在处理我们本性的道德能力中去进入这同一的途径”启示给我们，并可给我们以希望——一个同样好有结果的希望。我们手边有理性的道德判断的事例。通过把这些事例分析成它们的基本概念，而若没有或缺乏数学时，可通过在常识上作重复的试验而采用一种“相似于化学程序”的程序，即把经验因素与那“可以在这些事例中被发现”的理性因素分离开，这种分离的程序，通过如此的办法，我们可把这两种因素都显示为纯粹的，并且可确定地知道每一部分其自身所能完成的是什么，这样，一方面可阻止“仍然粗略无训练的判断”的错误，另一方面也可阻止天才的夸奢，阻止后者又更为必要，因为通过后者，就好像通过试金石的熟练一样，对于自然没有任何有方法的研究或知识，梦想的宝藏被期待，而真正的宝藏却被抛弃。总之一句话，科学是那“引至真正实践的智慧论”的狭窄之门，如果实践的智慧论我们理解其意不只是意味那“一个人所应当去作”者，且也意味那“应当作一指导，而服务于教师以去很好地，而且清晰地构造每个人所必应当遵循的智慧之路，并防止他人误入歧途”者。哲学必须总是继续要成为此门学问的监护人，虽然一般人对此门学问的精微研究不感兴趣，但他们必定感兴趣于那些结成的主张，而这样的一种（批判的）考察（如本书者）首先把此等结成的主张置于一个清晰的线索中。

八、行为的法则

行为的法则的观念必须决定意志，即使没有顾及由此法则所期望的效果，其观念也必须决定意志，决定无限制的善，什么样的法则能是这样的呢？因为我已从意志的服从于任何法则中剥夺了意志身上的每一个冲动，所以除“意志的活动对于法则一般的普遍的符合”外，便一无所有了。而单只是这“意志的活动对于法则一般的普遍的符合”才足以作为原则而服务于意志。这就是说，我不能不这样去实行，即依“我也能意愿我的标准成为普遍法则”这个样式去实行。如果义务不是要成为无效的妄想与空幻的观念，只是这“对于法则一般的单纯的符合”，而不预定那可应用于一定的特殊行动上的任何特殊法则，才足以作为意志的原则而服务于意志，而且必须这样服务于意志。人们的通常理性，在它的实践判断中，完全与此相合，并且总是有此处所提示的原则在心中。

例如，假若出现这样的问题：当我在困难中，我可以存心不遵守诺言而作一个假诺言吗？在这里，我很容易分辨这问题所有的两个表面意思:(1)“去作一个假的诺言”这是否是精确的。(2)“去作一个假的诺言”这是否是正当的。前一层的表面意思，无疑地或时常是精确的。但实在说来，我很清楚地看出“去借这种狡饰（或权宜之计）以使我自己脱离眼前的困难”这实不足取，我必须好好考虑：从这谎言中，此后是否不会闯出比我现在所要解脱的不便较为更大的不便，而因为用尽了一切我所设想的狡计，这后果仍不能很容易地被预见，但信用一旦丧失，对于我很可能有比我现在所想去避免的损害更大的损害出现，所以也必须考虑到："在此去依照一个普遍的标准而行，并且去使'除守约外不许诺任何事'成为习惯"，这是否不算精确。但是我又明白：这样一个标准只是基于后果的恐惧。现在，从义务而来的真诚与那从有损害后果的恐惧而来的真诚，完全是不同的。在前一种情形中，行动的概念本身就已含涵一个为我而言的法则；在后一种情形中，我却必须先注意到别处，去看看有"什么会影响到我自己"的结果可以与这行动相结合。因为"违背义务的原则"无疑是邪恶；但是"不信实于我的审慎的标准"却可时常对我十分有利，虽然坚守这标准更为安全。但是，对于"撒谎的诺言是否与义务相一致"这个问题，要想去发现解答，最简捷而无误的办法便是问自己："我这标准对我自己及他人可当作普遍法则而成立"，这真会使我心安吗？"每一个人当他处于困难之境，他不能有别法脱离此困境时，便可作一欺骗的许诺"，我真能对自己说这话吗？这样自问一下，当下即会知道：固然我能愿意撒谎，但我决不能意愿：撒谎必应成为一个普遍的法则。因为，假若用这样一种法则，最后必将无许诺可言，因为在我未来的行动中，对那些不相信"我"这辩饰的人们，去辩饰我的意向，必然完全无效，如果他们也很轻率地这样做，那他们也必然是以我之矛攻我之盾。因此，我的标准，一旦被当成普遍法则时，必然会毁坏它自己。

这样说来，要想我的意志可以是道德的善的，我并不需要有任何深入的渗透以便去察辨"我所必须去做的是什么"。由于在这世界行程方面的无阅历，不能对世界行程中的一切偶然作准备，所以我只问我自己：我也能意愿"我的标准必应成为普遍法则"吗？如不能，这标准就必须被拒绝，而它的被拒绝不是因为"由它而来，而可以增加到我自己身上，或增加到别人身上"的一种不利，是因为它不能当作原则而进入可能的普遍立法中，而对这样的立法，理性从我身上强索尊敬（意即理性硬要我或迫使我予以直接的尊敬）。我还没能辨明这种尊敬究竟是以什么为基础的；但至少我理解这一点，即它是对于这样一种价值，即"比爱好所推奖的东西的一切价值高过很多”这样的一种价值的推崇（尊崇），而且我也理解：这从对于实践法则的纯粹尊敬而来的行动的必然性，便是那构成义务者，对于这种义务，每一其他动力都必须退让一席，因为它是“其自身即是善”的意志条件，而这样一种意志的价值是在每一种东西之上的。

九、实践的智慧

不必离开人类理性的道德知识，我们就可达到道德知识的原则。

无疑地，虽然普通的人们并没有在这样一种抽象而普遍的形式中思量道德知识的原则，可是他们也实在常常有这原则在其眼前，并且用以作为他们裁断的标准。在这里，有这罗盘针（即原则）在手中，人们可以去表明：在每一个发生的事件上，如何辨别什么是好，什么是坏，什么符合义务，什么与义务不一致，这是很容易的，如果我们像苏格拉底一样，只须把人们的注意力指向他们自己所使用的原则上，而丝毫不必教他们任何新的东西；因而要想去知道“要成为诚实的和善良的，甚至要成为明智的和有德的，我们所定要去做的是什么”，我们也并不需要科学与哲学。实在说来，我们可以事先就揣想到：关于“每一个人所不得不去做，因而也就是所必须去知的”这一种知识是在每一个人，甚至最普通的人，所能及的范围之内。在人们的通常理解中，实践判断所有以胜过理论判断的便利是非常大的，我们不禁产生赞美之心。就知解判断而言，如果通常理性敢冒险去离开经验的法则，必会陷于纯然的不可思议与自相矛盾中，至少也必会陷于不确、晦昧与不稳定的混沌中。但是在实践的范围内，正当通常的理解将一切感触性的激动从实践法则中排除时，它的判断力量才开始表示它自己有大便利。根据这些甚至可成为十分精察的。即在是否它是故意迷混了它自己的良心，或迷混了其他关于应称为“对”的那些要求这一方面，以及在是否为自己的教训，它也想诚实地去决定行为的价值这一方面，它都是十分精察的；而在此精察的情形中，它甚至很中肯，几乎比哲学家更为确实，因为哲学家不能持有任何与通常理性不同的原则，而同时他很容易因题外的复杂考虑而混淆了他的判断，因而迷失正途。所以在道德之中，“去接受理性的判断，或不然，去有求于哲学，这至多是为使道德系统更为完整，更为可理解，并使其规律更为便于应用，有求于哲学，但并非有求于哲学以便去拨转通常的理解，使之离开可喜的单纯性，或借哲学把通常的理解带到新的研究途径与新的教训途径”，这岂非更为明智？

天真烂漫是可喜之事，只是另一方面，它不能擅自保持自己，而且它很容易被引诱，这是十分可惜的。甚至智慧也还有需求于科学（学问），这并不是为了从科学（学问）里去学习，乃是为了去为自己的标准得到认可及持久。对理性所表象给人的一切义务的命令，人感觉到在他自己身上有极强的敌对势力来反抗这些命令，这极强的敌对势力就是他自己的欲望和性好中的势力，而这些欲望和性好的全部满足，总是在幸福的名义之下。现在理性也不屈不挠地发布命令，对于爱好不许诺任何事，而且对于那些要求，毫不顾及，并予以轻蔑。因此，这里就发生一种“自然的辩证”，也就是说，发生一种意向，以反抗这些严格的义务的法则，并且去怀疑它们的妥效性，或至少去质疑它们的纯净性和严格性；而且如果可能的话，去使它们更顺从于我们的愿望与性好，这就是说，从它们的根源上去腐化它们，并且完全去毁灭它们的价值。

这样，人的理性便被迫走出它的范围之外，从而进入实践哲学领域。这并不是想去满足任何思辨的需要，而是基于实践的根据上。进入实践哲学的领域为的是要在通常理性内去得到关于“通常理性的原则的来源”方面的报告与清楚的教导，并且要想去得到通常理性的原则，这样，它便可以免除敌对方面的要求的烦扰，而且不致因它所常易陷入的暧昧歧义而蹈入丧失一切真正道德原则的危机。这样，当实践的理性修明自己之时，就不觉在此理性中发生一种辩证，这辩证迫使它去求助于哲学，正如在理论的使用中所发生的一样；因此，在这情形里，也像在其他情形里一样，除了对于我们的理性作一彻底的批判考察之外，无处可以止息。

十、法则与意志

自然中每一种东西都依照法则运转。唯有理性的独有一种“依照对于法则的想法，即依照的法则，以行动”的机能，也就是说，它有一个意志。因为“从原则推演或演生行动”这样一个存有的诸行动，被认为是客观上必然的，也是主观上必然的，也就是说，意志是一种机能，它只去选择那“理性独立不依环境爱好而认为是实践的必然的”，即认为是“善的”。但是，如果理性以其自身不足以决定意志，如果意志也服从于那些“不常与客观条件相一致”的主观条件，总之，如果意志本身不是完全地依照理性，则那些“客观地说来被认为是必然的”诸行动主观地说来则是偶然的，而“对于这样一个意志依照客观法则而决定”的决定便是所谓责成或强制，这就是说，客观法则对于一个“不完全是善”的意志的关系可被思议为：“对一个理性存有的意志由理性原则而决定”的决定，但是这些理性的原则，意志以它的本性而言，并非必然地服从。

一个客观原则的表象，当它对意志是责成性（强制性）的，即被称为理性的命令，而此命令的公式则被称为律令。

一切律令都为“应当”这词表示，因此它们都指表一个客观的理性法则，对于这样一个意志即“从其主观构造而言，它不是必然地为这法则所决定”，这样一个意志的关系，这关系就是强制的关系。这些律令说“做某事或不去做某事”这必是好的，对于这样一个意志，即“它常不是做一事是因为这事被认为是好的，所以才去做它”，但是，正是那实践上是善的，它决定这意志，其决定是因理性概念而决定，因而结果也就是说，它不是从主观的原因而决定的，只是客观地决定，这就是说，依据“对于每一理性存有都有效”的那些原则来决定。这“实践上是善的”它与“愉快”截然不同，愉快就像那仅通过感觉从纯然主观的原因而影响意志，这主观的原因只是对此人或彼人有效，并不像理性原则，理性原则是对每一人都有效。

所以，一个完全的（圆满的）善的意志，也必同样服从客观法则（善的法则），但它却不能因此便被思议为是被责成着（被强制着）去依法而动，因为完全地善的意志本身，从其主观的构造来说，它只能为善的表象所决定。所以在神意上，是没有律令可言的；在这里，“应当”是没有地位的，因为“其意志之”决定本身早已与法则混融为一了。所谓律令，只是一种公式，它表示一切决意的客观法则对于这个或那个理性存有的意志，例如说人类意志主观的不圆满性的关系。

现在一切律令，其发命令或是偶然的或是定然的。前者是把可能行动实践的必然性，表象为“去达到”一人所意欲的某种其他事物手段。后者即定然律令则必是这样一种律令，即“它把一个行动表象为其自身是必然的，并没有涉及任何其他目的，也就是说，把它表象为客观的必然的”这样的一种律令。

因为每一实践法则就可把可能行动表象为善的，因此，对于一个依理性而为实践地可决定的主体而言，又可把它表象为必然的，所以一切律令都是公式，即“决定一行动”的公式，这行动是依照一个“在某方面为善”的意志的原则而为必然的。现在，如果这行动的善是只当作达到某种东西的手段而为善，则这律令便是假然的；“但是，如果这行动被表象为其自身即是善，因此，依赖着意志的原则，也被表象为必然的”，即在于一“其自身即符合于理性”的意志而被表象为必然的，则这律令便是定然的。”

这样，律令是宣布那为我所可能的，什么样的行动必是善的，并且它在关联于一个意志中把实践的规律呈现出来，这关联的意志是这样的，即它并不立即做出行动，因为那行动是善的而做它，所以如此，由于这主体（行动者）并非时常知道那行动是善的，或纵使他知道它是善的，而其标准或许可相反于实践理性的客观原则。

依此，假然律令只说某一行动为善是对某种目的，可能的或现实的，而为善。在第一种情形中，那律令是或然性的实践原则，在第二种情形中，它是实然性的实践原则。至于那定然的律令，即宣布一个行动其自身就是客观必然的，而并没有涉及任何意图，即并无任何其他目的，这样的定然律令，其妥当有效是当作必然性的实践原则而有效。

十一、精明与道德

凡是只因某一理性存有的力量而可能的，也可被视为某种意志的一个可能目的；因此，行动的诸原则，就“在达到某种可能目的上为必要”的那些手段而言，它们事实上是无限众多的。一切科学有实践的部分，实践的部分是由一些问题即表示“对于我们为可能的某种目的”的一些问题而组成的，并由一些律令即指示“这可能目的如何达到”的一些律令而组成。因此，这些律令，一般地说来，可称为“技巧的律令”。在这里，是没有“这目的是否为合理，以及是否为善”的问题的，所有的只是“要想达到这目的，一个人所必须做的是什么”。“医生使病人恢复健康”的箴言，以及“毒害者担保某种死亡”的箴言，在这方面都是等值的，即每一箴言都可用来圆满地达到目的。因为人在幼年时，“在生命的旅程中什么样的事会发生到我们身上来”，这是无法知道的，所以做父母的都想让子女受教许多事（去学习许多事），并且在使用手段以达各种随意的目的中，又把他们的技巧供给子女，其实在那些随意的目的中，他们不能决定其中任何一个此后或许不必是他们的徒弟（子女）的目的，不过那总是可能的事，此种操心虑患是如此深切，以至于他们大体都忽略了依可选为目的的事物的价值，去形成他们的判断，并去纠正他们的判断。

但是，有一个目的，对一切理性的存有而言，可以被预定为现实上是目的者——可以被预定为现实的目的，因此，这一个目的，一切理性的存有不仅可以有，而且可以确定地预定：他们依一自然的必然性都在现实上就有，这个目的就是“幸福”。假然律令，它把“一个行动实践的必然性”表示为推进幸福的手段，这样的假然律令，就是实然性的假然律令。我们并不是要去把这样的假然律令，呈现为对一个“不确定而只是可能”的目的为必要的，而是要去把它呈现为对一个“我们可确定地而且先验地预设于每一个人身上”的目的为必要的，这样的目的，我们所以能确定地而且无先验地预设于每一个人身上，是因为它属于每一个人存有（本质）的。现在，一个人在选择手段以达到自己的最大福利中的技巧,可称为“精确”。这样,那“涉及选择手段以达幸福”的律令，即精确的箴言，仍然总是假然的；行动不是绝对地被命令着的，而只是作为达到另一目的的手段被命令着。

最后，还有一种律令，它是直接地命令某种行为，而并无任何为此行为所要达到的其他目的以为此行为的条件。这种律令便是“定然的”。并不关涉行动的物质、内容或结果，只关涉行动的形式以及原则，即“行动自身即是其结果”的原则；而在此行动中本质上即是善的，是存于心灵的意向，不管结果如何。这种律令，我们可称之为“道德”的律令。

依意志的责成性（受强制性）的不相似中的那三种原则可有三种决意，在这三种决意之间存有显著的区别。要想更清楚地去表明这强制性中的差异，这三种原则或是技巧的规律，或是精确的劝告，或是道德的命令（法则），则这三种原则依其次序是最适当地被命名的。因为只有法则才包含无条件而客观必然性的概念，结果也就是说，只有法则才是普遍有效的；而命令的法则即是那必须被服从的，即必须被遵循的，即使反于爱好，也必须被服从和被遵循。劝告也包含有必然性，这一必然性只能在偶然的主观条件下才成立，也就是说，劝告是依靠这人或那人是否计算，这个或那个作为他幸福的部分；然而相反地，定然的律令则不为任何条件所限制，因为它是绝对必然的，因此它十分恰当地被称为“命令”。这样，我们称第一种律令为“技巧的律令”。

现在的问题是：一切律令是如何可行呢？这个问题并不是想去知道，如何制定律令，只想知道律令的意志被责成。技巧的律令如何，是并不需要特别说明的。凡意欲这目的的人（只要理性决定他的行为），他也必意欲他的力量内那些对此目的不可缺少的必要手段。就决意而言，这命题是分析的；因为，在意欲一对象作为结果中，自己的作为一动作性的原因的因果性，这就是说，手段的使用，必早已被想到；而这律令也从“一个目的的意欲”的概念中引出：“对这目的为必要的”行动概念。在规定手段以达到某一目的中，综合命题必须被采用；但是这种综合命题却并不关涉原则、意志活动，只关涉对象以及对象的真实化。举一例来说，要想依一无误的原则将一直线作两等分，必须从直线两端绘出两个交切等弧；这种作法无疑是只在综合命题中而为数学所教导；但是如果我知道“只有通过这种程序，这意想的运作才能被作成”，则说“如我完全意欲这项运作，我也必意欲对这项运作为必要的行动”，此句便是一个分析命题；因为“去设想某事为一个‘我依一定方式产生出’的结果”和“去设想我自己为即依这方式而运作”，这两者完全是一回事。

如果“给幸福以确定概念”真只是同样容易的，则诸精审律令必准确地与技巧说：凡意欲达到这种目的的人，也会（依照理性的裁断必然地）意欲那“处于其力量内对此目的为不可少”的手段。但是，不幸、幸福的概念是如此的不确定，以至于每一个人都想达到它，但他却从不能确定地，而且一贯地说出他实在所欲并所意的究竟是什么。所以如此之故是在：凡“属一幸福这概念”的一切成分一起的都是经验的，也就是说，它们必须从经验中借来，可是纵然如此，幸福的理念在我现在及一切将来的情况中，要求关于福利的一个绝对的整全，一个最大量。现在，即使最敏感而同时又是最强有力的存有，想对于他在此幸福方面实在所意欲的东西给他自己形成一种确定概念，也是不可能的。他意欲财富吗？则将有多少忧心、忌妒与轻蔑，他可不因此财富而引到他身上来！他意欲知识与明察吗？那或许证明只是一种如此更锐利的眼光足以把那“现在虽暂时对他隐蔽（潜伏），而他终不能避免”的，如此更可怕的罪恶指示给他，或足以把更多的欲求置于“早已使他十分关心”的欲望上！他愿长寿吗？有谁能保证他不是长期地受苦？然则他至少愿有健康吗？则试问身体的不舒服如何又时常禁止那“完全健康所易使一个人陷入其中”的放纵无度？其他种种不可尽举。总之，他不能依任何原则确定地去决定究竟什么东西可使他真正幸福；因为要想这样去决定，他必须是无所不知的。因此，我们决不能依任何确定的原则以活动取得幸福，但只能依经验的劝告，例如摄生、节俭、礼貌、谦逊等等的劝告，以活动，凡此等等都为经验所教示，平均说来，它们都算是最能增进福利的。因此，精审的律令，严格地说，它们并非在命令着，即它们不能客观地把行动呈现为实践地必然的；它们无须被视为理性的劝告，而不能被视为理性的训令。而“确定地而且普遍地去决定什么行为可增进一个理性存有的幸福”，这种问题也是完全无从解决的，结果，也就关于幸福没有这样的律令，即“它在严格意义上，命令我们去做那可致幸福的事”这样的律令是可能的；因为幸福不是一个理性的理想，但只是想象的一个理想，它是只基于经验的根据上，而去期望这些经验的根据能规定一种行动由一个人可以达到一串后果总体，那根本是做不到的。但是这种精确的律令应是一个分析命题，如果我们认定“达到幸福的手段能确定地被指定”时；因为精审的律令只因以下一点而与技巧的律令区别开，即在后者，那目的只是可能的，而在前者目的则是所与。但是因为两者都只制定手段，即达到“那我们设想其被意欲为一目的的东西”的手段，所以这样的律令，即“把意欲手段规定给那意欲目的的人”这样的律令，在那两种情形中，都是分析的。因此，在关于这两类的任何类的律令中，并没有什么困难可言。

另一方面，“道德的律令如何可能”这一问题无疑的是一个而且是唯一一个要求解决的问题，因为这类律令毕竟不是假然的，而它所呈现的客观必然性也不能基于任何假设之上，如同假然律令那样。只是在这里，我们必不可忽略这一点，即我们不能借任何范例（或事例），也就是说，不能经验地来辨明（表明）究竟是否有这样一种律令；但是“一切那些表面看起来似乎是定然的律令，而底子里却犹可是假然的”，这情形却真令人惧怕（忧虑）。例如当这律令是如此，即“你不应欺骗地作诺言”，而且我们也认定这律令的必然性不是一种纯然的劝告，以便去避免某种其他的罪恶，这样，这律令的意思是“你不应说谎，一旦为人所知，必毁坏你的信用”，我们已认定这律令必然性不是如此，但却是这样的；这种说谎的行为本身是罪恶，这禁止的律令是绝对无条件的；我们便不能确定地表示说：“这意志只为法则所决定，而无任何其他行动动力”，虽然它表面上可以显现是这样。因为那总是可能的，即可惧怕有损名誉，或许远有不甚清楚的（隐晦的）对于其他危险的恐惧，可对意志有秘密的影响。当“凡经验告诉我们不过是我们的没有知觉到它”，此时有谁能因经验而证明原因不存在呢？但在这种情形中，所谓道德的律令，它表面上好象是必然的且是无条件的，而实际上它应是一种“应用的律令”，它把我们的注意只牵引到自己的利益上，而且教我们去考虑这些自己的利益。

所以我们现在要先验地去研究定然律令的可能性，因为在这种情形下，我们在经验中确定其“实在性”，所以它的可能性只是为说明而需要，不是为可能性建立而需要。同时，我们可预先辨明：唯有定然的律令才有实践法则的意义。此外一切其他律令实在说来只可称为意志的“原则”，不可称为意志的法则，因为凡为达到某种随意目的而为必要的，都可被认为其自身是偶然的，如果我们一旦抛弃这目的，就能随时摆脱这律令，反之，无条件的命令则绝不允许意志有选择反对自由；结果，只有它才具有我们在这一法则中所需要的必然性。

其次，在这种定在律令或道德的法则中，“察识其可能性”的困难，是一种艰深且巨大的困难。它是一个先验综合的实践命题，因为在察知思辨的先验综合命题的可能性中，有很大的困难，所以也可很易设想这实践方面的先验综合命题，其困难也并不亚于前者。

在这个问题上，我们首先要研究：只这定然律令概念是否也能以这律令的公式提供给我们，这公式包含着一个命题，单这命题才能是一定然的律令。因为即使我们知道了这样一种绝对命令的大意，但是它如何可能，还需要进一步特别的研究，这研究将在最后一节中讨论。

十二、道德的实践

如果我们在任何违反义务的机缘上注意自己，就会看到：我们事实上并不意欲“我们的‘违反义务的’标准应成为普遍法则”，因为那种标准成为普遍法则，对我们是不可能的；相反，我们意欲那种标准反面必应仍成为一项普遍法则，只是我们在自己的偏爱中，或在偏爱我们的爱好预定中有作一例外的自由而已。结果是，如果我们用理性的观点，来考虑一切情形，必将发现在我们自己的意志中有矛盾，即某一原则当作普遍法则看必须是客观必然的，可是，主观地说来它又一定不是普遍的，而却容许其有例外。但是，因为我们即在一时先用“意志完全符合于理性”的观点来看我们的行动，然后又用“意志为爱好所影响”的观点来看这同一行动，所以这并没有任何矛盾，但只有爱好对于理性的准则的一种对抗，原则的普遍性变成了纯然的一般性，以至于理性的实践原则在半途中和标准相遇，意即和标准相妥协。这种和标准相妥协虽然在我们自己公正无私的判断中，不能使之为有理，但足以证明我们实在是承认定然律令的遍效性，却允许我们自己有少许例外，这少许例外我们思之为无关重要的，而且思之为强加于我们身上的。

这样，我们至少已建立了这一点，即如果义务是一个“要有任何意义”的概念，并是一个“对我们的行动要有真实的立法权威”的概念，那它只能被表示于定然律令中，而决不能被表示于假然律令中。还有很重要的一点，即我们已很清楚而确定地对“义务的”每一“实践的应用”，展示了定然律令的内容，此定然律令必须含有一切义务的原则，如果真有义务这回事。但是，我们尚未曾进至如此之远，以至于可先验地去证明：实有这样一种律令，实有一项“其自身绝对地在发命令而毫无任何别的冲动在内”的实践法则，以及凡遵依这法则的，便是义务。

为达到这一点，最重要的是要记住：我们必不允许我们自己从人性的特殊属性中，推演出原则真实性。因为义务必须是行动的一种实践的，是无条件的必然性的；因此，它必须在一切理性存有上的能成立、都有效，而也只为此故，它才也能对一切人类意志而为法则。反之，凡是从人类特殊自然的特征中演绎出来的，这虽诚可供给我们标准，但却不能供给我们以法则；可供给我们以主观原则，依此主观原则，我们可以随性癖和爱好以行动，但却不能供给我们以客观原则，依此客观原则，我们必须奉命（被命令被吩咐）以行，纵使一切我们的性癖、爱好，以及自然的性向都与此原则相反，我们也必须依之以奉命以行。如实言之，这义务中的命令如主观冲动越少喜爱它，或越多反对它，其壮美性以及内在的尊严性就越显著，而丝毫没有削弱法则的责成性，或减少它的遍效性。

至此，我们见到“道德”哲学已危急的生死关头之境，因为它必须坚固地被稳定，纵然它在天上或地下没有任何一物来支持它。在此，它必须作为“它自己的法则的绝对指导者”那样表明其纯净性，它是自己法则的绝对指导，它不是那样一些法则的传声筒，所谓那样的一些法则就是那些由一项“注入的感觉”，所私语给它的法则，或那些由“谁知其是什么保护人一类者”所私语给它的法则。虽然这些私语给它的法则比一无所有较好，但它们决不能供给那单由理性断制的原则。这些单由理性所断制的原则必顺有其完全先验的根源，因而也必有其发布命令的权威，它们期望每一东西也从法则的优越性而来，以及从对这法则的应有的尊敬而来，无一是由人的爱好而来，则它们必把这人判定至自我轻蔑以及衷心的自厌。

这样，每一经验的不只是对道德原则的违背，并且对道德的纯粹性是大有损害的；因为一个绝对善意的恰当而无可估计的价值恰正在于这一点，即行为的原则须摆脱偶然根据的一切影响，这偶然根据才是经验所能供给者。我们重复我们的警告以反对“在经验动机及经验法则中，寻求道德的原则”这种松懈甚至是卑下的思想习惯，不能算是过多或过频；因为人类理性在其疲倦之时，是乐于去止息于这枕头上的，而在一种甜蜜的虚幻之梦中，它是以由各种来源的肢体补缀（拼凑）起来的假冒品（混血儿）来代替道德，这假冒品看起来可以随人所想见而现其形似；只是对那曾经在美德的真正形相中来看美德的人而言却决不像似美德。

那么，问题就是这样：“一切理性的存有应以标准判断其行为，而这标准就是他们自己所能充作的普遍法则者。”对一切理性的存有也是必然的法则吗？如果它是，它必须完全先验地与理性存有的意志之概念联系在一起。但是，要发现这种联系，就必须（不管如何不情愿）迈步踏入形而上学，虽然这种踏入形而上学的领域不同于思辨哲学，即这是道德的形而上学。在这样一个实践哲学中，即“在此中，我们所要确定的，不是实际发生的理由，乃是应当发生者的法则。也就是说，我们所要确定的，是客观的实践法则”，在这样一个实践哲学中，“去研究以下问题的理由，即为何某事某物中意或不中意，纯然感觉的快乐如何有不同的趣味，以及趣味是否又不同于理性的一般满足；快乐或痛苦的情感依于什么，欲望和爱好又如何发生，而标准又如何因为理性合作跟从欲望与爱好而发生：去研究这些问题的理由”，这并不是必要的。因为这一切都属于经验心理学，此经验心理学乃构成物理学的第二部，如果我们把物理学看成是自然的哲学，是当其基于经验的法则时。但是在这里，我们关心的是客观的实践法则，结果也就是说“意志对其自己”的关系，这是本意志为理性所决定时。在这种情形里，凡是涉及任何经验的事物者，都必须被排除在外；因为如果单独的理性以其自身决定行为（而就是这种决定的可能性，才是我们现在所正要研究的），那它必须必然地先验地如此决定之。

十三、善意与道德原则

前面所述明的表现道德原则的三个模式，在根本上，只是同一法则的三种程式，而其中每一个程式都包含其他两个。但是，在这三种程式中，存有一种差异，不过说这差异是实践的，倒不是客观地说的实践的，而是说，这差异是为了使理性理念更接近于直觉。故可以说，使之更接近于情感。事实上，一切标准如下所示。

1. 一个形式（法式），此形式存于普遍性中；在此观点下，道德律令程式（公式）可表示为：标准必须这样被选用，即好似它们能用来充作普遍的自然法则。

2. 一个材质（质体），就是指一个目的；在这里，这程式是：理性的存有，由于以其自己的本性，它（他）是一目的，因而它在其自身即是一目的，所以在每一标准中，它（他）必须被用来充作这条件，即“限制一切只是相对的与随意的目的”的条件。

3. 一切标准的一个完整性格描述，即借助于以下所说的程式，即“一切标准，因它们自己所有的立法性，应当与可能的目的王国相协调，与自然的王国相协调”，对于一切标准可作完整的性格描述或完整的决定。

这里依意志形式（意志普遍性）纯一性（单一性），意志材质（对象，即目的众多性），以及这些目的的系统的完整性（综体性），这种单一性、众多性、综合性的范畴次序，有一种进程。在形成我们的对于行为的道德判断中，依据严格的方法前进，并以定然律令的一般程式作起点，那总是较好的，这所谓定然律令的一般程式就是如此，即你应当依照这样一个标准，它同时能使自己成为普遍法则，则依照这样一个标准而行。但是，如果我们对于道德法则想得到一个入门的途径，则把那同一行为置于“那三个详明的概念”下。那同一行为更接近于直觉，总是十分有用的。

现在，我们能终止在开始时所出发的那个起点，即以一个无条件的善的意志为起点。那个意志是绝对的善的，它不能成为恶的，也就是说，它所具有的标准，如果被作成为普遍法则时，决不会自相矛盾。那么，以下这个原则是此意志最高法则，也就是这样一种法则“你应该总是依照这样一个标准,如你同时能意欲其为普遍法则者,这样一个标准而行”；就是“意志决不会与自己相矛盾”的唯一的条件；而这样的一个律令就是定然的律令。因为那“对可能的行为而作为普遍法则”的“意志妥效性”是可与在一般法则下事物存在的普遍联系相类比的，所以定然律令也如此表示：“你应该只依这样一些标准，即此等标准同时能以‘它们自己作为普遍的自然法则’为它们的对象（目标），按这样的一些标准去实行。”那么，这就是一个绝对善的意志程式。

理性的自然是因这一点而与其余的自然区别开的，即它能确定一目的于自己的面前。这个目的就是每一善的意志的材质（质体、对象或内容）。但是因为在一个“没有为任何条件所限制，而为绝对的善”的意志的理念中，我们必须把每一“要被达到”的目的完全抽去（因为这种要被达到的特殊目的必使每一意志只是相对地善），所以，在此情形中，这目的不须当作一个要被达成的目的而思议，而是当作一个独立自存的目的而被思议。结果，它只是消极地被思议，即它是我们所决不能行动以违反者，因此，它也决不可只被看作工具，但必须在每一决意中也同样被估价（被尊崇）为一个目的。现在,这个目的不能是任何别的东西，它不过就是一切可能目的之主体，因为这目的同时也可能是绝对善的意志的主体；这样一个意志不能被置于任何其他对象之后而无矛盾，因此,“在涉及每一理性存有中（无论是你自己或他人），你应当这样去行，即他在你的标准中总是有‘在其自身作为一目的’这地位的”，这原则本质上是与以下另一原则是统一的，即“你应当依这样一个标准，即此标准同时也含有它自己的普遍妥效性这样一个标准去行”。因此，对于每一目的而使用的工具中，我必须以“我的标准作为法则对于每一主体都同样成立有效”这条件来限制我的标准，这等于说：一切行动标准的基本原则必须是这样，即一切目的的主体，即理性存有自己，决不可只当作工具而被使用。但须当作“限制一切工具的使用”的最高条件而被使用，那就是说，在每一情形中，也须同样当作一目的而被使用。

因此，无可争辩地随之而来的便是：任何理性的存有，不管他所服从的法则是什么，由于他在其自身就是一目的，就必须在关于这些同样的法则上，能去体认他自己也为普遍立法的（为制立普遍法则者），因为那彰显他为“在其自身就是一目的”者正恰是“他的标准适合于普遍的立法”；随之而来的是如此，即上说的立法之义蕴涵着他的尊严（特权）为超越一切纯然物理存有以上者，以及他必须总是从以下的观点，即“认他自己以及同样认每一其他理性存有都为立法的存有”这观点来取用他的标准。依此路数，一个“理性存有的世界”可能如同目的王国的可能而可能，其为可能是因为有立法作用，即“适当于（属于）一切作为‘此目的王国中之’分子的人格”的立法作用而可能。因此，每一理性的存有都必须这样去行动，即行动得好似他在每一情形中，因为他的标准，是这普遍的目的王国中的立法分子。这些标准的形式原则是如此：你应当行动得好似你的标准真的要同时可以用来充分作（一切理性存有的）普遍法则。如是，一个目的王国只有依自然王国类比才是可能的，但是，前者只因标准而可能，即只因自定的规律而可能，而后者则只因“在外力迫使下”活动着的有效因的因果法则而可能。此两者纵然不同，自然的系统虽被视为一机械，可是只要当它以涉及理性的存有作为它的目的，那它就可因此之故而得名为“自然王国”。现在，这样一个目的王国应能因循这类标准，即符合于“定然律令所定给一切理性存有”的准绳（法规）的那类标准，而现实地被真实化，如果这些标准普遍地被依从时，一个理性存有，能使他自己准确地（严格地）依从这标准，他不能因此便预计一切其他理性存有同样如此依从之，他也不能期望自然王国以及它的有秩序的安排，可与他的为（一目的王国中）的一适宜分子身份相和谐，那就是说，他不能期望它（自然王国）将有助于他幸福的希冀，可是，“应当依照一只是可能的目的王国中，一个普遍地立法的分子标准去行”，这个法则仍然自具其充分的力量，因为此法则的命令是定然地命令着的。可是在这里，即存有以下的奇诡，即这作为一理性的被造物人的尊严，而没有任何为它（他）所要达到的其他目的或好处，因而这对于纯然理念的尊敬，只这种尊严与尊敬却用来充作意志这个不可移易的准绳（箴言），（这即是一种奇诡）；又有以下之奇诡，即确然在这种标准的独立性中，存有标准的庄严之美，而且也就是这独立性，才使每一理性的主体值得为目的王国中立法的分子，这又是一种奇诡：以上奇诡是必然的，人或理性的主体必应只被思议为是服从于欲求的物理法则的，虽然我们设想自然王国与目的王国，可在一个最高统治者之下而协合于一起，这样，目的王国因而不再是纯然的理念（只是理念），而可获得真正的实在性，那么，无疑，它又可得到其“强大的动力的提升（增益）”，但是，无论如何，这却对于它的固有价值决不能有任何增益。因为，尽管如此（如得其实在性及强大的动力等），这唯一的绝对立法者，必须总是被思议为是只以理性存有的行为，如单从（人的尊严）这理念所规定给他们（理性存有）者，来评估（判断）他们的价值。事物的本质并不因它们的外在关系而有改变，而由于抽去这一切外在关系的缘故，所以单就是那构成人的绝对价值者同时也就是他所判断者，不管这判断者是谁，甚至他为最高的存有（上帝）所判断。那么，道德就是行为的关联于意志的自律，也就是说，关联于借意志的标准而来的普遍立法。一个与意志的自律相一致的行为，便是被许可的行为；一个不与意志的自律相一致的行为，便是被禁止的行为。“其标准必然地与自律的法则相一致”的，那意志便是神圣的意志，是绝对善的意志。一个不是意志的依靠于自律原则上的依靠性便是“责成”。责成不能应用于神圣的存有（神圣的意志），从责成而来的行为客观的必然性是“义务”。

十四、意志的自律特性

如前所说，容易看出："虽然义务的概念蕴涵着对法则的服从，可是我们还是会把某种一定的尊严与庄美，归给那个能尽其一切义务的人"，这事是如何发生的。实在说来，当他是服从于道德法则时，在他身上实无任何庄美可言；但是当在论及那法则中，他同时也是立法者，而只有这个原因，他服从此法则，而当其是如此时，他便有其庄美。在上面我们也曾指出：不是惧怕，也不是爱好，只是对于法则的尊敬才是那"能给行为以道德价值"的动力。我们自己的意志，当我们设想它只在"其标准是可能地普遍的法则"条件下去活动时，它便是理想的意志，此理想的意志便是尊敬的恰当对象；而人性的尊严也正恰好即存于（他的）这种"能成为普遍的立法者"（能去制订普遍法则）的能力当中，虽然须附带这个条件，即他自身就是服从其立法所立的法则者。

意志的自律就是意志的那种特性，通过这种特性，意志对自己而言就是法则（独立不依于决意的对象的任何特性而对于自己就是），自律的原则是：你应当总是如此作选择以至于同一决意将包含，我们选择的标准都为普遍法则。我们不能因为出现于这个实践规律中的概念分析就可证明：这个实践的规律是一律令，即证明：每一理性存有的意志都必然地受制于此实践规律，而以它为条件。因为它是一个综合命题，要想去证明这一点，我们必须超出对象的认识之外而进入主体，即对于纯粹实践理性，作批判的考察，因为这必然发命令的综合命题，必须能够是完全先验地被认识的。但这一点不属于本节的范围，但是"现在所说的自律原则是道德的唯一原则”这一点却能够很容易地只通过道德概念之分析而被表示。因为这种分析，我们见到道德的原则必须是定然律令，而且看出这定然律令所命令者，既不多于这自律，也不少于这自律。

如果意志寻求决定意志的法则，不在“它标准的合宜于成为它自己的决断（裁定）的普遍法则”中寻求，而却在任何别处寻求，因而结果也就是说，如果它走出自己之外而在它任何对象的特性中寻求这法则，则结果其所成者总只是（意志的）他律。在这种情形中，意志（自身）并不给它自己以法则，而是这法则是为对象通过其对于意志的关系所给予。这种关系，不管它基于爱好，抑或基于理性的概念，总是只许有假然的律令：我应当作某事是因为我愿望某种别的事。反之，那道德的，也就是定然的律令则说：我应当如此如此做，纵使我并不希望任何别的事。举例来说，前者说：我不应当说谎，如果我想要保存我的信誉；后者说：我不应当说,纵使说谎并未丝毫使我陷于声名狼藉而不为人所信。因此，后者必须抽离一切对象，达到使它们将无任何影响于意志程度，以便实践理性（意志）可不受制于或限于去计较利害问题，却只表示属于它自己的那作为最高立法的“发布命令的威权”。举例来说，我应当努力去促进他人的幸福，这并非因为别的幸福的实现，好像与我的幸福有什么关系似的（这有关不管其是因直接的爱好而有关，或是因通过理性而间接得到的任何满足的而有关），但只因为一个“排除别人的幸福”的标准，不能当作一个普遍法则而被含具于同一决意中。

这里，如同人类理性在其纯粹使用的其他地方一样，当它未被批判地考察时，在他发现一条真正的道路以前，曾先试过一切可能的错误歧路。

从此（他律的）观点所能取用的一切原则或是经验的,或是理性的。前者,即从幸福原则而引出,或是基于自然的情感,或是基于道德的情感;后者，即从圆满的原则而引出，或是基于当作一个可能的结果看的那理性的圆满概念，或是基于作为我们意志的决定的一个独立圆满的概念。

经验的原则完全不能用来充当道德法则基础。因为当道德法则的基础是从人性的特殊构造中而取得，或从人性所处的偶然环境中而取得时，这些道德法则在一切理性存有上，一律都成立或都有效的普遍性，即因此普遍性而被安置于它们身上无条件的实践必然性，便会丧失干净。

但是，私人幸福的原则是最可反对的，这不是因为它是假的，而经验也与这假设，即“荣华富贵常正比于善行”这假设相冲突，不只因为它对于道德的建立无所贡献（因为作成一个有福禄之人与作成一个善良之人，或使一人谨慎而精察自己利益与使他为有德，完全是两回事），而且也因为它供给于道德的动力正是暗中败坏了道德，而且破坏了道德的庄严性，因为这些动力置“存心于德”与“存心于恶”同类，而只教我们去作较好的计算，而德与不德之间的特殊差别也完全被扫灭了。另一方面，关于道德情感，这种设想的特别感觉，当那些不能思考的人相信那种情感将有助于他们，甚至在一般（普遍）法则中也有助于他们时。“去诉诸这种情感”实在是非常肤浅的；此外，情感，对于善恶不能供给一个统一的标准，而任何人也不可有权利以自己情感去为他人形成判断：不过纵然如此，这种道德情感就以下一方面说，也是比较更接近于道德以及道德的尊严的，即它把“以我们对于美德所有的满足与崇敬直接地归给美德”这种光荣交付于美德，而且它也并不当面告诉她（美德）说：我们不是通过她的美但却是通过利益亲近她。

在理性的道德原则中，存有论的“圆满”的概念尽管有其缺点，也比神学的概念好，神学的概念是从一个神的、绝对圆满的意志中引申出道德的。前一概念无疑是空洞而不确定的，因而对我们在这无边旷野中，去寻求那适合于我们的最大综量（最高实在）也是无用的；其次，在想特别去分清我们现在所要说及实在与其他实在的不同上，它也不可避免落于圈子中，它不能避免默默预设它所要去说明的那道德；纵然如此，它还是比神学的观点较为可取。首先，因为我们对神的圆满并无直觉，我们只能从自己的概念中，把神的圆满推演出来，这样，我们的说明必陷入恶劣的循环中；其次，如果我们想要避免这恶劣的循环，则所剩下给我们的唯一神的意志的概念，便是一个“以欲求荣耀与统治这种欲望的属性而造成”的概念，并且是一个“与可怕的威力和报复观念相结合”的概念，而凡是建筑在这基础上的任何道德系统必直接相反于道德。

但是，如果我要在“道德感”的概念与一般“圆满”的概念之间（这两个系统至少都不削弱道德，虽然它们都不能充当它的基础），作一选择，那么我必会选择后者，因为它至少把这问题的决断（裁决）从感性上撤回，而把它带回到纯粹理性的法庭上；纵然在这里它也并未决定什么，可是它毕竟保存了这个不确定的理念（一个“其自身为善”的意志之不确定的理念），使它免于腐蚀，直到它被更准确地界定为止。

至于其余，在此不一一反驳；那种一一详细反驳只是冗余的，因为那是很容易做的，而且也很易见到的。但在这里，使我们更感兴趣的便是去知道：被这些原则所设置道德的首要基础，也不过就是意志他律，因此，它们必然迷失其目的。

在任何情形中，如若在那里，意志的一个对象须被假定，假定以便“决定意志”的规律可被规划出来，则这规律在那里简单地说来也就只是他律；此中的律令是有条件的，即“如果”或“因为”一个人愿望这个对象，“则”或“所以”他必须如此如此行；因此，它决不能道德地命令着，也就是说，它决不能定然地命令着。对象决定意志，不管是因爱好而决定的，如在私人幸福的原则中，或是因理性而决定，如在圆满的原则中，不管是哪种情形，总之这时的意志总并不是通过“行动本身之想法”直接地决定自己，而只是通过行动的预见结果在意志上所有的影响而决定自己；这样，“我应当去做某事，因为我愿望某种别的事”；而在此有条件的“应当”所示的律令里，必须在我有另一被假定的法则为主体，而通过另一法则，我必然地意欲这“别的事”，而这个法则又需要律令去限制这个标准。

因为在我们的诸般机能所及的范围内一个对象的概念，由于主体的自然特性，其所能运用于主体的意志上的那影响力是依靠于主体的自然（或本性）的，此主体的自然（或本性）或是感性（爱好与趣味），或是知性与理性，此诸般主体的自然使用依其本性的特殊结构可附随之以满足。由此，随之而来的便是：那法则（即上文所说决定我们的行为或意志的那法则）恰当言之，必是为自然所供给，即便如此，那它必须被知与被证明，结果也必是偶然的，因而能够成为确然的（必然的）实践规律，不仅如此，而且它不可避免地也只是他律；意志自身不能给它自己以法则，这法则只是为一种外来的冲动所给予，即凭借着“适宜于接受这法则的主体特殊的自然构造”，而为外来的冲动所给予。那么，一个绝对善的意志，其原则必须是定然律令，在关涉一切对象中，它应是不决定的，而且它应只包含着“一般说的决意”的形式，而这“决意一般的形式”作为自律，也就是说，“每一善意志的标准能够或适合于去使它们自己成为一普遍法则”，这个意思自身就是“每一理性存有的意志所安置于自己身上”的唯一法则，而不须去预定任何冲力或兴趣作为一个基础。

这样一个先验实践的综合命题如何可能，而它为什么又是必然的，这问题的解答，不属于道德的形而上学范围；而我们在这里并没有肯定它的真理性，更没有自认说在我们的力量内能证明它。只是因普遍被接受的道德概念发展而展示出：意志的自律不可避免地要与道德概念相联系，甚或是它的基础。不管是什么，只要他认道德是任何真实的东西，而不是无任何真理性的虚幻观念，那他也必同样承认我们这里所论定的道德原则，而本节也纯粹是分析的。现在，“去证明道德不是脑筋的制造物”——如果定然律令以及与此定然律令,相连的意志的自律是真的，而且作为先验原则又是绝对必然的，则道德便不能是脑筋制造物——这步证明的工作即假定了“纯粹实践理性的综合使用的可能性”，但是若不对于此理性能力或机能先给予批判的考察，我们也不能冒险从事于此综合使用，在下面我们将对这种批评的考察，给以大体的纲要，这对我们的目的来说已经足够了。

十五、理念与兴趣

我们终于把确定的道德概念还原到了自由的理念。但是，自由的理念，我们不能证明它现实地作为我们自己的特性或人性的特性；只是我们看到了这一点，即如果我们思议存有为理性的存有，并且在关于它（他）的行动中，意识到它（他）的因果性的存有，也就是说，思议一存有为禀性，具着一个意志者，则自由的理念必须被预设；这样，我们也见到，即依这同一根据，我们必须把“在它（他）的自由的理念下决定，它（他）自己去行动”这种属性就归给有理性与意志的每一存有。

从这个“自由”理念的预设，这结果也随之而来，即我们能觉识一个行为法则，此法则是行为的主观原则，即标准，它们也能当作客观的，即普遍的原则而有效，因而也能充作我们自己裁决的普遍法则。由于我自己是一理性的存有，这样，就把一切其他具有理性的存有也隶属于此种原则，我为什么一定要如此做呢？我将承认：这并无任何兴趣（利害）促使我去如此做，因为如此，那必不能产生一定的律令，但是纵然如此，我却必须对此“定然律令”感有所兴趣，而且要辨识它如何发生；因为假若只是理性决定此存有的行为而无任何阻碍，则这个“我应当”恰当是“我必愿”，一个在一切理性存有上有效的“我必愿”。但是，若有一些存有，他们在理性以外乃是不同类的激动力，即感性所影响，人类就是如此，而在这些存有的情形中，只是理性所必会去做者并不常是被做成，那么，对这些存有而言，那必然性只被表示为“应当”，而主观的必然性也不同于客观的必然性。

那么，道德法则，即意志自律原则，恰当说来，只是在自由的理念中被预设，而且好似我们不能“独立地”证明其实在性与客观的必然性。即使如此，我们仍然已得到某种可观之事，即至少因为“比以前所作者更准确地决定真正的原则”而得到了某种可观的事；但当涉及此原则的妥实性以及“把一个人隶属于此原则”这种实践的必然性时，我们却未曾可以前进一步。如果要问：为什么我们作为法则标准的普遍妥效性必须是“限制我们行动”的条件，并问：我们所归给这种行动的价值——一个“如此之大以至于不能有任何更高的兴趣（利益）”的价值，是根据什么；如果再进一步问：“只因这一点，一个人便相信他感觉到自己的人格价值，与此人格价值相比，那些悦意或不悦意的情况的价值是被视若无物”这事又是如何发生的。对于这些问题，我们不能有任何满意的答复。

实在说来：我们能对那“并不含有任何外在情况的兴趣”的人格品质感有兴趣，一旦理性真要作成这种安排，人格品质使人们能够参与于这“所欲的”情况时；那就是说，“这纯然的值得有幸福”其自身即能使我们有兴趣，甚至并没有“参与这幸福”的动机。事实上，这个判断只是我们以前所预设的道德法则的重要性结果，但是，“我们应当把自己从这些经验兴趣中撤离，就是应认为我们自己在行为上是自由的，且是服从某种法则的，这样以便只在我们自己的人格中去发现一种价值，这价值足能补偿那些‘能对我们的情境给与价值’的每一东西的损失”，这一点，我们还不能依道德法则认识它，甚至也不能看出：这样去行动如何是可能的，也就是说，不能看出：道德法则从什么地方引生出它的责成性（强制性）。

我们必须坦白承认：在此，有一种循环，似乎无可逃避。在有效果的次序中，我们认定自己是自由的，这样一来，在目的次序中，我们是有道德法则的；而此后，他们已把意志的自由归属给我们自己：因为“自由”与“意志的自我立法”这两者都是自律的，因而它们也是相互利用的概念，所以这一个决不可用来去解析另一个，或用来去给另一个以理由，而至多只为逻辑的目的，用来把同一对象表面不同的观念还原到一个简单的概念，这就像把同值的不同分数还原到最低的共同项目。

但是，有一种求助或转机留给我们，就是去追问：当我们为了自由，思考自己为先验地有效的原因之时，以及当我们从眼前所见的作为结果的行动来形成关于自己观念时，我们是否用了不同的观点。

一切被动地或接受地来到我们心中的“观念”（觉象、表象），比如感情上的那些观念，它能使我们去知道对象，都不外乎是如对象影响于我们那样使我们去知道对象，除此以外，它们不能使我们去知道对象；这样，对象自身是什么，则是永不为我们所知的。结果，就这类“观念”说，即使以知性所能应用于它们（观念）上的最密切的注意与最清晰的分辨，我们也只能依据其达到现象的知识，却不能达到物自身的知识，这种解说是不需要细致的反省去做的，而我们可以认定即使最普遍的理解也能做到，虽然它随其自己样式，一种“情感”的那种判断力模糊的辨识而然。只要这种区别一旦形成，那么由此区别而来的便是：我们必须承认而且认定某种不是现象的别的东西，即物自身，处于现象背后；虽然这样认定，然而我们也必须承认：因为它们（物自身）除影响于我们外，永远不能为我们所知，所以我们也不可能更接近于它们，也不知道它们自身是什么。这一点必须给出一个感触界。与一个智思界（知性界）之间的一种区别，不管这区别如何粗略，在这区别中，前者可依各种观察者中感性印象的差异而差异，而后者则是前者的基础，它总是能够保持统一。就人而言，甚至对他自己，一个人也决不能从他因内部感觉所有的知识，假装知道他自身是什么。这是因为以下的缘故，即由于他并不创造自己如普通的所谓，而且他也不是先验地得有他自己的概念，而只是经验地得有他自己的概念，所以随之而来的便是——人只能因内部感取而得到关于他自己的知识，结果，他也只能通过他本性的现象以及“他的意识影响”的方式来得到关于他自己的知识。同时，在他自己的主体这些征象以外，他必须必然地设定某种别的东西以作为这些征象的基础，即他必须设定他的“自我”，不管这自我的征象是什么。这样，就纯然的知觉以及“感觉的接受”而言，他必须视他自己为属于感性界者；但是不管怎样，在他身上或可有一纯粹活动而言，他必须视他自己为属于智思界者，但是，关于这智思界，他却并无更进一步的知识。

对于这样一个结论，能作反省的人必能被呈现于他眼前的东西而达到：这样的结论甚至在具有最普通的理解能力的人群中或许也能被遇到，这些人，常是最易倾向于去假定某种活动着的东西在感取的对象背后。但是，他们又因这立刻予以感性化而破坏了这结论；也就是说，他们要求它成为直觉的对象，这样，他们也就没能变得更明智一点。

现在，人在自身中可发现一种机能，借此机能，他自己可与任何别的东西区别开来，甚至也与他自己区别开，只要他自己为对象所影响时，此机能便是理性。理性由于是纯粹的自动，它甚至也已升举于“知性”之上。虽然知性也是一种自发的活动，而且并不如感性那样，只含有直觉，这直觉是当人们为事物所影响时才生起，但知性从其自己的活动所产生的也只不过是那些概念，即“只足以用来把感性的直觉置于规律之下，因而把它们统一于意识中这类的概念，除此种概念外，它并不能从其活动中产生出任何别的概念，而且若缺少这种感性的使用，知性也毕竟不能运其思想。可是，相反地，理性在我叫做“理念”的东西的情形中，表示出其纯粹的自动性，以至于它因之而可远超乎感性所能给予于“它”的东西之上，而且它在区别感性界与知性界的不同中，以及因而也在规定知性本身的限制中，显示出最重要的功能。

因此，一个理性的存有必须当作一睿智体认其为属于知性界（智思界）而不属于感触界；他有两个观点用以看其自己，并由此以认知其机能运用的法则，因而结果也就是由此而以认知一切他活动的法则：第一个观点，就他属于感性界而言，他见其自己服从自然法则（他律）；第二个观点，由于属于智思界，他又见其自己受制于这样一些法则，即这些法则由于独立不依于自然，因此并无经验基础，而只有理性基础。

由于是理性的存有，因而结果也就是说，由于属智思界，人不能不依自由理念的条件而思议自己的意志因果性，因为“独立不依于感触界的决定因”这独立性便是自由。现在，自由的理念不可分地与自律的概念联系在一起，而自律的概念又不可分地与道德的普遍原则联系在一起，这普遍原则理想地说来是理性存有的一切活动的基础，恰如自然的法则是一切现象的基础。

在前面所提起的那个疑难可被消除。这疑难即是：有一隐伏的循环包含于我们的“从自由到自律，又从自律到道德法则”的推理中，这就是我们设置自由是因为道德法则之故而设置，而所以如此设置，那只是为此后我们便可转而又从自由推知道德法则，这样，我们对于道德法则毕竟不能指派任何理由，只能把它“呈现”为一种乞求论点（丐题）者，此种乞求论点所求的原则，有好意之人一定乐于把它允许给我们，但我们决不能提出之为一可证明的命题。“此种循环的疑难，我们现在可以消除它。”现在我们看到：当我们思议自己是自由之时，我们就把自己转移于知性界而为其中一分子，而且认知了意志的自律连同着其结果，即道德；而另一方面，如果我们思议自己是受强制的，那我们就是属于感性界的，而同时也属于知性界的。

十六、心灵与义务

道德品质，对一个人而言象征着人格的高低。有些道德品质是这样的：当人不具备时，也不必非得获得。它们是：道德情感，良知，对邻人的爱，对自己的尊重（自重）。人没有责任非要得到它们，因为这些只是对义务概念易感性的主观条件，而不是道德性的客观条件。它们都是心灵受义务概念的影响而激发感性的、先行的、然而粗朴的感受能力，这种感受能力不能被视为每个人的义务，而只能看作是人人都具有的一种能力，人们会因此而服从责任。对这些道德素质的觉察不是出于经验来源，而只能是来自于对道德法则的觉察，即心灵觉察到道德法则而产生的结果。

道德情感是一种敏感性，即心灵出于对我们的行为，是否符合义务法则的觉察所产生的或愉快、或不快的反应。择别意志的每一个决断，都来自可能做的行为的观念；择别意志考虑这种观念所带来的，或者说这一观念付诸实施的结果所带来的愉快或不快的情感，并由此决定对这一可能行为的取舍；这种敏感状态（是内觉的影响结果）可能是病理性情感，也可能是道德情感。前一种情感导引出法律观念，而后一种则导引出道德观念。

具有或获得道德情感无法成为一项义务，因为，为了使人能意识到义务概念中所含的强制性，各种责任观念都预设了这种情感的存在。因此，它只能是每个人（作为道德存在物）生来就有的；我们的责任也只是培养它、强化它而已，哪怕是以推崇它不可思议的来源的方式来做到这一点。这体现了它完全是被理性的概念——依仗理性自身的纯洁性摆脱各种病理性刺激——最强烈地激发出来的。但称这种情感为道德感也是不恰当的，因为感觉一词一般意味着指向某一客体的知觉的理论能力，而道德情感（同一般的愉快和不快一样）仅仅是一种主观的东西，并不能提供知识。没有谁完全欠缺道德情感，因为倘若他完全感受不到这种感情，那么他在道德上就已经死了。或者用心理医生的行话来说，如果一个人的精神生命力不再对这种情感起作用，那么他的人性就会消解（如同化学规律熔解一样）而成为纯粹的动物性，从而永劫不复地混同于动物之伍。尽管我们常常用"道德感"这个词，但实际上在识别真伪的感官能力之外我们并没有一种专门用来识别（道德的）善恶的官能，也只有自由择别意志由于受纯粹实践理性，及其法则的激发而产生的一种敏感性而已。我们称作道德情感的正是这个。

类似的，良知也并非可向外求而得之物，自然也就没有义务去获得它，而是任何人作为道德存在物生来就具有的。说人有义务具有良知，等于说人有义务去辨识义务，因为良知是实践理性，它在法则的每一种情形下，都司掌着判定人是清白还是有罪的职能；因此它不指向客体，而仅指涉主体（由其行为而激发道德情感）。故它是一种必然事实，而非一项责任或义务。所以，当我们说一个人没有良知时，意思是说他把良知的教导当作耳边风；倘若他果真没有良知，他就既不会因为遵循义务而感到自豪，也不会因为违背义务而谴责自己，甚至连"具有良知是项义务"的念头也压根不可能有。

这里对良知的种种细分略而不论，仅考察由上述特点而得出的推论，即良知会不会出差错。在对某事是否属义务的客观判断方面，无疑有时会出现差错，但在主观上是否将其与（起着裁决作用的）实践理性相比较以形成判断这一点上，则是不会出错的；因为要是出了错，就根本不会有实际判断付诸实施了，那样的话也就更谈不上对错了。所谓没良心不是指缺乏良知，而是人受习气影响不能遵循良知的裁决。而当人觉得自己已经按良心行事了时，不能就良心上感到有罪或无辜这方面对他作更多的要求了。他所应该做的也只是启发自己的知性，明白什么是义务，什么不是义务。而当他开始这么做或这么做了时，良知必然会自然而然地发挥其作用。因此，凭良知行事就不是一项义务，否则必须再有一个良知来觉知前一个良知的行动情况。这里涉及的义务只是涵养我们的良知，时时警醒自己要听从良知（作出的内在裁决）的召唤，以各种方法确保自己顺从于它，故而此乃一项间接的义务。

爱是一种情感，不是意志或意愿。我之所以爱，不是因为我想要这么做，更不是因为我应该这么做（我不可能是必须去爱）；因此，不存在所谓的爱之义务。而仁作为一种行为方式，可以隶属于义务的法则，虽然不偏不倚的仁常常被（不恰当地）称作爱（“仁爱”），爱有时也会盲目到全然不顾他人的幸福，而只为某一个人或超人存在物的目的彻彻底底、心甘情愿地放弃自己的目的，居然还有人称爱也是我们的义务！再者，所有的义务都是——一种强迫或强制，即使依照法律而自制也属于一种强制，而出于强制的行为决不是出于爱的行为。

根据我们的能力向他人行善，不管他们是否为我们所爱，这是一项义务。尽管我们不得不悲哀地指出：“人类，唉！当你对其有了更深的了解，就会发现人不值得这么特别地偏爱。”但行善的义务并不因此而失去意义。然而，仇恨人，即使没有付诸行动，而只是一种对人类的彻底敌意（根深蒂固的厌恶人类倾向），也总是可憎的。即使对这些厌恶人类的人，我们也可以向他们表示慈悲，虽然我们不可能爱他们。这里仁仍然是一项义务。

憎恶人身上的邪恶，既非义务，也不与义务相悖，仅仅是出于对邪恶恐惧而产生的情感；意志对这种情感并无影响，反过来它对意志也并无影响。仁是一项义务，一个经常行仁、看到他的仁义实现的人，最后就会真的会爱上他所施仁的对象。因此，当我们说：“你当爱邻如己”，这并不是说：首先你应该爱邻人，其次以这种爱向其行善；而是说：向邻人行善，这种仁善会促使你产生对他们的（作为一种习惯或自然的亲仁的倾向的）爱。

然而心满意足的爱需要单独加以说明。这种情感是——想到某个对象的存在就产生的愉悦。说有义务产生这种情感，就等于说被迫从某一事物中发现可高兴之处，但这是说不通的。

敬重心同样也只是主观的东西，它是一种特殊的情感，而不是关于一个对象的判断；若是后者，倒可能是一种应履行或实现的义务，故而实际上它也不是义务。伦理义务只有当我们遵其为义务时才称其为义务。说我们有义务敬重，等于说我们有义务去有一项义务。因此，当我们说人有自尊的义务时，这种表述是不恰当的。我们应该说：他内心的法则必然迫使他尊重自己，这种（特别的）情感是具体义务——即与他对自身的义务相一致的各种行为——的基础。但我们不能说人有尊重自己的义务，因为人必须先有了对内心法则的敬重心，才可能懂得什么叫作义务。

十七、个人的德性

德性指的是意志的道德力量。不过这样说似乎还不够确凿，因为这种力量也可属于神圣存在物（超人），而在他身上没有对立的冲动会阻碍其理性意志的法则，所以他只愿做一切合法的事情。准确地说，德性乃是人的意志，在履行义务的过程中所体现的道德力量。就德性本身具有执行法则的能力而言，它是由其自身的立法理性而施加的一种道德强迫。德性本身不是义务，拥有德性也不成其为义务（否则我们就应该有这样的义务——必须有义务），但它命令人有义务，伴随着其命令的是一种（由内在自由的法则施加的）道德强制。这种命令乃是不可抗拒的，因而执行这种命令的力量是必须的，其强弱只能由其克服（人自身由于各种偏好而造成的）障碍的大小来衡量，邪心劣习，荡情逸性，便是人必须战胜的妖魔鬼怪。这种坚毅的道德力量包含了人类最伟大的赫赫战功，也是人类唯一的、真正的荣耀。它也叫作真正的智慧即实践的智慧，因为它把人在世界上的存在这一终极目的作为它自己的目的，拥有了它就足以使人自由、健康、富有、君临万物，等等；有德性（的力量和智慧）的人不会失去其德性（的力量和智慧），因为所拥有的是他所固有的，无论是宿命还是时运，都不可能夺走它。

人对道德完善的人性这一理想所赋予的种种赞美，丝毫不会因为人之过去、现在、将来是什么样子而失去其实践中的现实性；由无条件的立法理性确立的人类学，绝不会为出自经验知识的人类学所损；尽管德性时常（因它与人的关系，而非与法则的关系而）被称作有功德的、可嘉的，但于它自身而言，自身便是目的，因而自身也就是回报。

鉴于德性的十全十美，我们应这样来看待它：不是人拥有德性，而是德性拥有人；因为若是人拥有德性的话，人似乎仍然已作了选择（而那样的话他还得另外再有一种德性，来把德性从施予他的种种福惠中挑拣出来）。须知：德性的多样性（我们必然会这么理解）只能理解为（理性）意志在单一的德性原则的指引下能达到的多种不同道德目标；恶的多样性也应作这样的理解。将两者人格化的表述只是一种方便法门，为的是将其比附为感性，以产生所谓的道德感。推而言之，道德美学与其说是道德形而上学的一个组成部分，不如说是对它的一种六经注入式的发挥，从中不难感受道德法则的强制力量，以及与之俱来的充沛的道德激情，比如厌恶、恐惧等，它们给道德反感以一种感性的形式，使之从单纯的感性刺激中凸显出来。

十八、伦理与法理

将一般的道德哲学一分为二的划分是基于如下理由：自由法则（义务和责任）这一两者共同的概念，使我们必须把义务划分为关于外在自由的义务和关于内在自由的义务，而只有后一种是伦理学义务。因此，必须把这种内在自由看作所有伦理学义务的最基本前提条件，正如我们把良心论视为所有义务的前提一样。

习性是一种行动能力，是择别意志主观方面的完善，但并非任何一种这样的能力都是自由的习性；因为，如果某种习性只是出于习惯，即只是由于不断重复而成为一种必不可少的行为一贯性的话，那么它就并非出于自觉自愿,因而就不是道德习性。因此德性也就不能被定义为“自由守法的行为习性”，除非我们再给它加上“依照法则的观念而决定行为”的条件。这样的习性就不是择别意志所具有的，而是理性意志（它是确立一条规则并宣布其为普遍法则的一种能力）所具有的；只有这样的习性可以视为德性,其内在自由需要两个条件：自作主宰和自我控制，即克情制欲。符合这些条件的品质被称作高尚，反之则称为卑鄙。

情绪和激情其实有重要区别：前者属于一种不假思索的情感，要是经过一番反省也许就难以，甚至都不能流露出来了。所以我们常说一时感情冲动云云。理性通过德性观念要求人克制自己，一个人倘若天资中缺乏这种克制力，总是喜欢激动，那也只能说是寡德（不好），算不上是恶，因为这只是一种软弱和幼稚的表现，没准还是出于好心，而且它来得快去得也快，因此情绪（比如愤恨）的倾向与作为激情的恶并无密切关系。而激情就不同了，它是某种好恶感潜滋暗长，久而久之成为一种持久的情感偏向（比如与愤恨相对照的仇恨）。人沉溺于这种情感偏向中，时间长了就会心安理得，也不觉得要反省，从而让心智屈从于这种偏好而制定行为原则，如果这种偏好不幸与法则矛盾，而且如果老是执着于这种偏好，让它自己生根发芽，并滋长起来，就会把坏东西（当作目的）带到行为准则中。这种坏东西不是一般的坏，而是真正的邪恶。

因此，就德性是基于人的内在自由这一点而言，它含有积极地对自己加以控制的意思，即人应该把自己的全部力量和偏好都置于自己（理性的）支配之下；而且，这种支配不仅消极地制止做某事，而且积极地督促做某事，他不应该听任自己臣服于情感和偏好（即他有“无情”的义务），因为理性若不把驾驭的缰绳操纵在自己的手中，则情感和偏好这群烈马就会反过来成为人的主宰。

“无情”这个词，人们对它没有好印象，因为它听起来好像就是缺乏感情，对择别意志的对象无动于衷，故常常被当作一种缺点。这种误解可以用这样的办法来避免：用“道德上的无情”这个词来专门指称我们这里所说的无情，以别于一般所说的冷漠、无动于衷等。在这种情况下，不是说没有种种情感产生，而是说所有这些来自感性印象的情感汇集起来的力量也比不上尊重法则的力量对道德情感的影响。换而言之，不是“无动于衷”，而是“不为所动”。这种情绪叫作热情，正是有鉴于此，我们才在道德实践中经常提到中庸——智者狂兮直者枉，越此而求兮得中庸。

不然的话，说一个人“聪明”过头或太“善良”就会很荒唐。情绪不管是由什么激起的，终归还是感性的东西。德性的真正力量只能在于心灵的宁静，借此方能把道德法则果断而又审慎地贯彻于行动中去。如此方可称为“健康的”道德生活。而情绪则不然，即使出于好意，它也只不过是昙花一现、电光一闪，过后就凋谢消逝了。当然，这绝不是说我们要在任何事情上都摒除情绪，不为所动。如果有人一言一行都严格遵照义务，且举手投足之间生怕有一丝一毫不合乎道德的地方，成天战战兢兢、如履薄冰，甚至连吃鱼还是食肉，喝酒还是饮茶都要盘算哪样是天理、哪样是人欲，这种人我们只好称其为“德性迷”。要是真像这种人那样，把什么细枝末节的琐事都纳入义务论的范围，那可真是“德性”肆虐。

“日新之谓盛德”，德性总是不断发展的，而同时又总是从头开始的。前一条是因为，客观地看，德性是一个不可致达而又必须努力企及的理想；后一条则是因为，从主观方面看，人的天性总是受到其性情偏好的影响。在这种情况下，德性的准则虽然已彻底确立，但始终受其骚扰，不是一劳永逸的，相反倒是不进则退；道德准则不可能像生活技巧方面的准则那样以习惯为基础（因为习惯只是意志的决断力中的形而下的因素），甚至可以说，如果履行义务的实践成了一种习惯，那么行动者就失去了选择其行动准则的自由，而这种自由正是说明他的行为是出于义务的特征所在。

从《道德学说》文本中摘取了一部分，以作为对“良知”概念的注解。

良知是人（在他心中的各种念头互相控辩以前）内心的一种审判意识。

每个人都具有良知，每个人都知道自己得服从某种内在裁决。这种裁决威慑着他，使他心怀敬畏（崇敬和畏惧相掺杂的一种情感）。这种力量（它守护着他内心的各种法则）不是他自己随心所欲地制造出来的，反而与他自己格格不入；即使在他想要摆脱它时，它也会如影随形地跟着他。他可以用兴高采烈或漫不经心来麻醉自己，但终归会有天良发现如梦初醒的时候，那时他立即就会惊闻到它那威严的声音。确实，人会彻底堕落到对良知的宣判不予理睬的地步，但即使那样，他也还免不了听到这种宣判。

这种固有的智性和（作为义务概念的）道德能力，我们叫作良知。它有一种特别奇怪的性质，即尽管它是人自身的一种东西，但是人却发现他为自身理性所迫去行事，仿佛是在听从别人命令行事似的；因为这种做法就像是未经审判的一个案例，而这时候，人作为受到良心起诉的“被告”，若是把他和审判他的法官视作同一个人，反倒是件荒唐事，那样的话，原告就永远也赢不了官司。若想避免自相矛盾，就必须在所有的义务中，把人的良知当作有别于他自己的“他人”，即裁决他行为的法官。这种“他人”可以是一个实际的他者，也可以只是理性自己虚构的一种纯属观念的人格，这种理想化的人格（作为获得授权的良心法官）必须洞悉人之心灵，因为它所从事的审判是设在人心内部的，同时他也必须是全权的（即所有的义务都必须视为他的命令），因为良知是所有的自由行为的内在法官。这样一个道德存在者必须同时是全能的（无论他是在天国还是在尘世），否则他就不能使其裁决产生效力（法官的职能要求它必须具备这种效力），而这种全能的道德存在我们称为上帝。因此，良知必须被看作这样一种主体原则：在上帝面前人必须对自己的行为负责。不但如此，这其中后一个概念（上帝）恰好就存在于——虽然可能只是模糊地存在于——每个有道德自知力的存在物当中。

十九、向善的力量

按照不同的目标我们可以很方便地从三个方面考察这种能力（原基），把它作为人存在的目的因素。

1. 作为活的个体的人属于动物天性的能力。

对人的具有动物本性的能力很容易就可以做出一般意义上的理解，即认为是肉体的和单纯机械式的自爱，也就是说，是不需要理由的。它包括三个方面：第一，维持他自身的生存；第二，为了他的传宗接代并维持他子孙的生存；第三，与其他人交往，即社交的冲动。所有种类的罪恶都可以嫁接到这个能力上，但是这些罪恶并不来源于作为根源的能力本身。它们可以被称作人性未经提炼时存在的罪恶，并且在它们极端偏离人性追求的目标时变为残忍的罪恶，像放纵、淫荡和目无法纪（在与别人交往时）。

2. 从人性上讲，他是一个活的个体，同时又是一个理性个体。

从属于人的人性的能力虽然是物欲的自爱，却可一般地理解为比较的自爱（要有理由）。也就是说，只有通过与其他人作比较才能衡量自己是快乐或不快乐。源于此便出现了要获得在别人看来是有价值的东西的倾向，并且主要是为了公平，不允许别人有凌驾于自己之上的特权，同时掺杂着担心别人可能会奋力去夺取这种权力的不断焦虑，于是，由此最终引发出一种要获得凌驾于他人之上的特权的不正当欲望。于是，穷凶极恶的嫉妒和好斗就会嫁接到这种欲望上面，我们将对那些我们认为非我属类的人显示出隐藏或公开的敌意。然而这些欲望并不是完全自动地产生于我们作为人的本性，而是因担心其他人会努力去夺取这个凌驾于我们之上的可恶的特权而忧心忡忡所致，因此就出现了作为防卫措施而去保护这个特权的倾向，而本性则会利用这种竞争（在它本身并不排除相互的爱）的观点，而仅仅把它当作是社会文化的动机。嫁接于这种倾向上的邪恶可以被称为文化的邪恶，当这些恶毒的东西达到顶点（仅是一种极其恶劣、极不人道的想法），比方说表现为忌妒、忘恩负义、意欲伤害他人等时，就被称作穷凶极恶。

3. 从人格上讲，他是个有理性的个体，同时又是一个责任个体（有能力承担罪责）。

属于人格的能力乃是一种对道德法则的尊重，并把它作为有充足理由存在于它自身的能选择意志的一个动力源。存在于我们之中的仅仅是对道德法则尊重的能力是一种道德情感，它本身并不能构成自然能力的目的，而是只能如此作为能选择意志的一个动力源。既然只存在自由意志吸纳它为自己的行为准则的内容的可能性，那么这样一种能选择意志的特点也就是善。如同能自由选择意志的每一个特点一样，它是只能通过后天学习才能得到的。然而这种后天取得的可能性要求在我们的本性中具有一种绝对不会被任何恶的东西嫁接的能力。单纯道德法则的思想以及与之不可分离的对法则的敬重，还不能严格地称为是一种属于人格的能力，因为它就是人格本身（即完全理性地考虑的仁爱的理念）。但是当我们把这种敬重纳入到我们的行为准则而作为一种动力源时，这种行为似乎就是附加于人格之上的一个主观依据了，从而这个依据就因此而享有属于人格能力的名称。

如果我们按照它们的可能性条件来考虑这三种能力，就会发现第一种能力在支配人的行为时是不需要理由的；第二种能力以理由为基础，尽管它是现实的，但仍处在其他一些动机的支配之下；第三种能力在支配人的行为时，以理性作为它的根基，它自身是现实的，即具有无条件之立法权；人身上的所有这些能力不仅是（消极或否定的）善（不违反道德法则的），而且是具有向善的能力的（促进对善的服从）。它们是原初的，因为它们属于人本性的潜能。人类可以利用前两种能力来违反他们自己的目的，但却不能毁灭它们。通过人类的这些能力我们就能理解人的各种组成因素和这些能力结合体的不同形式，也正是它们使得他是如此这样的一个人。如果这些能力对这样一个人的存在的可能性来说是至关重要的，那它们就是原初的；如果不需要这些能力，人本身就可能存在，那它们就是偶然的。进一步会看到，我们正在谈论的只是那些与愿望的能力和对自由意志的使用有直接关系的能力。

二十、向恶的习性

所谓习性，应理解为一种喜好倾向（习惯性欲望，声色欲望）的可能性的主观根源，从一般意义上来看人，就后者而言乃是偶然的。它可以通过这样一个事实与能力区分开来，那就是尽管习性是与生俱有的，但它没有必要被想象是如此，却可以被视为后天学得的（当它是善的），或者（当它是恶的）是被人自己加到身上的。然而，在此我们所谈论的只是所谓真正的，即道德上恶的习性，因为它有可能只作为自由选择意志的决定因素，并且这只能通过它的行为准则被判断为是善或是恶，它一定存在于偏离开道德法则的行为准则的可能性的主观依据里，并且如果这种习性被假定为普遍适用于人（进而属于人类的特点），则它将被称作是人向恶的自然习性。我们可以进一步把能选择意志出于自然习性是否把道德法则，纳入它的行为准则的能力或无能，称作为一个善的心灵或恶的心灵。

我们可以就此构想三个明显不同的层次：第一个层次是，一般地在遵循既定行为准则时存在于人类心灵中的弱点，或者是人性之脆弱一面；第二个层次是，把非道德的动机与道德的动机混淆的习性（即使有时是出于善的目的和按善的行为准则去做事），就是不纯洁；第三个层次是，采用恶的行为准则习性，那是人性或人的心灵的堕落。

首先，人性的脆弱一面甚至被一个基督教传道者抱怨地表述为："意志与我同在，但我却不知如何利用它"；也就是说，我已把善（法则）纳入了我的能选择意志的准则之中；但是，这个客观存在于它的理想概念中的乃是一个不可抗拒的动力源，可是当开始实施这个准则时，这个动力就会在主观上变得比倾向还要软弱无力。

其次，人类心灵不纯洁乃是在于：尽管在它的目标中准则是善的（意欲遵守法则），并且也可能有足够的力量去实践，然而它却不是纯粹道德的，没有按照它应该的样子，单独把法则作为它足够的动力源，而是经常（可能总是）需要包括它在内的其他的动力源，来按照责任所要求的来决定能选择意志。其所尽责的行为亦非纯粹出于责任。

最后，人类心灵的堕落，如果可以的话，也可称之为腐败，是能选择意志遵从于行为准则的习性，它欣赏其他（不是道德的）动力源胜过那些源于道德法则的动力源。它也可以被称作是人类心灵的背理，因为就一个自由选择意志的动力源而言。它颠倒了道德的顺序，尽管合法的善良行为可以与它保持着一致，但道德天性却因此在它的根源处腐烂，所以这个人被称为恶人。

有人甚至会讲人之向恶的习性归于最善（行动中的最善）。如果我们可以证明人类的向恶习性是普遍存在的话，则情况一定是如此。这里表明了同样一件事，即向恶习性与人的本性交织在一起。

然而，一个具有良好道德的人和一个道德良好的人，就他们的行为与法则保持一致来看，本是没有区别的（或至少不该有区别）；只有当一个人并不是总是把法则作为他们行动的唯一和最高动力源，而另一个人却能始终如一时，这两个人才有区别。前者只是从字面意义上遵守法则，而后者则从精神上遵从法则。出于这种信念而不去做的任何事情都是罪恶（在思想倾向中）。如果除了法则自身以外还有其他动力源的话，在决定能选择意志采取服从法则的行为时是必要的（例如，仰慕的欲望，一般意义上的爱己，或者是出于善良天性的本能，像同情），那么这些动力源也只是偶然地与法则一致，因为它们可能同时敦促人去违反法则。于是，这个衡量人的所有道德价值的善的准则，在这种情况下就会背离法则，尽管人的行为都是好的，然而他这个人却是恶的。

为了确定习性这一概念，我们有必要对习性做进一步解释。每种习性都可以是物欲的，即属于作为一个肉体人的意志；也可以是道德的，即属于作为一个道德人的能选择意志。在第一种意义上，不存在趋向道德恶习的习性，因为道德恶习一定发源于自由；一种意在对自由的任何特定使用的物欲的习性（建立在感官冲动之上），不管是由于善或者是恶，它都是一个矛盾。向恶的习性只能作为一个道德能力才会依附于能选择意志。因此，没有什么别的事情是道德上恶的（即能被归罪），而恶只是我们自己的行动。另一方面，所谓习性这一概念，我们指的是先于任何行动的、决定能选择意志的主观基础，而它自身并非一个行动。因此，仅仅是在向恶的习性中就会出现一个矛盾，除非“行为”一词能真正地从两个不同的意义上进行理解，并且这两种理解都与自由概念一致。现在“行为”一词一般地适用于对自由权的使用，而最高准则正是通过这种使用而进入了一个人的能选择意志（同法则一致或相背），同时它还适用于那些行为本身（有关它们的内容，即选择意志的目标）依照法则所进行的情况。向恶的习性是在第一种意义上的行为，并同时是第二种意义上的每一个行为的正式来源，它在内容上触犯了法则，被称作是罪恶；尽管第二种情况经常可以避免（出于动机而并非法则本身），但第一种错误仍会存在。前者是一种只有凭借道理才可察觉的触摸不到的行为，没有任何时间限制；后者则是在特定时间里可感知的、经验的。与第二种意义相比，前者才被专门称作习性；或称作与生俱来的，由于它不可能被消灭（既然这要求最高准则须是善的，而那种习性从本质上讲却是恶的）；尤其是因为，我们不能继续为它指定任何理由，也不能为我们的本质特性指定任何理由，尽管我们最高行为准则的腐败本是由我们自己的行为造成的。在本章开头我们所讲的将会向我们展示，我们已找到道德的恶的三个来源，其原因只是为了弄清借助自由法则，哪些东西会影响我们接受或服从这个或那个准则的基本依据，而不在于搞清到底是什么影响了感受力（作为接受能力）。

二十一、人性的本质

按照上面所讲，人是恶的这一主张只意味着：他知道道德法则，然而却由此接受违反法则的行为准则（有时）。他本性是恶的就等于说：把这种属性看作是它这个种类本来就具有的，而不是可以从人这个特定概念（一般意义上的人）（因为那样一来它就会是必要的了）中能推出来的；但是我们却无法单凭从经验获得对他的了解对他做出判断，或许我们可以提前假定，它是每个人主观上必须有的，甚至最完美的人也是如此。

现在，这个习性本身应当被认为是道德上恶的。因此不应该被认为是一个自然属性，而是一种可以加罪于人的东西，它一定存在于与法则相背的能选择意志的行为准则之中；但是考虑到自由，这些准则就应被视作偶然发生的，它们也不与恶的普遍存在性相一致，除非所有行为准则的最终主观基础，不管以什么方式与仁爱交织在一起，仿佛扎根于其中，于是我们称这是一种向恶的自然习性；然而，正如人总会招惹对它的谴责一样，它甚至会被称作是人性中的一个极恶，是与生俱来的（但仍然是我们自己造成的）。

既然一定有这样一个腐败的习性根植于人之中，就没有必要在众多的、由经验事实摆在人们眼前的、那些关于人的行为引人注目的例证面前正式地验证它。如果我们想从这样一种状态中获得例证，也就是说，在许多哲学家力图发现的人性中，自然存在着卓越的善的状态或自然状态时，那么我们只须看一下在新西兰的托佛航海者群岛，所发生的谋杀场景中的无缘无故的残忍事例，以及在美国西北部从未停止过的大规模的浪费现象（希尔内船长所提及的），就没有人从中不能获得一点好处；把这些同那个假设相对照，我们所拥有的野蛮生活的罪恶则会远远超过使我们放弃那个观点的根据。

另一方面，如果有人倾向于认为人性可以在一个文明的状况下（在这种状况下个性特征可以得到完满的发展）得到更好的了解，那么他就会听到一篇有关抱怨人性的冗长而悲哀的祈祷文；有关隐藏着的虚假，就是在最亲密的朋友之间也不例外，所以一个一般性的谨慎原则就是，即使最好的朋友在相互交往中也不能太过分地信任对方；有关憎恨那个你对他负有义务的人、时刻准备施恩惠予他的人的习性；有关出于善良心愿，却不得不承认这样一句话："在我们最好的朋友所遭受的不幸中，总有些事情不会令我们难过"，以及有关被美德现象所掩盖着的其他诸种罪恶，更不用说那些从不进行掩饰的人的罪恶了，因为我们乐于称一个中等道德标准的坏人是好人，这将给人足够的文化罪恶和文明的罪恶（这是最令人感到可耻的）使他对人类的行为视而不见，以免他会陷入另一种罪恶，即愤世嫉俗。然而，如果他仍不满足，那只须考虑一下把这两者揉合在一起的一种奇怪状态，即各国的外部情况——文明国度之间的相互关系是一种自然的野蛮状态（一种长久准备作战的状态），而且他们下定决心永不放弃它——他会开始注意到被称为国家的大社会所采用的原则，而这些原则与大众公开认可的原则相对立，却决不被搁置一旁，还没有哪位哲学家能让这些原则与道德相一致，遗憾地说，他们也不能提供任何更好的办法使之与人类本性相调和；因此一种建立在作为世界共和国的国家联盟基础上，向往持久和平状态的哲学上的千年至福说，则通常被讥讽为是幻想，这就如同神学一样，它寻求整个人类完美的道德进步。

恶的本源不能像通常那样被置于人的感觉之中，也不能置于由感觉产生的自然倾向中。因为，这些不但与恶没有任何直接联系（相反它们为道德特征提供了展示自己能力的机会，有时也为美德提供机会），而且进一步讲，我们对于它们的存在也没有责任（我们不能对它们负责，因为它们就根植于我们之中，而我们却不是它们的创造者），但是要对向恶的习性承担责任；当它涉及这个主体的道德，可以在作为自由行动的存在者身上找到这种习性时，这种习性，一定是作为他本身的错误而归咎于他的，尽管它根深蒂固地扎根于能选择意志之中，以致于我们一定会说可以在人的本性中找到它。这个邪恶的来源不应说成是存在于能给出道德法则的理性腐败之中的，仿佛理性可以在它自身中废除法则的权威，并且不承担自己的义务；因为这是绝对不可能的。要想象自己是一个自由行动的人，而不受使个体成为这样一种人的法则约束（道德法则），这就等于想象一个具有充足理由却不受任何法则制约的动机（因为，由自然法则所制约的决定因素是被自由排除在外的），这将是一个矛盾。于是，为了达到把道德邪恶的本源说成是存在于人当中的这一目的，其感觉包含的内容就太少，因为在它剥夺那些源出于自由动机的活动中，它使人成为一个仅是作为动物的个体；另一方面，由道德法则所释放出的理性，如果是一个极恶毒的理性，像是一个恶的理智意志，则理性所包括的内容又太多了，通过这种与法则的对抗，它自身就可以作为行动的动力源（因为没有任何动力源就无法决定能选择意志），因此这个主体就被变成一个邪恶的人。所以，上面的任何一个观点都不适合于人。

虽然，我们可以从人类意志和法则之间，真实对抗的体验中展示出人性向恶的习性存在，然而这种证明却并不能使我们认识它真实的属性和这个对抗的起源。这个习性涉及自由意志（一种能选择意志，所以，这个概念不是实证的）与作为一个动力源的道德法则（这个概念同样纯粹是理性的）的关系。它的属性一定会被认为可以通过恶的概念来先验地加以认识，只要自由法则（义务和责任）与它有关。

二十二、道德法则

可以说，人（即使是最恶的）在任何一种行为准则指导下都不会反叛地放弃其道德法则，不会不服从它。与此相反，这一（法则）力量本身会凭借一个人的道德本性而不可抗拒地施加到他的身上，如果没有其他的动力源与此相对立，他就会也把它作为能选择意志的决定原则纳入他的最高行为准则，也就是说，他在道德上是善的。但由于他的生理特性，他还要依赖于行为的可感觉的动力源，并且也要接受它们为自己的行为准则（出于主观的自爱原则），然而，如果他无视道德法则（这些在他内心里都有），而把这些作为自身就可单独地决定他的意志的充分要素，那么他在道德上就是恶的。当他自然地把这两者都纳入自己的行为准则，并且当他发现，如果它是单独地起作用，每一个都能有效地决定他的意志时，那么结论就是，如果这些行为准则的区别仅仅是依赖于动力源的不同（有关这些行为准则的内容），即依照它们是被法则或某一感觉的冲动装备起来的，他可能立刻就成为道德上既善又恶，这（正如我们在前言中所见到的）构成了一个矛盾。于是，一个人是善的还是恶的区别一定存在于主从关系之中，即二者中他把哪个作为另一个的条件；而不是存在于他纳入自己行为准则的动力源之间的区别中（也就是说，它不是在行为准则的内容之中，而是在它的形式中）。因此，一个人（即使是最善的）只有当他在把这些接受为自己的行为准则的行动中，并颠倒了动力源的道德秩序时，他才是恶的，事实上，他的确同时接受了道德法则和爱己原则；但当他发觉这两者不可能以平等条件共同维持下去，而其中一个又必须从属于另外一个，并把它作为自己的至高条件时，他就把爱己的动机和爱己的倾向作为遵从道德法则的条件；但是，与此相反，道德法则应该被作为唯一的动力源，而纳入到一般行为准则当中，因为这才是爱己的动机和倾向所能获得满足感的至高条件。

因此，这些动力源会被他的行为准则所改变，而与道德法则相对立，然而他的行动可能会与法则相一致，就好像是它们源自真实之原则：假设理性广泛地使用行为准则的统一性，这是适合于道德法则的，其目的也只是要把那本不属于它们的统一性，以快乐的名义（例如，真诚，如果将此作为一条原则，它就能解除我们为了使谎言保持一致的焦虑，并能逃脱被卷入这些谎言的交错盘绕的圈子的危险。）引入偏好的动力源之中。在这种情况下，经验的特性是善的，而理智的特性是恶的。

如果人的本性中有倾向于此的习性,那么也一定有向恶的自然习性；既然这种习性本身最终一定能在一个自由选择意志中找到，而且是可以被归罪的，那么在道德上就是恶的。这个恶乃是劣根性，因为它败坏了全部行为准则的源泉；同时作为一个自然心性，它也不可能被人的力量破坏，因为这只能由善的行为准则去做；假设所有行为准则的最终主观来源被败坏了，那么它们（这些准则）就不能存在下去；可是，它一定是能被击败的，因为它是在一个自由人的身上发现的。

人类本性之堕落并非总这样被称为恶，如果这个词是取自其严格含义，即作为一种把恶视为一个动力源（因为那是邪恶的）纳为自己的行为准则的天性（行为准则的主观原则）；然而，考虑到结果时，心灵的堕落当然也被称为是一个恶的心灵。这或许总是与一个善的意志共存，因为它源自于人性的脆弱，加之不能根据道德法则把各种动力源（甚至善意的行动），区别开来的不道德的行为，使它不能坚定不移地遵守它所接受的原则。因此，最终它顶多只能力图使它的行动与法则相符，而不是倾向于使行动与法则偏离，即确保法则自身乃是唯一的动力源。尽管这并不总是造成错误的行动和另外一种习性，即向恶，然而这个把“没有邪恶存在的状态”作为“心灵与义务法则（像美德）相一致”的习惯，它本身一定被指定是人类心灵的完全堕落（因为在这种情况下，动力源在行为准则中是根本不被考虑的，而只考虑对法则字面意思的服从。)。

这被称作是与生俱来的罪过，是由于一旦自由权的使用把它自己从人身上暴露出来，它就会被发现；然而它一定是产生于自由，因而是可以被归罪的。它在它的前两种层次上（脆弱和不纯洁）可以被视为非故意的罪过，但在第三种层次上就被视为故意的，并且它被人类心灵的某种恶毒打上了标记，在它本身善的或恶的习性方面欺骗自己，并且假设只有它的行为没有那种通过其准则行事本来会带来的恶果，然后不是因为它的本性而使它不安宁，而是相反将自己带到法则面前去裁决。接下来便出现了众多人良心上的平静（他们自认为是良心上的），如果法则还没有被提交到行为中去讨论，或至少这不是一个最重要的问题，那么他们仅仅是得到了逃脱恶果的幸运。或许他们甚至想象他们所拥有功德，而不因自己的任何离经叛道的行为感到内疚，因为他们看到其他人也被牵扯进去，从不询问是否为感到幸运，也从不问问——如果他们没有因权力、气质、教育、时间和地点、环境这些能导致诱惑（所有这些不能归罪于我们的事情）的东西的匮乏而远离开罪恶，那么这种习性就不会把他们引入像罪恶一样的实践中去，而假如他们愿意，他们是可以在自己身上发现这种习性的。这种加在我们自己身上的不诚实，阻碍了真正道德原则在我们之中的建立。它把自己向外延伸为虚假和欺骗别人，如果不把它叫作是恶，那至少应被称作毫无价值，并且在人性的极端恶中有其根基，它（就形成对一个人的判断来说，因为它违背了道德判断，并且使得归罪无论是从内部还是从外部都变得非常的不确定）组成了我们本性中腐败的方面，只要我们不根除它，就会妨碍到善的源泉发展自己，否则它就可以获得发展。

一个英国议院的成员在一场激烈的讨论中宣称“每个人都有自己的价格”。如果事实如此（每个人都可以为自己估价）——如果没有哪种德性是不能找到某种诱惑并加以推翻的话——如果善的或恶的精神是否能使我们站在它的一边的问题，仅仅依赖于谁的叫价最高并能立即付款——那么，十二使徒所说的话就能真正而普遍地适用于人类：“没有区别，他们全都是罪人；没有一个人的行为是善的‘依据法则的精神’，不，没有一个人。”

二十三、善意的谎言

关于讲实话是每个人的义务道德原则，如果它被单独而无条件地采纳，就会使所有的社会交往无法进行下去。我们关于此的证据就存在于那个德国哲学家从这个原则而得到的直接结论中，他走得是这样的远，以至于强调“当一个凶手问我们，是否我们的朋友在我们家中避难时，如果我们对凶手说谎讲朋友不在（其实在）那么这就是一种犯罪，即使我们的朋友正是他要追杀的人”。

“说实话乃是一种义务，而义务的概念与权利的概念不可分开。义务就是存在于一个人心中的与另一个人的权利相对应的东西。没有权利就没有义务。讲实话是个义务，但也只是对于有权利讲实话的人来说才是这样。但没有人有权利讲伤害别人的实话。”在这里只陈述——“讲实话是个义务，但仅仅对于有权利讲实话的人来说才是如此。”

首先，我们认为“有权讲实话”这个表述乃是毫无意义的。我们宁愿说，一个人有权讲他自己的实话，即在他个人方面有主观事实。为了拥有客观讲实话的权利，这意味着就像在一般意义上讲我的和你的，它的真实与否将取决于他的意志决定，作为一个给定的声明是否是真实的还是虚伪的，这将产生一个奇特逻辑。

现在，第一个问题是一个人是否——在许多环境下他不可避免要回答是或不是——有权不讲实话。第二个问题是，为了防止一种恶行来威胁他或其他什么人，是否他不会真的准备在某一声明中说谎，这是由一个非正义的冲动而促使他这样的。说话中的不能回避的事实是一个人对其他每一个人的正式的义务，不管这样做会给他或其他人带来多大的不利；而且，尽管对那个以非正当的方式强迫我说话的人来说，我作一个假的声明对他并没有做错什么，然而从责任的根本意义上来看我对一般意义上的人却做错了，所以可以称之为谎言（尽管不是在法学家所讲的意义上）。也就是说，就我所讲的谎言范围内我使那些声明在总体上失去信用，于是，所有建立在契约上的权利都将失去效力，于是这就是给全人类造成了一个错误。

如果我们把谎言仅仅定义为故意对别人做虚假的声明，那么我们就没必要又说它一定会伤害到别人；这就像法学家认为有必要放入他们的定义中那样（从另外一个理由看欺骗就是说谎）。因为它总是要伤害他人的；如果不是伤害另一个人，因为它削弱了正义的来源，那就是伤害一般意义上的人类。然而，这种善意的谎言也会偶然受到国内法律的惩罚，那些侥幸逃脱应受惩罚的责任的人可能会被外国法律视为是罪过。例如，如果你用谎言阻止了一个正在准备进行谋杀的人，那你就应依法对所有的后果负责。但是如果你严格坚持讲实话，公众裁决就会认为你没有错，而把谋杀作为有可能发生的而又无法预见的后果。

可能有这种情况：当你对谋杀者的问题——他愿望中的受害者是否就在房间里——诚实地做了“是”的回答时，他愿望中的受害者也可能已经在你未注意的情况下走出去了，因此他没有成为谋杀者的牺牲品，所以这件事就是尚未发生；然而如果你谎称他不在房间里，而事实上他已经出去了（尽管你不了解），而谋杀者在他出去时遇见并杀了他，那么出于公正，你就可能被谴责为是他死的原因。然而，如果你讲的是你所了解的真实情况，可能当谋杀者在房子里寻找他的对手时恰被来访的邻居抓住，从而防止了事情的发生。因此不管谁说谎，也不管他的动机有多善良，都必须对它的后果负责，甚至在国内裁判所，不论这些后果是多么无法预见，你也必须为此承担罪责；因为讲实话是一个责任，它必须被视为是所有建立在契约上的责任基础，甚至如果允许对它们有些微的例外，这些法则就会变得不确定和毫无用处。

在所有声明中都要讲实话（诚实）是理性的一个神圣的、无条件的命令，它并不受任何利害打算的限制。

现在，为了从一个权利的玄学（这是从经验的全部状况中抽象出来的）前进到一个政治学的原则（它把这些概念运用于经验的所有情况中），并且借此按照权利的一般原则解决关于后者的一个问题，哲学家会发表看法：（1）公理，即一个必然确定的主张，它直接来源于外部权利的定义（借普遍适用的法则而实现的每一个特定的自由权与所有的自由权相和谐）。（2）按照平等原则把外部大众的法则当作所有意志的联合的假定，没有这个假定，就没有所有的自由权的存在。（3）一个问题：按照自由和平等的原则（即，通过代表体制），如何才能做到使那种和谐在社会上保留下来，而不管这个社会有多大；于是这就成为政治体制的一个原则，它的建立和安排将包含取自于人的实际知识的法令，只注意到正义的行政管理的机械性，那么这将如何适当地得到执行？正义应该永远不去适合政治体制，相反，倒是政治体制永远要去适合正义。

"一个被认为是真实的原则（我补充，是先天认识的，所以是必然的）就永远不能被放弃，不管多么明显的危险仿佛要卷入其中"，作者讲到。仅在这儿我们一定还不明白伤害的危险（意外地），而只知道做了错事；如果这个根本无条件的诚实责任，并且用话语组成了正义的最高条件，却被搞成有条件的并且依附于其他的考虑，这时，上面的情况就会发生；而且，尽管当我说某一特定的谎言时，我在事实上确实没有对任何人做错事，然而就所有不可缺少的、必须的声明而言，我普遍地违反了正义原则（我在一般形式上就做错了，尽管具体事实上没有做错）；而且这比不公正地对待任何一个个人要更加糟糕，因为这样的一件事不需提前假设在主体中有任何可能导致它的原则。当这个人被问及是否他在声明中打算有意去说实话时，他不会受到污辱人格性的质问，也就是说怀疑他可能说谎了，但第一个要求许可去考虑可能出现的例外的人，已经就是一个说谎者了，因为他业已表明：他不并把诚实本身看作义务（责任），而是在规则中保留了例外，可是在规则的本性中是不允许有例外的，因为这样做本身就是自我矛盾的。

正义的所有实用的原则都必须包含严格的事实，在这里被称为是中庸准则的原则，只能包含把它们用于实际事例时更准确的定义（依照政治法则），它们中没有例外，因为例外破坏了普遍性，也只因为这种普遍性它们才拥有原则的美名。

二十四、“需要面前无法律”箴言

不存在堕落的必然性，除非在这种情况下，当一个无条件的责任与另一个有条件的责任发生冲突，尽管这个有条件的责任很重大时，即如果这个问题是关于通过背叛一个人，来保全一个国家免遭破坏，而这个（被背叛的）人与另一个人有父子关系，那么，为了拯救国家免遭伤害，这将是一个无条件的义务，而去挽救一个个人只是一个有条件的责任，即假设他还没犯有违背国家利益的罪。报告给当权者的信息可能是出于最大的不情愿，而它只是出于压力，即道德的必要性。但是，如果一个在遇难船只上的人为了保全自己而把另一个人从甲板上推下去的话，并且据说他有这样做的必要性的权利（即，肉体的必要性），那么这就全错了。保留我自己的生命只是一个有条件的责任（也就是说，如果这样做了而不会犯罪），但是不能剥夺另外一个没有伤害我们，而且还没有把我们逼到丧失性命地步的人的生命，这则是一个无条件的责任。然而，一般公民权的老师们却一直不懈地坚持承认这个必要性的权利。因为统治力量不能把任何惩罚都与禁令联系起来；因为这个惩罚将必然就是死亡，但是，如果一个人在危难中不情愿地接受死亡时，法律却用死亡来威胁他，这将是一个可笑的法律。

二十五、认识的能力

人能够具有“自我”的观念，这使人无限地提升于地球上一切其他有生命的存在物之上，因此，他是一个人，并且由于在他可能遇到的一切变化上具有其意识的统一性，因而他是同一个人，也就是一个与人们可以任意处置和支配的、诸如无理性的动物之类的事物在等级和尊严上截然不同的存在物，甚至当他还不能说出一个“我”时就是如此，因为在他的思想中毕竟包含着这一点：一切语言在用第一人称述说时都必须考虑，如何不用一个特别的词而仍可表示出这个“我性”。因为这种能力（即思考）就是知性。

很明显，已经能相当完整地说话的儿童往往很迟（大约一年以后）才第一次开始用“我”来说话。在这么久的时间里他却一直用第三人称来称呼自己（卡尔要吃，卡尔要去，等等）。而当他开始用“我”来说话时，对于他就像是升起了一道光明，从这一天起他就不再退回到前一种说话的方式去了。——从前他只是感觉到自身，现在他是思维到自身了。对这种现象的解释也许会使人类学家感到相当之困难。

关于婴儿在出生后三个月内既不表现出哭泣也不表现出微笑，这种看法的根据似乎是在于，对于受侮辱和不公正的确定观念完全是理性的标志，而这些观念本是逐渐发展起来的。在这段时期里，儿童开始对放在他面前的发光物体用眼睛跟踪，这是把知觉（对感性表象的领会）扩展为对感官对象的知识即经验这一进步的原始开端。

后来，当他试图说话时，他的呀呀学语使他在母亲和保姆看来是如此之可爱，叫她们不由自主地总要上前抱他亲他，满足他的任何一个愿望和要求，甚至不惜把他娇惯成一个小小的司令官。婴儿在发育成人的这段时间里的这种可爱，一方面固然要看作乃是他的一切还不完善的表现的天真坦白，而在这里还没有隐瞒和欺诈，但另一方面也必须看作保姆要使一个完全仰赖于别人意志的小家伙快乐的自然倾向，因为在儿童被允许玩耍的这个最幸福的时刻，教养者仿佛也把自己变成了孩子，并再一次享受到这种快乐。

但对儿童时代的回忆却远远达不到那个时期，因为那不是经验的时期，而仅仅是尚未统一在对象的概念下的知觉涣散时期。

人从开始用“我”来说话的那一天起，只要有可能，他就表现出其心爱的自我，并且毫无止境地推行个人主义，即使不是公开的（因为那会与别人的个人主义相冲突），也是隐蔽的，要用表面的自我否定和假谦虚在别人眼里更可靠地为自己生出一种优越的价值。

个人主义包括三种不同狂妄：理性的狂妄、鉴赏的狂妄和实践利益的狂妄。也就是说，它可以是逻辑的、审美的和实践的。

逻辑的个人主义者认为，自己的判断同时由他人的知性来检验乃是不必要的，仿佛这判断完全不需要这样的试金石。但显然，我们不能缺少确保我们判断的真理性手段，这也许就是为什么有教养的民族都如此急切地呼吁着出版自由的最重要原因。因为，如果这一点被拒绝，我们立即就被剥夺了一个检验我们自己判断的正确性的有力工具，我们就会犯错误。人们甚至也不会认为，至少数学家有出自本身的绝对权力而作出裁决的特权，因为，如果数学家与所有别的把才能和勤勉投入这一行的人之间在判断上所发现的精确一致，并不是先前已经发生过的话，他们就摆脱不了有时会陷入错误的顾虑。但也有这样一些情况，我们甚至对于自己感官的判断，例如，一声铃响是仅仅存在于我们耳朵里，还是确实由铃而产生出这听觉，也完全不相信，而觉得有必要再问问别人，看看他们是否也感到了这一点。并且，即使我们在哲学研究中并不能完全像律师援引有法律经验的人所判断的那样，引用别人的判断来证明我们自己判断的牢固性，然而任何一个找不到附和者的作者，都会和他那本来是很重要的公开发表的意见并一起落入谬误的嫌疑中去。

正因为如此，当众卖弄违背通常意见、甚至违背理智的主张则是一种冒失，这种个人主义的现象叫做悖理。敢于面对可能犯错误的危险并不是胆子大，只有敢于面对赞成者很少的危险才是胆大。对悖理的偏爱虽然在逻辑上是一种偏执，即不肯附和别人而要表现为一个与众不同的人，但这种人往往并不是一个与众不同之人，而只是装做与众不同而已。但由于每个人都有自己之思想，并且必须坚持它，所以只要悖理的命题不是基于只想与众不同的虚荣之上时，其并无贬意。悖理遭到拥有片面的普通常识的日常生活的反驳。但常识的可靠性如果不是更少，也正好是同样的少，因为它是使人麻木的；而相反，悖理却唤起心灵的注意力和研究热情，这往往导致发现。

审美的个人主义者是这样一种人，对他说来他自己的鉴赏力就已经足够了，而不顾人家可能觉得他的诗、画、音乐等很糟糕，横加指责乃至嘲笑。他把自己和自己的判断孤立起来，孤芳自赏，只在自身之内寻找艺术之美的标准，这时候，他就窒息了自己的进步和改善。最后，道德的个人主义者是这样的人，他把一切目的都局限于自身，他只看见对他有利东西的用处，也许还像幸福论者那样，只把意志的最高确定性基础放在有利的东西和使自己内心幸福的东西之中，而不是置于义务观念之中。由于每个不同的人对于他认为是内心幸福的东西都产生出不同的概念，于是个人主义就直接走到了这种地步，即完全不具备任何真正的义务概念的标准，而这样的标准绝对必须是一个普遍有效的原则。因此，一切幸福论者都是实践上的个人主义者。能够与个人主义相对抗的只有多元主义，即这样一种思想方式：不是在自身中把自己作为整个世界来研究，而是仅仅作为一个世界公民来观察和对待自身。从这里开始都属于人类学的范围，至于从形而上学的观点来看上面这种区别，则已完全超出这里所要阐述的这门科学的领域之外了。因为要是问题只是在于，我作为能思的存在，除了我之存在以外，是否还有理由承认和我处在一个共同体之中的整个其他存在物（所谓世界）的存在，那么这就不是人类学的问题，而仅仅是形而上学的问题了。

二十六、感情的需要

感情的需求:(1)感性的愉快;(2)智性的愉快。前者要么是通过(A)感官(快乐),要么是通过(B)想象力(鉴赏)而表现出来;后者(智性的愉快)要么是通过(a)可显现的概念,要么是通过(b)理念而表现出来。而反过来,不愉快也是如此。

快乐是一种由感官而来的愉快。凡使感官感到愉快的都叫作快适。痛苦是由感官而来的不愉快,凡产生痛苦的就是不快。它们的相互对立并不是像获得和缺乏(10 和 0)一样,而是像获得和失去(10 和 1)一样。也就是说,二者并不仅仅是作为相反者矛盾,或在逻辑上相对立,而是作为相冲突者相违,或在实现上相对立而对置的。将它们表达为使人的喜欢或不喜欢,以及介于二者之间的无所谓,真是太宽泛了。因为这种表达也可以指智性的东西,在那里它们就会与快乐和痛苦不相干了。

我们也可以由对自己状态的感觉在心灵上所产生的作用来解释这些感情。凡是直接(即通过感官)驱使我离开(从中走出)我的状态的也就是使我不快的,就使我会痛苦;同样,凡是驱使我维持(留在)我的状态的,就是使我快适的,就给我以快乐。然而在时间之流以及由之联结起来的诸感觉变换中,我们在不停地延续下去。因此,尽管离开一个瞬间与进入另一个瞬间是同一个变换动作。然而在我们的思想当中,在对这个变换的意识中还是有一个时间序列,它是与原因和结果的关系相适合的。这就有一个问题:对于离开当前状态的意识,或者对于进入将来状态的展望,是否会在我们心里唤起快乐的感觉。在前一种情况下快乐无非是对某种痛苦和消极的东西的消除，而在第二种情况下这只会是对某种快适性的预感，是愉快状态的扩展，所以是某种积极的东西。但这里也已经可以预先猜到，只有前一种情况才会发生，因为时间把我们从现在推移到将来（不会倒转），而我们首先是被迫从现在的状态走出来，却不能确定我们将要进入哪一种状态去，只知道这将是一种另外的状态，只有这才能引起快适的感情。

快乐是生命力提高的感情，痛苦则是生命力受阻的感情。但这也正如医生们已经报道过的一样，生命（动物的生命）是这两方面的一个连续不断的相抵抗的活动。

所以痛苦必定是走在任何快乐之前的，痛苦也总是先行的。因为，从生命力持续不断的提高中，除了由于高兴而导致更快的死亡，还会有什么别的结果呢？这种生命力本是不能够提高到超越某种限度的。

也没有一种快乐能直接跟随另一种快乐，在一种快乐和另一种快乐之间必定夹着痛苦。生命力的一些小小的阻滞连带着穿插其间的生命力的提高，而这种提高则构成了我们误以为是一种连续的舒适感的健康状态。但健康状态在这里只是由脉冲式地（永远带有穿插于其间的痛苦）相互跟随的一些快适感所组成的，痛苦是活力的刺激物，在其中我们第一次感到自己的生命，舍此就会进入无生命之状态。

逐渐消失的痛苦产生不了强烈的快乐效果（如渐渐痊愈的疾病或慢慢挣回一笔丧失的资本），因为这过程觉察不到——维利伯爵的这一原理乃是本人充分信服并赞同的。

因此，感到自己的生命，觉得快乐，无非就是感到自己被不停地驱动着从当前的状态中走出来（因而这状态必定也同样是一种经常回复的痛苦）。由此也说明，对于一切注意他的生命和时间的人（即有教养的人）来说，无聊是一种压抑人的甚至可怕的重负。使我们离开所在的那一瞬间并过渡到下一瞬间去的这种压力或驱动力是加速度的，它可以一直增长到决心使其生命作一个了结，因为那穷奢极侈的人尝试过一切方式的享受，对他来说不再有什么新的享受了。正如巴黎人谈到英国勋爵摩丹特时说的："这些英国人吊死自己是为了消磨时间。"在心里所知觉到的感觉空虚激发起这样一种恐怖（空虚的恐怖），仿佛是预感到一种缓慢的死亡，它被认为是比由命运来迅速斩断生命之线还要痛苦。

这也可以说明，为什么用快乐来缩短时间也被视为同类的事情，因为时间度过得越快，我们就越会感到精神爽快。比如在愉快的乘车旅行时，一次交往使3个小时在谈话中快快活活地度过了。当下车时，如果其中有一个人看看表，就会高兴地说："时间不知不觉就过去了！"或是："时间过得多么快啊！"相反，如果人们对时间的注意并非来自于对他所尽力摆脱的痛苦的注意，而是对快乐的注意时，他当然也就会惋惜每一瞬时间的流逝了，那种很少变换观念的交谈即被称为无聊，正因此也是烦人的，而一个逗乐的人即使不被看作一个重要人物，也被看作一个可爱的人物，只要他一走进房间，所有在座的客人就都面目生辉，像从重压之下解放出来那么快活。

但是，一个人在整个一生的绝大部分时间里都用无聊来折磨自己，以至于每天都度日如年，但在生命结束时却抱怨生命之短促，这种现象又该如何解释呢？可以通过和一个类似的考察相类比来寻找其原因：为什么德国的里（不要误解为正规的里或带路碑的里，如俄里）离都城（如柏林）越近就越短，而越远（如在波莫瑞）就越长，这是因为，当看见的对象（如村庄和农舍）很充实时，就在记忆中产生出走过了一长段距离，因而也为此花费过更长时间而产生的错觉；而在后一种情况下所看到的东西很贫乏，只留下了很少的记忆，因而就作出了路程更短而时间也比钟表所指示的更短的结论。同样，以各式各样变化多端的工作标志着整个生命的那些阶段，其总体会给老年人激起一种想象，使之觉得所经过的生命时间比按年代计算所确定的要更长久，而为了实现一个伟大抱负去进行按步就班、勇往直前的工作，结果就充实了时间（工作延长生命），这是使自己生活快乐，但又满足于生活的唯一可靠的手段。"想得越多，做得越多，你就活得越长久（哪怕是在你自己的想象中）。"生活就会以这样一种心满意足而结束。

那么，在生命期间的心满意足又是怎样的呢？这种状态是人所达不到的，无论其是在道德的立场上（由于为人正派而对自己满意）还是在实用的观点上（对他自认为是靠熟巧和聪明所挣得的舒适感到满意）都达不到。大自然在他身上放进了痛苦来刺激其活力，使其不能摆脱这种痛苦，以便不断地向完善化迈进。而且，即使在生命的最后一刻，对生活的最后一个阶段的满足也只能说是相对的（一方面是由于我们把自己与别人的运气比较，一方面也是和自己相比较）却从来也不是纯粹的和完全的，在生活中变得（绝对地）心满意足，就会是一种毫无行动的安息和内心冲动的平复，或是感觉到与之相联系的活力变得麻木起来。但这样一种心满意足与人的智性生命如此不能相共存，这正如一个动物心脏停止了跳动，如果没有一个新的刺激（通过痛苦）产生出来则不可避免地导致身体的死亡一样。

随遇而安虽然多半是一种气质特点，但常常也可以是由原则而来的结果。例如，别人用来称呼伊壁鸠鲁并由此对他进行诽谤的享乐原则，它本来意味着哲人永远快活的心情。一个既不使自己快乐，也不使自己忧伤的人是冷静的，他与那种对生活的偶然事件冷淡、因而感情迟钝的人有着根本的区别。与冷静不同的是性情乖张（它最初大概叫作脾气怪僻），这是一种使主体时而高兴、时而悲伤的倾向，其主体自己也不能解释自己这种突发情绪的原因，它尤其是附着于疑病症患者身上。这是完全有别于诙谐的才能（如巴特勒或施泰恩）的，后者是机智的头脑有意把对象的位置作一个颠倒（仿佛头足倒立一般），兼以狡黠的天真给听众或读者带来对于他们自身立于正确地位的快乐。敏感性与冷静并不相冲突，因为冷静是一种对于愉快和不愉快状态兼收并蓄，或不让它们妨碍心灵的能力和力量，所以它有一种选择。而相反，多愁善感却是一种软弱，即因为对那些仿佛能任意玩弄感受者的感官的人产生同感，让自己也情不自禁地激动起来。前一种情况是男子汉的，一个男人要在妇女或儿童面前忍住自己的辛苦或痛苦，那么他必须具有不按照自己的强壮而根据别人的软弱来判断别人感觉所必要的细腻感情，而他的感觉之细致也有必要变得宽广大度。相反，感情上空泛的同感，即让自己的感情和别人的感情产生交感的共鸣，这也只不过激起自己的难受而已，是毫无意义的，也是傻气的。因此，能够而且应该有一种心情畅快的虔诚，从而人们能够而且应该心情畅快地去干那种繁重而必要的工作，甚至心情畅快地走向死亡，因为如果这一切皆是带着恶劣的心情和阴郁的情绪去做或者忍受，就失去它们的价值了。

人们把痛苦当作某种从来只能阻碍生命的事情，而预先为之焦虑不安。常说，某人对某事（一件坏事）心焦。但人们不必对任何事情心焦，因为凡是不可改变的事，都必须从思想里清除，想要使发生了的事情不发生乃是毫无意义的。改善自己的确不错，而且也是一种义务，然而，还想去改善那已超出我能力范围之外的事情，就是糊涂了。但是，把任何一件被人们看作要下定决心去记住的好的建议或教导铭记在心，却是一种深思熟虑的思想倾向，即要把自己的意志与实现这一意志足够强烈的感情结合起来。不去把自己的信念迅速地体现于一种更好的生活作风上，而去作自我折磨的忏悔，这是纯粹的徒劳。它还可能有一种恶劣的后果，即以为仅仅通过这（悔罪）就能把自己所造的罪孽偿还了，于是就省得现在再以理性的方式为改善自己而加倍地努力了。

二十七、享乐的方式

有一种享乐的方式，同时又是一种修养，即对自己享受这种快乐的能力进一步加以扩大，例如，用科学和美的艺术来享乐。但另外有一种方式却是磨损，它使我们今后继续享受的能力越来越差。但要问起人们可以用什么方法不断地去寻求快乐，那么像上面已说过的，这里有一条主要的准则：应当如此分配自己的享乐，使得它总还可以再加提高。因为对享乐之腻足会导致人的恶心状态，对于一切都被满足的人，这甚至会使生命成为负担，而且使女人们因气郁而憔悴——年轻人！（我再重复地说），你要热爱劳动，轻视享乐，并不是为了放弃享乐，而只是尽可能多地将它们永远保持在视野当中！不要过早地用享受来钝化对享乐的感受啊！老年人，如果你从来不抱怨任何一种物质享受的缺乏，这样一种成熟性甚至会在这一牺牲中向你许诺一个心满意足的资本，它既不依赖于偶然，也不依赖于自然法则。

但是，对于快乐与痛苦，我们也通过我们自身某种更高尚的（即道德上的）欢喜和讨厌来判断，看我们是应当节制它还是放纵它。

（1）对象可以是令人快适的，但对它的享乐却可以是令人讨厌的，所以有苦味高兴这种说法。一个人处于不愉快的幸运状态之中，如继承了父辈或某个可敬而慈祥亲属的遗产，会不可避免地对他们的逝世感到高兴，但也不可避免地对这种高兴感到内疚。一位助理带着并非假装出来的伤心为他所敬爱的前任上司送葬时，其心里所产生的也正是这种感情。

（2）对象可以是令人不快的，但它引起痛苦却可以是让人喜欢的，所以有甜蜜的痛苦这种说法。例如，一位寡妇在成为遗孀的同时变成了富翁，她是不希望人家来安慰的，因为那常常会被看作不合时宜的矫揉造作。

与此相反，一个人在他所埋头从事的那些事情上为自己争得荣誉，这样所获得的快乐才可能让人加倍地高兴，比如不是单纯的感官享受，而是以美的艺术来消遣，与此同时还为自己（作为一个高雅之士）具有这样的享乐能力而欢喜。同样，一个人在这种事情上的痛苦可以使他感到讨厌。一个被侮辱者的任何一种仇恨也都是痛苦。但是令一个思想深刻的人不能不自责的是，甚至在得到赔礼之后他仍然一直保持着对人家的余怨。

人们自己（即合法地）赢得的享乐是双重地被感受到的，一是作为得到的益处，此外还作为做出的贡献（即内心把自己看作是这种享乐的制造者）。劳动得来的钱至少要比靠碰运气赢得的钱带来更持久的快乐，并且，即使撇开碰运气所带来的普遍祸害不谈，在从这种碰运气所获得的好处中，终归包含着使一个思想深刻的人其不得不感到羞愧的东西。一件坏事，如果是由一个意外的原因造成的，它是令人痛苦的；但如果是由人们自己造成的，则是令人悲哀和难过的。

然而，某些人对于从别人那里遭受到的灾祸有着两种不同的说法，比如一个受害者说："只要我在这上头有一点点过错，也会无怨无艾了。"另一个受害者则说："我对此完全无辜，这是我的安慰。"那么，应当如何来解释和统一这两种说法呢？无辜受害是令人愤慨的，因为这是别人所加的伤害；因过受损又是令人难过的，因为这是内心自责。容易看出，两者之中，后者会是一个更好的人。

使自己的快乐由于和别人的痛苦相比而得到增加，同时让自己的痛苦由于和别人类似的甚至更大的痛苦相比而得到缓和，这恰好是人类的一种并不十分可爱的品性。但这一作用只是心理上的，而与道德上的事无关，比如希望人家痛苦以便能更真切地感觉到自己的舒适状态。人们借助于想象力而怜悯别人（例如，当一个人看见另一个人在失去平衡快要跌倒时，他就不由自主地陡然向那边弯过身子，仿佛要把他扶起来一样），他高兴的只是自己没有被牵扯进同一种命运里去。所以人们带着强烈的欲望跑去看一个罪犯的游街示众和处决，就像是去看戏一般。因为表现在那人面部和举动上的内心活动和感情在观众身上引起同感，并在观众的恐惧之余，通过其想象力（其强度由于隆重的气氛而越更加强）而留下一种既温和又严肃的松弛感，这种松弛使随之而来的生命享受变得更显著了。

哪怕是把自己的痛苦与同样可能在自己身上发生的另一种痛苦相比较，一个人也会因此而更能忍受些。对于断了一条腿的人，如果人们告诉他这本来是会掉脑袋的，那就会使他更能忍受其不幸。

能够最彻底、最容易地平复一切痛苦的手段是，人们也许可以使一个有理性的人想到这样一个念头：一般说来，生命在有赖于幸运之机的享受方面来说完全没有价值，只有在它被用来指向某个目的时才有价值。这种价值不是运气所能带来的，只有智慧才能给人创造出来，因而是其力所能及的。谁担心价值的损失而忧心忡忡，他将永远生活得不快活。

二十八、味觉与想象

口味这个词，其本来意义是指某种感官（舌、腭和咽喉）的特点，它是由某些溶解于食物或饮料中的物质以特殊的方式而刺激起来的。这个词在使用时既可以仅仅理解为口味的辨别力，但同时也可以理解为合口味（如某种东西是甜的还是苦的，或者，它的味道——甜或苦是不是使人快适的）。前者是可以在分类上达到普遍一致的，就像某些物质可以被命名一样；而后者却从来也不能得出一个普遍适合的判断，断定使我们感到快适的（比如说苦味吧）也会使每一个人感到快适。原因很清楚：愉快或不愉快并不属于有关对象的认识能力范围，而是主体之规定，因而是不能授予外在对象的。所以合口味同时就包含着通过欢喜或讨厌来作出某种区别的概念，而这种区别我是在知觉或想象中与一个对象的观念相联结的。

但现在口味一词也被看作这样一种感性的评价能力：它不仅是根据我个人的感官感觉，而且也是根据一种被想象为适用于任何人的确定的规则来作出选择的。这种规则可以是经验的，但在这种情况下，既不能要求有真正的普遍性，也不能要求必然性（这必须要使每个别人在合口味的东西上的判断与我相符才行），比如德国人在吃饭时的口味规则是先喝汤，而英国人则是先吃饭，因为由模仿而逐渐传播开来的一种习惯，使之形成了吃一餐饭的程序规则。

但还有一种合口味的规则，却是必须先验地建立起来的，因为它指示着必然性，也指示着对每个人的有效性，这就好像一个对象的观念可以联系着愉快或不愉快的感情来加以评价一样（所以理性在这里是暗中参与活动的，虽然并不能从理性原则中推导出这种判断并以此证明）。我们看来可以把这种口味称之为玄想的口味（鉴赏），从而与作为感官口味与经验的口味相区别“那是味觉的反射，而这却是反思”。

对于自己本人或自己的本领的一切带有鉴赏的表现，都是以某种社交性的状态（相互传达）为前提的，这种状态并非从来都是乐于社交（即参与别人的愉快之中），而在开始时多半是野蛮的、不好交际的，光是你争我夺。在完全的孤独中没有人美化或装饰自己的房子，他这样做也不是给自己家里人（老婆孩子）看，而是给外人看，以显示自己之优越。但在（选择的）鉴赏中，即在审美判断力中，这房子并不是直接的感觉（即对象观念的质料），而是像自由（创制的）想象力通过创造所结合起来的那样。也就是说，是由对它的喜悦之情所创造出来的形式。因为只有这种形式才能够为愉快的感情要求一种普遍性规则，而从那按照主体感官能力的差异可能是千差万别的感官感觉中，却不能期待这样一种普遍性规则。因此我们可以这样来解释鉴赏力：“鉴赏力是感性判断力作出普遍适用选择的那种能力。”所以鉴赏力就是在想象力中对外部对象作出社会性评价的能力。在这里，心灵在想象（因而在感性的）游戏中感受到了自己的自由，因为与他人的社会交往是自由的前提；而这样一种感情就是愉快。然而，这种愉快对每个人的普遍适用性，使鉴赏力的（美的）选择与只是凭借感官感觉（仅仅是主观所好）的选择，即快适的选择，区别开来了，它是具有某种规律的概念的选择。因为只有根据这个规律概念，对各个评价者的喜好的适用性才会是普遍的。但对普遍东西的表象能力却是知性，所以鉴赏判断被看作既是感性判断，又是知性判断，但却被看作在两者的结合之中的（因而知性判断不被看作纯粹的）。由鉴赏力来评价一个对象，就是在想象力和知性的合规律性这两者的游戏中，判断其与自由是符合还是冲突，因此这评价只涉及对形式（诸感官表象的这种协调性）的审美评价，而不涉及其中知觉到形式的那个产品的产生。因为即使是天才，其汹涌的勃勃生机往往也需要用鉴赏力的规矩予以缓和和限制。美仅仅属于鉴赏力的领域；崇高虽然也属于审美评价的一部分，但却不属于鉴赏力。不过崇高的观念本身却可以是美的，否则它就是粗暴、野蛮的难看的。甚至恶或丑的表现（如密尔顿的拟人化的死神形象）也可以和必须是美的，只要一个对象可能被审美地想象，哪怕它是一位忒耳西忒斯。否则，这种表现不是导致淡而无味，就会引起恶心，这两者都包含着将那被呈献给享受的观念驱逐出去的趋向。而与此相反，美所具有概念则引向与对象的最内在协调，即引向直接的享受。凡是可以说成是使灵魂达到与对象的最亲切协调这一目的的，人们就用“美的灵魂”进行表述；因为，灵魂的大小和灵魂的强度都与质料（即实现一定目的之工具）有关，但灵魂的善（仁慈）却是这样的一种纯形式，一切目的在它之下都必须能够协调，所以这个包容一切目的的形式正像神话中的厄洛斯一样，乃是原始创造性的，但也是超尘世的。不过，这灵魂的善毕竟是一个这样的焦点，在它上面，鉴赏判断将其所有与知性的自由相协调的对感性愉快的判断集中起来了。

二十九、崇高与敬畏

崇高是在规模和程度上都能激起敬畏之感的（太令人敬畏的伟大），它吸引着人们去接近它（以便能用自己的力量去衡量它），但当人根据自己的估计与它作比较而使人显得微不足道时，其带来的恐惧又是威慑性的（比如在我们头上的雷霆，或是一座高峻荒蛮的山岭）。在这里，人自身处于安全之中，聚集自身的力量来把握这一现象，而同时又担心不能够达到它的尺度，这时就激发出惊奇感（即通过不断地战胜痛苦而来的一种快适的感情）。

崇高虽然是和美相对的，但并不相冲突，因为奋起把握（领悟）对象的努力和尝试时，即可唤起主体的力量感情；但这感情的思想表象在描绘或表现时却能够和必须永远是美的，否则惊奇感就会成为惊惧感，这与人们在评价时称奇不已的惊叹也是完全不同的。不合目的性的大是骇人巨大。所以那些想要颂扬俄罗斯帝国辽阔广大的作家们所感到为难的是把这辽阔称之为骇人的巨大，因为在这里有某种非难之意，仿佛这个帝国对唯一的一个统治者来说是过于庞大了似的。喜欢离奇怪诞的就是这样的人，他有一种爱好，要使自己卷入那些真实地讲述起来类似一篇小说的事件中去。

因此，崇高虽然不是一个鉴赏的对象，而是搅动情感的对象，但在描绘和润饰中"在其副产品上（装饰上）"来艺术地表现这种感情时，却总能并应该是美的，否则它就是野蛮的、粗糙的和讨厌的，因而是违反鉴赏的。态度文雅、举止得当、端庄大方、彬彬有礼（并摒弃粗野），这些还只是鉴赏的消极条件。这些在想象力中的品质，其表象可以是对一个对象或对进行鉴赏的其自己本人的一个外部直觉的表象形式，但只是对两种感官即听觉和视觉而言。音乐和造型艺术（绘画、雕刻、建筑和园林艺术）要求鉴赏力接受一种只对外在直观形式感受到的愉快，前者关于听觉，而后者则属于视觉。相反，语言的表象形式通过口头语言或书面语言而包含两种能显示出鉴赏力的艺术，这就是雄辩术和诗艺。

三十、模仿与鉴赏

人的一种自然倾向是，在自己的行为举止中与某个更重要的人物作起比较（孩子与大人相比较，较卑微的人与较高贵的人相比较），并且模仿某方式。这种模仿仅为了显得不比别人更卑微，进一步则还要取得别人的毫无用处的青睐，这种模仿的法则就叫时髦。所以时髦是归在虚荣名下的，因为在这种动机里没有内在的价值同时又归在愚蠢的名下，又因为它同时有一种压力，迫使人们奴颜婢膝地一味跟从于社会上许多人向我们提供的样板的引导。入时是一件鉴赏力的事情；不入时而束缚于一种旧时习惯的人称之为因循守旧；把价值完全放在不入时的事情上的人就是一个古怪的人。但是，如果人们一般想用“呆子”这一严厉的称号来判定那种虚荣的话，那么做一个入时的呆子总还是比做一个不入时的呆子要好些。然而，如果对时髦的追求，为了那种虚荣而牺牲了真实的利益，甚至牺牲了职责，这种追求倒的确值得呆子这个头衔。一切时髦顾名思义都已经是一种变化无常的生活方式，因为一旦模仿的游戏固定下来，那么这种模仿便成了习惯，因而也就不再被看作鉴赏。因此新奇性是时髦惹人喜爱的地方。并且，在各种各样外在形式中富有创造性，哪怕这些形式往往变成离奇怪诞的和部分丑陋的东西，也属于高雅之士的风尚，特别是那些妇女的风尚。然后，其他人对这些人趋之若鹜，而当这些人已把那些形式抛弃的时候，其他人还在卑下的状态中背负着这些形式蹒跚前行。这样看来，时髦终究并非一件鉴赏的事情，（因为它可以是极端反鉴赏的），而主要与纯粹虚荣有关，是一种相互之间用来争强赌胜的事（那些宫廷摩登人士，又称为花花公子的，是一些轻浮的家伙）。

壮美可以和真正的、理想的鉴赏力相联结，因而可以和某种本身就美的崇高（比如壮丽的星空，或者，比如罗马的圣彼得大教堂，如果这听起来不显得太微末的话）相联结。但虚夸地展示在人眼前的华丽，虽然也能与鉴赏力相联结，但对鉴赏力并不是没有拒绝的。因为华丽是为了迎合大多数群众，包括许多顽劣之徒在内，他们的迟钝的鉴赏力要求感官的感受比要求评价能力更多些。

三十一、语言的艺术技巧

我在此只援引语言艺术，即雄辩术和诗艺来作考察，因为它们指向于心灵的某种情绪，这样就直接唤起了心灵的活力，因而语言艺术在实用人类学中自有其位置，在这里，人们是试图根据人从自身作出的东西来了解人的。人们把由理念灌注生气的心灵原则称为精神。鉴赏力是对在想象力中联结杂多的形式作纯粹范导性评价的能力，而精神则是为这种先验想象力的形式提供基本模式的创制性的理性能力。精神和鉴赏力，前者为了建立理念，后者为了那些与创制的想象力的法则相适合的形式而要限制这些理念，以便把它们首创性地（而非模仿地）塑造出来。一件用精神和鉴赏力所创作的产品可以一般地称之为诗,并同时又是一件美的艺术的作品，不管它是借助于眼还是耳直接对感官呈示出来；而美的艺术也可以被称为诗艺（即拉丁语意义上的诗），无论它是绘画、园林、建筑艺术，还是音响和押韵的艺术即严格意义上的诗）。但与雄辩术相对而言的诗艺，却仅仅是按照知性和感性相互从属的关系如何而与雄辩术进行区别的,所以，诗艺是由知性所规范的一种感性的游戏，而雄辩术则是由感性而变得生动的一件知性工作。但演说家和诗人（在广义上）两者都是作家，而且都从自己本身中通过想象力而创造出新的形象（即对感性事物的新组合）。

因为诗人的天赋乃是一种艺术技巧，并且是一种与鉴赏力联系在一起的、针对着美的艺术的才能，而美的艺术部分包含着欺骗的目的（虽然是甜蜜的、往往也是间接有益的欺骗），所以，在生活中让这种欺骗有一个不大的（即使常常是有害的）运用，这是免不了的。因此对于诗人的个性，甚至对于他的职业给他和别人的影响，以及应如何来评价这种影响，也许着实值得提出一些问题和解释。

为什么在美的（语言）艺术中，诗所赢得的评价比为了同一个目的雄辩术更高呢？因为它同时又是音乐（可以歌唱），是一种本身即已使人感到快适声音，即音调，它与单纯的语言不同。甚至雄辩术也从诗那里借来了一种接近于音调的声音，即重音，没有它，讲演在平静和激动之间就缺乏必要之顿挫。但诗还不光是赢得了超乎雄辩术之上的评价，而且还赢得了超乎其他美的艺术之上的评价，它高于绘画（雕刻也属于此列），甚至高于音乐。因为音乐仅仅是作为服务于诗的载体才成为美的艺术（不光是快适的艺术）。甚至于在诗人中也没有像在音乐家中那么多的浅薄（不适于工作的）头脑，因为诗人还要用知性说话，而音乐家却只用感官来说话。一首好诗是给心灵灌注生气的最深入人心的手段。然而，不仅对于诗人，而且对于每一件从事于美的艺术的人来说，他们都必须具有这方面的天赋，能够不借勤奋和模仿而达到这一步；同时，艺术家要使其事业成功，还需要一种不期而至的好兴致，仿佛是一瞬间的灵感，因为，凡是按照规章和规则而做的事，其结果都是枯燥而乏味的（无创见的），而一种美的艺术作品却不仅要求有可以建立于模仿之上的鉴赏力，而且还要求思想的独创性。这种独创性当它从自身之内鼓动起来时就叫作精神。手拿画笔或鹅毛笔（它也可以用来写散文或诗）的自然画家并不是美的精神，因为他只是在模仿，故只有观念画家才是美的艺术大师。

为什么人们通常把诗人理解为一个构想诗行的人，即构想一种抑扬顿挫的语言（像音乐那样有节奏地说话）的人呢？因为他用一种庄严的态度预示了一件美的艺术品，这种庄严（根据其形式）必定能满足最精致的鉴赏力，除非这艺术品不美。但由于这种庄严最经常地被用来满足对崇高的美的表现，所以如果没有诗行，这一类矫揉造作的庄严即会被（按胡果·布莱尔的说法）称之为“不堪忍受的散文”，另一方面，拼凑诗行也不是诗，如果它缺乏精神的话。

在欧洲，为什么当近代诗人们诗行中的韵与思想内容结合得很巧妙时，它就成为我们的鉴赏力大力追求的东西了呢？反之，为什么这种韵与古代诗的诗相违背，以致于德意志无韵诗很少让人喜欢，而拉丁诗人维吉尔的这首押韵的诗则更加不能使人满意呢？这大概是因为，在古代的古典诗人那里，诗体学已然得到了确立，但新的语言大部分都还缺乏这种诗体学，所以，通过音调相同而把一行诗与上一行诗挂起钩来的韵就补偿了听觉于此的损失。在一篇散文的祝词中，一句偶然插入其他句子之间的韵文会成为可笑的。

在写作中，那种演说家所不配得到的、间或违反语法的诗人的自由究竟是从何而来呢？这也许是由于，诗人表达一个伟大的思想并不完全受其形式法则的过分严格的限制。

为什么一首平庸的诗不堪入耳，而一篇平庸的讲演倒还勉强可以忍受呢？其原因似乎是，音调的庄严在任何一首诗里都能激起一种很大的期望，而正因为这期望得不到满足，它往往就比这个作品本来或许会挣得的散文价值跌落得更惨。一首诗如果以一句能被当作警句保留下来的诗句来作结尾，这就会产生回味的快乐，并由此而使有些平淡的东西重新生光。所以这也属于诗人的一种技巧。

诗才到老年就枯竭了，而在一段时期内，一个有学问的头脑却一直还在科学知识上表现出一种良好的健康和干事的魄力，这也许是由于，美是一朵花，而科学却是果实。也就是说，诗必须是一种自由的艺术，它由于事物形形色色而要求快捷，但在老年，这种轻捷的感官却衰退了（而这是正常的）。正是因为过去的习惯只有在一条同样的科学道路上前时才同时保持快捷性，所以，诗要求每一件作品都具有独创性和新颖性（而这就要求灵活性），这就是老年人所不能很好适应的了，除非是在那些尖刻的笑话故事、箴言诗和讽刺短诗里。但这里的诗也比游戏要更严肃。

诗人不能带来如同律师和其他职业学者所造成的那种幸福，其原因已经包含在一般要求天才诗人所具有的那种天赋气质中，即通过思想的无拘无束来排忧解闷。但“诗人”个性方面的特点，没有个性，只有喜怒无常、脾气古怪、不守信用（并非恶意地），把自己并不仇恨的人故意当作敌人，尖刻地嘲弄自己的朋友却并不是想给他带来痛苦，——这些特点的原因是在于某种部分由天生而得的素质，它统治着诗人们实践的判断力和疯魔的机智。

三十二、生活方式与社交活动

奢侈是在公共活动方面，在带有鉴赏的社交生活中豪华过度的（所以鉴赏力是与这种过度豪华的享受相违背的）。但这种过度豪华如果没有鉴赏，就是公开的放纵，当我们来考察享受两种不同的结果时，那么奢侈就是一种不必要的浪费，它导致贫穷；但放纵却是一种导致疾病的浪费。前者倒还可以与民族的进步文明（在艺术和科学中）一致，后者则是一味地享受,最终导致恶心。这两者所具有的虚夸性（表面的光彩）都要比自身的享乐性更多；这在前者是由于为了理想的鉴赏力而精心考究（比如在舞会上和剧场里），在后者是由于在口味感官上的丰富多彩（肉体感官方面的，如一个贵族气派的盛宴）。政府是否有权用反浪费法对这两者加以限制，是一个不必在此回答的问题；然而，用来部分地软化人民以便能更好地进行统治的美的艺术和快适的艺术，却会由于简单粗暴的干预而产生与政府的意图恰相违背的效果。

好的生活方式是豪华与社交活动（因而是带有鉴赏的）相适合的生活。由此可见，奢侈使好的生活方式受到损害，而有钱人或上等人所使用的“他懂得生活”这一说法意味着：他在社交享受中带着清醒的（有节制的）头脑精明地作选择，使享受从两方面得到增益，这是眼光远大的。

由此可见，因为奢侈最终不能归咎于家庭生活之上，而只能归咎于公共生活方面，所以，在国家公民与公共活动的关系中，在那种有必要时宁肯受损失也要首先用美化自己或自己的事物来竞争的自由问题上（如在节日、婚礼、葬仪等直到日常交往的良好风度中），简直就是不应该用禁止奢侈的法令来羁绊的。因为奢侈毕竟造成了有利于艺术繁荣的条件，因而把那些打算在公共活动上浪费掉的这样一笔花销重又归还给公共活动了。

三十三、欲望的张扬

欲求是一个主体通过有关某种自身力量的未来结果的观念，而对自身力量的自决。通常的感性欲求叫作意向。欲望不把力量用来创造对象，这是由于，希望可以针对着主体感到自己没有能力得到的对象，而这时它就是一种空幻的（无用的）希望。能够把欲望立即变为对所欲望者的追求，这种空幻的希望就是企望。尚未确定对象，而只是驱使人走出他当前的状态，而并不知道究竟要走向何方的那种欲求茫然的追求，可以称作飘忽的希望（没有什么能满足它）。用主体的理性很难或完全不能克服的意向就是情欲。相反，在当下直接状态中的愉快或不愉快的感情，当思考（有关我们是应当放任还是拒绝这种感情的理性观念）尚未在主体中使之恢复正常受激情和情欲的支配，固然总是心灵的病态，但因为两者都排除了理性的控制，按程度来说两者都是同样炽烈的；但谈到它们的性质，则两者根本上是相互各异的，无论是在预防办法上，还是在精神医生将会采取的治疗方法上都有所不同。

激情是使心灵失去自制的那种感觉的突袭，所以它是冲动的。也就是说，它使感情迅速膨胀到不可能进行思考的程度（它是不审慎的），这并不减少内心的冲动强度而采取不动激情的态度，同时也是健全知性的淡泊。头脑清醒的人所具有的这种品质是不让自己的冷静思考被那种强烈的冲动所打扰。震怒的激情没有在当时一下子干出来的事，人是再不会去干的，而且很容易将其忘掉。仇恨的情欲却为自己选择时机，以便站稳足跟，窥视敌手。一位父亲或教书先生，只要他听完了道歉（而不是辩解）而当时忍住了火气，那么就不会再进行处罚。迫使一个怒气冲冲闯进你的房间，在激怒中对你出言不逊的人规规矩矩地坐下来，如果你做到了这一点，那么其责怪就已经得到缓和，因为从容地坐谈是一种松弛，它是与横眉怒目的表情和站着喊叫不相容的。相反，情欲（作为属于欲望能力的心绪）是可以拖时间的，也是带有思考的，尽管为了达到其目的，它也是炽烈的。激情的作用好比一阵冲毁堤岸的波涛，情欲的作用则像一条越来越深地淹没河床之河流；于身体的影响上，激情好比一次中风，情欲则像一场肺结核或黄萎病；激情犹如一觉可以睡醒的昏醉，即使随之而来的还有头痛；情欲看上去则像是吞了毒药的病相或畸形的样子，它需要一个内心的或外在的精神病医生，但这医生多半开不出彻底根治的药，而几乎总是只去开些镇静止痛剂。

在激情很多的场合，情欲通常是很少的，如法国人由于其性格活泼而情绪多变。与此相对照的是意大利人和西班牙人（还有印度人和中国人），他们心怀怨毒策划着复仇，或是在爱情上坚定不移达到颠狂的程度。激情是开诚布公的，反之，情欲却是阴毒而隐秘的。中国人指责英国人暴躁易怒“就像鞑靼人一样”，而英国人指责中国人是地地道道的（但却不动声色的）骗子，他们不让这种指责在自己的情欲中造成任何一点干扰。激情犹如酒醉酣然，情欲则可看作一种颠狂，它执著于一个观念，使之越来越深地盘踞于心头。爱一个人也许还能够同时保持正常的视觉，但迷恋一个人却不可避免地对所爱对象之缺点视若无睹，尽管通常仅在婚后过了一个星期，这个对象就使他重新恢复了视觉。经常被像一阵谵妄症一样的激情侵袭的人，哪怕这种激情是良性的，他也类似于一个精神失常的人。不过，由于这很快又使他感到懊悔，所以这只是一种被称为不审慎的突然发作。有些人甚至可能希望自己能够发怒，苏格拉底就曾怀疑过，发怒是否有时也有好处。但在如此的控制力中怀有激情，以致于可以冷静地考虑是应当发怒还是不应当发怒，这看来总有某种自相矛盾之处。反之，没有人希望有情欲。因为，如果人能够自由的话，又有谁愿意把自己束缚于锁链之中呢？

不动心的原则，即哲人必须永远也不激动，甚至对他最好的朋友的不幸也无动于衷，这是斯多噶派之极其正确崇高的一个道德原则，因为激情（或多或少）使人盲目。大自然仍然把这种素质植入我们心中，这是大自然的智慧，要在理性还没有达到足够坚强之前，暂时施以约束，即在内心向善的道德冲动之上，再加上活生生的生理（感性）刺激冲动，以作为理性之临时代用品，因为除此而外，激情就其本身而言，任何时候都是不聪明的，它使自己没有能力去追求自己之目的，因而故意让激情在心中产生出来乃是不明智的。但理性却仍然可以在道德——善的观念中，通过把理性的理念与隶属于其下的直观（例证）联结起来，而产生出某种意志的活跃（在向群众、甚至向自己内心作宗教以致于政治的演说时），这样，理性就可以不作为激情的结果，而作为激情的原因而在善的行为中灌注生气，同时理性却一直还在施行其约束，而产生出一种向善的热忱，只不过这种热忱终归还只能属于欲望能力，而不能算作一种更强烈的感性的感情，即激情。

如上所说过，在足够坚强的灵魂那里的某种不动心的天赋就是幸福之淡泊（在道德意义上的）。具有这种禀赋的人虽然还并不仅仅由于这一点而成为一位哲人，但却天生具有比别人更容易成为一位哲人的优越性。

一般说来，问题并不在于形成激情状态的某种一定的感情太过强烈，而在于通过思考把这种感情与所有他当时一切感情（愉快的或不愉快的）的总和作比较做得还不够。一位富翁，当他的仆人在节日里端盘碟时笨手笨脚地打破了他一只漂亮而珍贵的高脚玻璃杯时，如果他能在这一瞬间把这种快乐的损失与他作为富翁的幸运所带给他的一切快乐的总量相比较的话，就会把这个事故不当一回事了。但他现在完全放任自己在这一个别事故上的痛苦感情（而不在思想上很快作出那种比较），所以毫不奇怪，他于是产生出这样的心情，好像他整个的幸福都失去了一样。

三十四、快乐与烦恼

促使主体停留于原状的感情乃是快适的，而推动他离开原状的感情则是不快适的。当联系到意识时，前者称为快乐，后者称为烦恼。作为激情，前者叫作高兴，后者叫作悲伤。放纵的高兴（而不通过对某种痛苦的忧虑来缓和）和沉陷于悲伤（而不通过希望来减轻），即悲痛不已，都是对生命有害之激情。但是人们从死亡登记表上发现，比起后者，有更多的人由于前一种情况而突然丧命。因为，由于意外地展示出一个不可限量的幸福前景而产生的希望，作为一种激情，它使心灵完全沉浸于其中，以致这激情一直增长到使人窒息的高度；反之，"在后一种情况下"心灵总还是自然而然地用希望和那不断引起恐惧的悲痛相抗争，于是就只是缓慢地死亡。

惊惧是突然激起的恐惧，它使心灵失去镇静。与惊惧相类似的则是骇异，即令人惊诧（但还没有惊愕），并唤起心灵集中思考。它是对惊奇感（这种惊奇感本身即已包含着思考）的激发。这在经验中是不太容易被人碰到的，可使习以为常的东西化为令人惊诧的来加以表现，而这却属于艺术的范围。震怒是一种惊惧，它立即迅速地鼓动起与灾难作斗争的力量。以一种尚不确定的灾难相威胁的对象，它所引起的恐惧就是忧惧。可能依附于某种忧惧而又并不确知一个具体对象的，是一种纯粹出自主观原因（一种病态）的不安。羞怯是因为担心某位在场人物的蔑视所感到的畏怯，其本身也是一种激情。在另外的情况下，一个人可以在使他感到羞怯的那个人不在场时也敏感到羞怯，但这已经不再是激情，而是像悲痛那样的一种情欲，即持续而徒劳地用蔑视自己来自我折磨。相反，作为激情的羞怯却必须是突然产生的。

一般来说，激情是病态的偶发现象（症状），并且（按照布朗的体系），可以分为出自强壮的亢进性的激情，和出自虚弱的衰退性的激情。前者具有兴奋作用，但也常常因此而具有耗竭精力的特点，而后者具有放松生命力的作用，但也常常因此而具有为复原作准备的特征。激动的大笑是一种痉挛状态的高兴。哭泣伴随着由某种无力的愤怒而引起的瘫软感觉，这种愤怒是对命运，或是对其他人以及从他们那里所受到的伤害而发出的。这种瘫软感觉是哀伤的。但笑和哭这两者都使人的心情开朗起来，因为这都是通过宣泄作用而从生命力的障碍中解放出来的（所以当人们笑得精疲力尽时甚至可以哭出眼泪）。笑是男子汉的，哭则是女人们的（在男人那里则是女人气的）。只有突然涌来的眼泪，亦即出自对别人苦难的虽然高尚却无能为力的同情之泪，才有可能扭曲一个男人。眼泪在他眼眶里闪烁，而他却不让它们滴落下来，更不让它们伴有啜泣，奏出这样一种讨厌的音乐来。

忧虑、畏怯、恐怖和惊骇都是恐惧的程度，即拒斥危险的程度。心灵通过思考而镇静地去承担危险就是勇敢。内在感官之坚强，不容易因危险而陷入恐惧，这也就是无畏。缺乏勇敢是怯懦，缺乏无畏是胆怯。有胆气的人是不惊慌的人，有勇气的人是考虑到危险而不退缩的人；在危险中仍然保持其勇气的人是勇敢的，而轻率的人则是莽撞的，他敢于去冒险是由于他不知道危险。知道危险而敢于去冒险的人是胆子大的；在显然没有可能达到目的时去冒最大的风险（如查理十二在本德尔），这是胆大包天。土耳其人把他们的勇士（或许是由鸦片烟造成的）称为亡命鬼，而怯懦则是不名誉的气馁（沮丧）。

惊慌并不是容易陷入恐惧的习惯性的特征，因为那种特征被称为胆怯；是一种状态，一种偶然因素，多半是依附于身体上的原因，而在一个突然遇到的危险面前觉得不够镇定。当一位统帅身穿睡衣仓猝之间而得知敌人已经逼近时，也许会在刹那间让血液凝在心房里；而如果某位将军胃里有酸水的话，他的医生会由此而把他看作是一个胆小怯懦的人。但是，胆气只是一种气质特点，而勇气则是建立在原则之上，并且是一种美德。这样，理性可以给一个坚毅的人以大自然有时也拒绝给他的力量。在战斗中的惊慌甚至产生出有益的排便，这导致一个讽刺性的成语（心脏不在正确的地方）。但是敬请注意，在战斗口令发出时慌忙跑进厕所的那些水手，后来在战斗中却常是最勇敢的。甚至在苍鹭准备与飞临上空的猎鹰战斗的时候，人们也会发现有同样的情况。

三十五、忍耐与勇敢

忍耐也并非勇敢。忍耐是女人的美德，因为她不拿出力量来反抗，而是希望通过习惯来使受苦（忍受）变得不明显。因此在外科手术刀底下或在痛风病和胆结石发作时叫唤的人，在这种情况下并不算作怯懦或软弱，这就好像人们行走时磕碰在一块当街横着的路石上（用大足趾，从这里产生了）一样，这时他的咒骂也只不过是一种愤怒的发泄，自然本能在这种发泄中尽力用喊叫来把堵在心头的血液分散开来。但美洲的印地安人却时常表现出一种特殊类型的忍耐心，当他们被包围了的时候，他们扔下手中的武器，平静地任人宰割，而不请求饶恕。在这里，比起欧洲人在这种情况下一直抵抗到最后一个人来，是否表现出更多的勇气呢？在我看来，这也只不过是一种野蛮人的虚荣，据说他们的敌人不能强迫他们以啼哭和叹息来证明他们的屈服，这样就保全了他们种族的荣誉。

但作为激情的勇气（因而是属于感性方面的）也可以通过理性来唤起，由此而成为一种真正的勇敢或英勇（即道德力量）。用挖苦和诙谐能使讽刺的嘲笑变得尖刻，但正因此对于值得尊敬的东西也就变得更加危险。不为此所吓倒而坚定地循着自己的道路前进，这是一种道德的勇气，这是许多在战场上或在决斗中被证明是勇敢的人所不具备的。义务要求人甚至敢于冒受人嘲笑的危险，这也是一种更高级的勇敢，它属于坚毅性的范畴。因为重视荣誉乃是道德的经常陪伴，而那种平时有足够的冷静来对付暴力之人，如果用嘲笑来拒绝他这种对荣誉的要求，则很少有人觉得自己经得起这种嘲笑的。

装出一种表面勇敢的和别的受尊敬的人相比不失身份的举止，叫作虚张声势。相反，对于别人不看重自己而感到的某种胆怯和惶恐，叫作自惭形秽。自惭形秽可以不被指责为盲目自信，而虚张声势的态度却给一个人造成这种假象，似乎他并不在乎人家对他的评价。这种态度就是狂妄无知，肆无忌惮，温和点说也是不谦虚，所以它不属于通常含义上勇敢一词之范畴。

自杀也是以勇敢为前提，还是全都以沮丧为前提，并不是一个道德问题，而只是一个心理学问题。如果他干这事仅仅是为了避免不名誉地活着，即出于愤怒而自杀，那么他就是勇敢的；但如果是由于在忍受那慢慢耗尽一切忍耐力的悲伤时失去了耐心，那么这就是一种沮丧了。当一个人不再能继续热爱生命时，正视死亡而不害怕死亡，这显然是一种英雄主义。但如果他即使害怕死亡，却总是不能中止去热爱任何一种条件下的生命，从而必先由畏怯而产生一种心灵之纷乱，这样才跨出自杀一步，那么他是因怯懦而死的，因为他不再能承受生活的折磨。自杀的实行方式在某种程度上提供了识别这种内心情绪的区分。如果为此所选择的手段是突然致死而没有获救的可能，比如用手枪自杀，或用烈性升汞自杀（如一位伟大的君王防备在战争中被俘而随身携带着这种东西），或是在口袋里装满石头跳入深水，那么这种自杀者的勇气就是无可争辩的。但如果是用上吊绳，而又被人剪断了，或用普通毒药，而医生又从他体内清除了，或是用剪刀剪喉管，而又被重新缝上和治愈了，那么这种方式的自杀者一旦被救活，通常甚至会感到高兴，并永不再犯——因此，这就是由于软弱和怯懦而产生的绝望，而不是那种壮烈的绝望。后者在采取这样一个行动时还是需要镇静的力量的。

决定以这样一种方式来摆脱生命的重负，并不是只有那些下流的和渺小的灵魂。在这类行为之上，人们倒是不必轻易为那些不知真正荣誉为何物的人担忧。可是，由于这种行为总还是令人毛骨悚然的，并且一个人因此而使自己变得可鄙，所以有一种情况是值得注意的，这就是在公开宣布不公平为合法的某种革命状态时期，一些重视荣誉的人在被依法处决之前曾力图先行自杀。要是在制宪时期，他们甚至会把这种自杀视为下流。其原因就在于，在一切依法处决中都带有某种侮辱性，因为它是一种惩罚；而如果它是不公平的，那么法律的牺牲者就可以不把这个惩罚看作应得的。但他是这样来表示这个意思的：如果他不免一死，那么他宁可像一个自由人那样选择自己去死。这样，即使暴君（如尼禄）也宣布允许罪犯自杀，而作为一种恩准，因为这就会有更多的荣誉。——但我并不想为这样一种德行辩护。

但军人的勇敢与决斗者的勇敢有着更本质的区别。哪怕决斗得到政府的宽容，并且在军队里遇到荣誉受损害的事情时，它成为某种程度上的正当防卫，而部队的司令官却并不介入其中；但这种正当防卫却并没有得到法律的公开承认。对决斗实行宽容，这是一个不会得到国家首脑真正庇护的可怕原则，因为也有那样一些轻薄之徒，他们为了得到某种尊重而把自己的生命当作儿戏，根本不是为了国家利益而做那些对自己有危险的事。

三十六、发泄与健康

大自然可以通过有些激情来机械地促进健康，其中特别是笑和哭。而愤怒，假如人们可以痛骂（而不担心遇到反抗）的话，也不失为一种相当可靠的帮助消化之手段，而且有些主妇并无别的内心动机，只是要对孩子和仆人大声呵斥，同时，当孩子和仆人表现得一味忍让时，某种生命力惬意的疲乏就千篇一律地扩散到她的整个机体中去；但由于担心那些家庭成员的反抗，这种手段毕竟也不是没有危险的。

善意的笑（而不是伴随着愤恨的恶意的笑）则不同，它是更令人高兴也更有益于健康的。这正是人们应该向那位悬赏“发明一种新的享乐”的波斯国王所推荐的东西。笑的时候（仿佛痉挛似地）一阵阵发作的呼气动作（打喷嚏的呼吸动作在听其不加抑制地震响时，会产生一种更小但也更促进生命的作用），通过横隔膜有益于健康的运动而加强着生命感。这时也许是雇来的一位插科打诨使我们开怀的人（丑角），或者是朋友关系当中一位看来不知恼怒为何物来出鬼点子的促狭鬼，他“一脸的假正经”，不随大家笑，而是带着装出来的天真突然解开一个扣人心弦的包袱（就像松开一根绷紧的弦）。所以笑总是那些帮助消化的肌肉在颤动，它大大地促进和改善了消化，犹如医生的智慧所做的那样。甚至在判断力的失误中，一种极端的傻气（但却是被看作很聪明的人所为）也能产生同样的效果。

哭是一种伴随着啜泣而（痉挛性地）发生的吸气动作，当它伴有流泪时，同样也是大自然为了健康而预先安排好的镇痛剂。一位失去丈夫的女人，正如人们所说，不想使自己得到安慰。也就是说，不想有意识地抑制其眼泪的涌流，那么即使她并不知道甚至根本没有想这样做，却照顾到了自己的健康。如果在这种状态下插进来一种愤怒，那么它将马上止住这种流泪，却对健康有害，虽然能使妇女和孩子们流泪的并不总是哀伤,也有愤怒。因为在一阵强烈的激情当中（不管是愤怒还是悲伤），一个女人或孩子对于灾祸感到软弱无能，便能唤起外部的自然标记前来帮忙，这样一来（根据弱者的权利）甚至起码能使一个男子汉的心解除武装。不过这种作为女性缺点的软弱表现并不能使一个具有同情心的男人感动到哭的地步，却可以感动得眼泪盈眶。因为在前一种情况下他会亵渎了自己的性别，而并不能用这种女人气来防卫自己的弱点；而在后一种情况下，他就不会当着女人的面表现出同情，而是用自己的男子气概把这种同情化为保护妇女的职责；就像那些骑士小说赋予勇士的性格所造成的情形一样。这种性格正是在对妇女的保护中而显示出来的。

但为什么年轻人更喜欢观看和自己演出悲剧，比如在想要庆祝自己生日的时候；而老年人则更喜欢喜剧以致于滑稽剧呢？前一种情况的原因有一部分正是推动孩子们去冒险的那种原因，也许是由于想试验一下自己的生命力的那种自然本能；但有一部分也在于：当戏剧终场，在年轻人漫不经心的头脑里，有关压抑心灵和震慑心灵的印象便立即丧失了沉重感，而只剩下一种强烈的内心感动过后的舒适的疲乏感，它重新产生出欢快的情绪。相反，老年人却不是这样轻易就能抹掉这种印象，他们不能在自己心里如此轻松地产生欢快的情绪。一位敏捷和机智的丑角，通过他的突发奇想使老人们的横隔膜和内脏产生有益于健康的颤动，因此在随之而来的共进晚餐时，就使胃口得到了加强，并通过谈话的兴致而增加了食欲。

三十七、情欲与本性

产生出某种先行于对象表象的欲求，这种主观可能性是嗜好；还在人们认识这个对象之前就想占有它，这种欲望能力的内部强制性是本能（如性欲冲动，动物保护幼仔的母性冲动等）。在主体身上用作规则（习惯）的感性欲求称被为意向。在作某种选择时，阻碍理性将它与一切意向的总和相比较的那种意向，就是情欲。

很容易看出，由于情欲可以和最冷静的思考结合，——因而不会像激情那样轻率，也不会暴风雨般地转瞬即逝，而是根深蒂固的，甚至能与玄想共存，——所以它对自由有最大的破坏。如果激情是一种迷醉，情欲就可以说是一种疾病，它厌恶一切良药，因而比所有那些至少还激起自我改善心之内心短暂的激动还要坏得多。它没有这种决心，而是蛊惑人们，乃至于使他们拒绝改善。

人们用一个"癖"字来称呼情欲（荣誉癖、复仇癖、统治癖等等），却把那种没有陷入迷恋的爱的情欲除外。这是因为，当后面这种欲求（通过享受）被满足时，至少对同一个人来说，这种欲求就停止了。所以一个人也许可以把一种狂热的迷恋列为情欲（只要另一方保持拒绝），但却不能把肉体上的爱列为情欲，因为它在对象上并不包含一种经久不变的原则。情欲总是以主体之某一格律为条件的，它根据一个由意向给主体所规定的目的而行动，因此每时每刻都和主体的理性相关联。而对于纯粹的动物，以及对于纯粹理性的存在物，人们都提不出情欲的证据。荣誉癖、复仇癖等，正由于永远也不会完全得到满足，因此才被当作疾病而算作情欲，对付这种病只能用缓解剂。

情欲是纯粹实践理性的绝症，多半是治不好的，因为病人不愿意被治好，而且要摆脱那唯一可能治好他的原则的控制。理性在从普遍到特殊的感性实践过程中也遵循的原则：不因对所喜爱的东西的一种意向而排挤一切其他意向或使之相形见绌，而是由此见到那种意向可以和一切意向的总和相共存。一个人的荣誉欲尽可以永远是其意向中的一个由理性所批准的倾向，但渴求荣誉的人毕竟也要求被别人爱，需要和别人友好地交往，同时保持自己的能力状态等更多的东西。但如果他是狂热地渴求荣誉，那么在自己各种意向同样都在招他前往的目的面前，他就是瞎子；并且他之为人所憎恨，或在交往中为人所欺骗，或由于奢侈而导致破产的危险，——这一切都会视而不见。哪怕在其形式原则中也与理性直接相冲突的蠢事（即把他的目的之一部分当作全体）。

所以，情欲不光像激情那样，是一种酝酿着许多坏事的不幸心绪，它甚至还毫无例外地是一种恶的心绪。即使那以道德领域的事物（按其质料来看）为主旨的最良善的欲求，比如追求乐善好施，只要它是偏向于情欲的，它就（按其形式来看）不仅在实用上导致毁灭，而且在道德上也是可鄙的。激情在刹那间造成对自由和自我控制的破坏；情欲则放弃自由和自我控制，而到奴隶意识中寻找自己的愉快和满足。但由于理性在这时终究没有放松对内在自由之呼唤，于是这不幸之人就在他的枷锁下呻吟起来，尽管他并不能挣脱这个枷锁，因为它已经仿佛与他的肢体长在一起了。

情欲也还是找到了它的赞颂者（因为一旦恶毒在原则里占据了位置，哪里找不到它的赞颂者呢？），并且据称："世界上从来没有一件伟大的事情是缺少强烈的情欲而干出来的，看来是造化本身如同上发条一样把情欲明智地植入了人的本性之中。"对于好些意向来说，我们或许可以承认这种说法，而这就是那些有生命的自然（甚至是人这种生物）所不可或缺的某种自然性、动物性需求的意向。但是让它们变成情欲，甚至说它们简直应该变成情欲，却并非造化本意。从这一观点上来设想造化，对于诗人是可以原谅的（用蒲伯的话来说：“如果理性是一块磁石，那么情欲就是风。”）；但一个哲学家却不能让这样一条原则加诸自身，哪怕是为了把情欲作为造化的一种临时安排来赞扬，说什么造化在人类达到一定的文明程度之前有意识地把情欲放进了人的本性当中。

情欲被分为自然的（天生的）意向的情欲和来自人类文化的（获得的）意向的情欲。

第一类情欲有自由意向和性的意向，这两者都与激情相联。第二类有荣誉癖、统治癖和拥有癖，和它们相联的不是某种激情的狂热，而是对指向某些目标的格律之执著。前一类可以称为炽热的情欲；后一类可称之为冷漠的情欲，如悭吝。不过，一切情欲永远都只是人对人的欲求，而非人对物的欲求。人们可以对一块肥沃的耕地或诸如一条母牛之类，以及在它们的使用上有许多意向，但却没有癖好（癖好只存在于针对与别人的共同关系的那种意向中），更没有情欲。

自由意向在原始人那里是一切意向中最为强烈的，这些原始人在一种他无法逃避的状态下与别人处在相互需要的状态之中。

无论谁，只有按照别人的选择才能幸福（哪怕这个人正如所希望的那样一直心怀善意），他是理应感到不幸的。因为，他怎么能担保他的强有力的邻人在对于选择的判断中将会与他自己的判断相一致呢？野蛮人（还不习惯于卑躬屈膝的人）在还没有公共法律保障其安全以前，还不知道有比陷入这种卑躬屈膝和理应感到的不幸更为不幸的事情，直到纪律的约束逐渐使他对此有了忍耐心。这就产生了他们经常不断的战争状态，其目的就是要使别人尽可能远地与自己保持距离而散居于荒野里。甚至刚刚才脱离母体的婴儿，他与其他一切动物的区别似乎也只在于，他是带着大声哭叫着来到这个世界上的，因为他把自己没有能力运用自己的四肢看作是一种强制，于是立即宣告了他对自由的要求（对这种自由，没有一种别的动物有一个表象）。游牧民族，比如阿拉伯人，由于（作为牧人）不束缚于土地上，所以他们如此强烈地依恋着他们那尽管不是完全无拘无束的生活方式，同时具有一种蔑视和看不起农业民族的高傲精神，以至于由此带来的艰难困苦在数千年中也未能使他们扭转这种态度。单纯狩猎的民族（如鄂伦春——通古斯人）甚至通过这种自由感（与别的和他们有亲缘关系的种族相区分）而使自己确实高贵起来。所以自由概念不单只在道德法则之下唤起一种被叫做热忱的激情，而且，单是外在自由的感性的表象，通过与权利概念相类比，也把坚定不移地坚持或扩展自由的那种意向一直提升到强烈的情欲方面。

对于单纯的动物，人们也只说强烈的意向（如交媾的意向），而不说情欲，因为它们不具备仅仅立足于自由概念之上的理性之上，因而是与情欲相抵触的。所以情欲的爆发可以归入人类之范畴。我们虽然也说某人狂热地喜欢某些事（喝酒、赌博、打猎）或憎恶某些事（如麝香、烧酒），但并不太把这些各种不同的意向和反感称为各种各样的情欲，因为情欲只是这么多不同种类的本能，即欲望能力中如此多种多样的纯粹病态的东西。所以它们也不应按照欲望能力的对象即事物（它们有无数个）来分类，而应按照使用或滥用的原则来分类。具有自身人格和相互之间的自由的人们滥用这些事物，是因为一个人使另一个仅仅成为其目的的工具。情欲归根结底只是指向人的，而且也只有通过人才能得到满足。

这些情欲就是荣誉癖、统治癖和拥有癖。

由于它们是这样一些意向，即仅仅是为了要占有一种手段，以用来满足一切直接与目的有关的意向，所以当它们努力接近那个唯一能达到一般目的、且与自由相联的能力的理念时，它们就具有理性的外表。当然，具有实现任意企图的手段，比只针对着唯一意向及其满足的那个意向要宽广得多。所以，那些情欲也可以叫做对妄想的意向，这种妄想是在于，把别人只不过是对事物价值的那种意见当作真实的价值一样来评价。

情欲只能是一个人针对着另一个人的意向，因为这些意向是指向相互协调或是相互对立的那些目的。也就是说，它们是爱或者恨，但公正概念由于是直接从外在自由的概念中引伸出来的，所以它比起友爱的概念来，乃是一个远为重要、远为强有力地推动着意志的动力。这样，由于遭受到不公正而产生的仇恨，即复仇欲，是一种从人类本性中不可遏制地产生出来的情欲；并且，即使它是恶毒的，然而，理性的格律则通过被认可的公正欲（复仇欲是它的类推），而与这种意向紧紧地纠缠在一起，正因此它又是一种最强烈、最根深蒂固的情欲。这种情欲当它看上去似乎是熄灭了的时候，却总是好像余烬未熄的火星一样，仍然秘密地残留着一种仇恨，即怨恨。

由于公正所要求的东西每个人都可以有份，所以与旁人处于同一状况和比例之中的这种欲求自然不是情欲，而是纯粹实践理性对自由意志作规定的一个根据。但仅由自爱而来的这种欲求的敏感性只是为了他的利益，而不是为了给每个人立法，它是仇恨的感性动力。这种仇恨不是不公正的，而是针对我们所受到的不公正对待的。由于这样一种（进行迫害和毁灭的）意向的原因是某种理念（尽管是被利己主义地使用了），所以这个意向把向伤害者求公正的欲求转化为以牙还牙的情欲。这种情欲往往强烈到使自己本身遭受灭亡的颠狂程度，而只求敌人也逃不脱同样的灭亡，而且（在血仇的情况下），甚至还使这种仇恨在部族之间世袭下来。因为如人们所说，被伤害者的血据说只要还没有见到被报复者的血，它就要呻唤，直到这无辜抛洒的血再用血来洗刷——哪怕要由他无辜的后辈们中之一个的血来洗刷。

三十八、妄想与懒惰

我把作为欲求冲动的妄想理解为一种实践的内心幻觉，它能把激动人的主观原因看作客观的动因。自然界不时地要加强对生命力的刺激以充实人类的活力，以使他们不致于在单纯的享乐中将生命感丧失殆尽。为此，它十分明智和慈悲地把那些人们想象的对象作为真实的目的（如对荣誉、权力和对钱财的各种追求），来哄骗生性懒惰的人类。这些目的使那不爱从事一件工作的人能够有足够的事情忙碌，并以闲散的方式给他许多活干。在这时，他所取得的利益就只是一种妄想的利益，所以大自然其实是在戏弄人类，鞭策他（作为主体）去追求他自己的目的，因为它使他（作为客体）相信，他是为自己设立了一个目的。但正因为幻想在这里是独立的创造者，那些妄想的意向也就适合于成为程度最高的狂热的意向，尤其是当它们处于人类的竞争中的时候。

小男孩玩打球、摔跤、赛跑和军事游戏，以及男人玩棋类和打牌的游戏（在下棋时是着眼于单纯有益于知性的活动，在打牌时却还想赢现钱），最后，市民们在公共场所用法老牌和骰子来试自己运气的游戏——这一切都是贤明的大自然于冥冥之中激励起来、要在与别人的争斗中试试自己的力量的冒险，所以终究是为了防止一般生命力的疲惫并保持其活跃的。两个这样的竞赛者以为他们是在相互进行着游戏，但事实上是大自然与他们两个在进行游戏。理性可以从这里向他们清楚地证明，当他们在思考时，其所选择的手段与他们的目的是多么地不相适合。但正因为这种刺激所引起的舒适感与妄想的理念（尽管是贬义的）是密不可分的，所以这种舒适感就是对最强烈持久的情欲具有嗜好的原因。

妄想的意向使软弱的人迷信，也使迷信的人软弱。也就是说，使他们倾向于从那些不可能是（所害怕或所希望的事情的）自然原因的情况出发，却期待有实际利益的结果出现。猎人、渔夫，还有赌徒（尤其在抽彩时）都是迷信的，而诱使人产生把主观当客观、把内在感官的情绪当作对事物本身的知识的幻觉，这样一种妄想当然也同时制造出了对迷信的嗜好。

完全不掺杂有厌恶之情的最大感官享受是在健康状态下劳动之余的休息。在健康状态下并无劳动在先，贪图休息就是懒惰。但是，在较长时间内拒绝回到工作上去，以及为了聚集力量而甜蜜地（优游），这还不是懒惰，因为他也可能在进行快适的、但同时也是有益的忙碌（哪怕是在赌博）；而且，甚至根据各种劳动的专门特征而将之交替更换，这同时也就是这些不同方面精力的恢复；相反，重新去干一件未干完就放弃了的沉重劳动则是需要相当的毅力的。

看来，在懒惰、怯懦和虚伪三种缺点中，懒惰乃是最为可鄙的。不过在这种评价中人们常常可能对一个人很不公正，因为大自然也把对无休止的劳动厌恶贤明地放入一些人的本能之中，这种本能对人对己都有益处，因为他可能忍受不了长时间或经常重复的无创造性的精力消耗，而需要一定的休息来恢复。所以据说德米特里并非毫无道理地永远为这恶魔（懒惰）规定了一个祭坛，因为，假如不是还有懒惰介入其间，那不知疲倦的恶魔还会在世界上造成比现有的更多得多的危害；而如果不是怯懦对人类产生的怜悯，战争的渴血立即会使人类同归于尽；并且，如果没有虚伪"比如在一大群聚集起来搞密谋的恶根之中（例如在一个严密的组织中），总有一个出卖者"，那么整个国家马上就会被人类本性中天生的恶毒推翻。

那些最为强烈的自然冲动，在人类世代里冥冥中通过某个普遍关怀着人的物质幸福的更高理性（即世界主宰的理性），而代替着大自然的地位。这些自然冲动乃是人的理性所不能产生的，它们就是对生命的爱和对异性的爱。前者是为了保持个体生存，后者是为了保持物种生存，因为我们这个天生有理性的人类是通过两性结合在一个整体中才保持着自己生命的进步的，虽然人类正在进行着故意的自我毁灭（通过战争），但哪怕是在战争中，这种破坏也不阻碍那不断发展着文化的有理性生物，去为下一个世纪的人类清晰地设想一种不再堕落的极乐状态的前景。

三十九、自然的善与道德的善

这两种善，即自然的善和道德的善，是不能够混淆在一起的，因为它们会互相抵消，而根本达不到真正极乐的目的。反之，处在相互冲突中过着舒适生活的意向和道德的意向，以及后者对前者的原则上的节制，则结合在一起构成了一部分在感性上、另一部分在道德的智性上有教养的人的总目的。但由于在使用中上述混淆是难于避免的，所以人就需要用一种试剂把这个混合物加以分解，来看看那些能够相互结合着得到某种道德极乐的享受，其成分和比例是如何相互结合起来的。

使舒适生活与交往中的德行协调起来的思想方式就是人道，在这里，问题并不在于舒适的程度，因为对于人们以为是舒适所不可缺少的那些东西，一个人要求得多些，而另一个人却要求得少些；其重要的只是用道德法则去节制追求舒适生活的意向时，所应取的比例关系。

善于交际也是一种美德，但追求交际却往往变成情欲。不过，当社交的享受完全用铺张浪费来得到虚有其表之促进时，这种不适当的善于交际就不再是美德，而是一种破坏人道的舒适生活。

在这里，人们在一张桌子旁边共同进餐时的相互信任与古老的风俗习惯有某些类似之处。比如阿拉伯人的风俗，在他们那里，一个陌生人只要能够在他们的帐篷里从他们手上弄到一点吃喝（比如说喝过一口水），那么他就不用担心他的安全了。又如，假使俄国女皇接受了从莫斯科来迎接她的代表们所递上的盐和面包，那么她吃了这些东西后，就能够利用客人的权利在一切跟踪面前保有自己的安全了。但在一张桌子周围一起进餐，现在却被看作这种安全条约的一个表面形式。

自斟自饮对一位研究哲学的学者来说乃是不利于健康的。这并不是恢复精力，而是耗损精力（尤其当完全孤独地大吃大喝时），是个磨人的工作，而不是焕发生机的思想游戏。一个独自进餐、一边思考一边吃喝的人使自己失去活力而变得憔悴，相反，如果有一个同桌吃饭的人，用自己层出不穷的奇思异想将那些（本来由他自己找不出来的）新鲜素材提供给他，而使他得到鼓舞，他就会获得生机。

如果菜肴的丰富仅仅是为了长时间地让客人们团聚在一起，那么在一个盛宴上，谈话通常都经历了三个阶段：（1）讲述，（2）嘲骂，（3）戏谑。A. 当天新闻，首先是本地的，然后也有外地的，通过私人通信和报纸而传来的新闻；B. 当这种最初的兴致被满足后，宴会就变得更加热烈起来，因为对于同一个被引上路的话题，各人根据玄想所作的评价不可避免地有分歧，但每个人恰好都不认为自己的评价是最不足道的意见，这样就产生出一种争论，它刺激起对酒菜的食欲，并且在这场争论和参与这争论的人一定的热烈程度上，它也有益于健康；C. 但由于玄想总是某种形式的劳动和努力，而这种努力由于在运用玄想时极其丰富多彩的享受，最终却会变得疲倦，所以谈话自然而然地就降到仅仅是开玩笑的游戏上来，这一方面也使在场的太太们高兴万分。对于女人的性别作稍微放肆，但不至于使人难堪的攻击，会起到通过笑话她们表现出自己的优越性的作用，于是聚餐就以大笑而结束。当这种大笑是真诚的、善意的时，大自然会通过横隔膜和内脏的运动，其实完全在促进着胃的消化，从而促进起身体的健康。但是多么奇怪啊！宴会的参加者们却以为是在大自然的意图中发现了精神文明。贵人们在一个节日盛宴上所奏的宴会音乐是一件最乏味的蠢事，尽管每次纵情享乐的时候人们都会想到它。

一个活跃社交的趣味盎然的聚餐有这样一些规则：A. 选择一个使大家感兴趣、并总是引起某人作适当补充的话题；B. 不要出现僵住的沉默，而只能在谈话中有短暂的休息；C. 如无必要不要改变话题，也不要从一个内容跳到另一个内容。因为聚餐结束时的心情正如一出戏剧结束时一样（与此类似的还有一个有理性的人所走过的整个一生），都不可避免地要沉浸于对谈话的各个不同场景的回忆之中；这时如果心灵找不出一根相互关联的线索来，就会使自己感到纷乱，觉得不但没有在文化教养方面得到进步，反而遭到了削弱，从而心怀不满。在过渡到另一个话题之前，必须差不多穷尽了一个有兴致话题的底蕴；而在谈话卡壳的时候，则必须懂得试着把另一个与此相关的话题以不易觉察的方式引入交谈，这样，社交中的某个唯一的人就能不被察觉和不遭嫉妒地接过谈话的领导者的角色；D. 不要让自己和社交中的朋友们的固执己见产生和继续下去，因为这种交谈与其说是一种事务，倒不如说只应当是一种游戏，应当通过一种适当插入的戏谑而将那种严肃认真避开；E. 在那种仍然无法避免的严肃争吵中把自己和自己的激情小心地保持在原则范围内，以便总是表现出相互尊重和友爱。在这里重要的与其说是谈话的内容，不如说是谈话的声调（它必须不是大声叫嚷或傲慢自大的），这样就会没有一个客人带着与另一个客人的不和而回到家里去。

即使有教养的人类的这些法则可能会显得无足轻重，尤其是当我们将它与纯粹道德的法则相比较的时候，然而，一切促进着社交性的东西，哪怕它只存在于讨人喜欢的格律和规矩中，也都是一种增进道德的外部服饰，它也可以从严肃的意义上考虑而推荐给道德。犬儒派的纯正癖和修道士们的戕害肉体都抛弃了社交性的舒适生活，它们是对道德形象的歪曲，并非道德所要求的。相反，抛弃了优雅之后，它们就不可能有资格谈人道。

四十、个性与气质

在实用的意义当中，特性一词是被一般自然的符号学（一般的符号学）（而不是公民的符号学）在两方面含义上来使用的：一方面是说，某个一定的人具有这种或那种（身体上的）性质，而另一方面是说，某个一定的人具有这种或那种（身体上的）性质，又一方面是说，他特别具有一个（精神的）个性，它只能是一种唯一的个性，要么就是完全没有个性。前者是人作为一个感性的或自然的存在物的辨别标志，后者是他作为一个理性的、天赋自由的存在物的辨别标志。一个有原则的人，如果人们有把握地知道不能从他的本能，而只能从他的意志来测度他，那么他就有一种个性。因此，为了避免在属于欲望能力的东西（实践性的东西）里发生同语反复，我们就可以按照这种性格特点反对性格的描述划分：A. 天性或禀赋，B. 气质或性情，以及 C. 无条件的个性或思想方式。前两种素质表明可以从一个人身上产生出什么，而后一种（精神的）素质表明，他决心从自身中产生出什么。

一个人有一副好脾气，这就是说，他不是执拗的，而是随和的；他虽然被激怒，却很容易平息而不怀怨恨（这是消极的善）。相反，要能够说一个人“有一颗善良的心”，虽然这也属于性情的范畴，却已经表达出更多意思了。这是一种导致实践的善的内心冲动，尽管做这种事并不是根据基本原则，以至于好脾气和好心肠的人，其两者都有可能被一个狡猾的家伙随心所欲地利用。因而，天性与其说（在客观上）指向欲望能力，不如说（在主观上）指向在一个人被另一个人所感染时那种愉快和不愉快的感情（而感情在这里也可以具有某种性格特点）。这时生命不只在感情中内在地显示出来，而且也在活动中外在地显示出来，虽然只是根据感性的冲动而显示出来。在这种关系里就存在着气质，而这种气质又还必须与某种习惯性的（由习惯而形成的）倾向区别开来，因为后者的原因并不在于天资，而只是机缘所致。

谈到气质，我们从生理学的角度把它理解为身体的体质（或强或弱的构造）和脾性（体液，即由生命力合符规律地在体内激动着的东西，其热情和冷漠都同样处在这种体液的影响之中）。

但从心理学上来考量，亦即作为灵魂（感情能力和欲望能力）的气质来考虑，上述借自血液性状的表达方式就仅仅被看作是从感情欲求活动与身体动因（其中最重要的是血液）的类比中而得来的。

由此可见，我们仅仅归于灵魂的那些气质，也许正好隐蔽地在人身上也具有参与作用的肉体原因。此外，这些气质首先是在感情气质和行动气质中可以作出上位的划分；其次，每种气质都可以和生命力的兴奋和松弛相连。所以正好只能够提出四种单纯的气质：多血质、忧郁质、胆汁质和粘液质。这样就可以保留那些旧的形式，而只保存那与这种气质论的精神相符合的较为适宜的含义。

在这里，用血液的性状来表达并不是为了说明受到感性刺激的人的诸现象的原因，——这或许是体液病理学或神经病理学的事；而只是为了根据所观察到的效果来对它们进行分类，因为人们并不想预先知道，血液的哪种化学混合是有资格被命名为某个确定气质特点，而是要预先知道，在我们对人进行考察时要收集一些感情和意向，才能给他恰如其分地规定一个特殊种类的称号。

所以气质论的上位的分类可以这样来划分，分为感情的气质和行动的气质，而它们又可以通过下位的分类而再次一分为二，这一共就有四类气质。而我在这里归入感情的气质的是 A：多血质，和它的反面 B：忧郁质。前者具有这样的特点，对刺激的感受迅速而强烈，但并不深入（并不太持久），而在第二种气质中，感受也不太显著，但植根很深。我们必须在这里建立感情气质的这种区别，而不把这种区别归于快乐或是悲伤的倾向中去。因为多血质的人其轻浮具有乐天的倾向，反之，那执着于某种感受之上的深沉消除了快乐的轻浮易变性，而并不因此导致悲伤。不过，由于一切在人控制之内的交替变化一般都鼓动和强化心灵，所以那种把遇到的一切事都加以马虎对待的人，即使不是更有智慧，肯定也要比那拘泥于在使其生命力僵化的感受之上的人要来得更幸福一些。

四十一、血质与性格

开朗的人多血质，多血质的人在这样一些外在表现上显示出自己的性情：他无忧无虑，胸怀良好的希望，对于每件事一下子赋予很大的重要性，却可能马上就不再记得它。他真诚地许诺，但却不信守诺言，因为他预先哪怕对自己是否具有信守诺言的能力也未做过足够深入的反省。他十分善意地要给人家帮助，但却是一个糟糕的拖欠者，并一再地要求延期。他是一位很好的旅伴，诙谐风趣，兴致勃勃，喜欢对无谓的事情赋予伟大的意义，对一切人都是朋友。他通常也不是什么恶人，但却可能是一个恶劣地改变信仰的罪人，虽然对某些事感到极为懊悔，但马上又把这种懊悔（它从来不会变成一种忧伤）忘掉。他在工作中感到疲劳，但却在那只不过是游戏的事情中不知疲倦地奔忙，因为游戏具有交替的变化，而坚持不懈却绝非他的事。

倾向于忧郁质情调的人（而不是忧郁的人，因为这意味着一种状态，而不只是对某种状态的倾向）对一切与他本身有关的事都赋予很大的关注性，处处感到危机，首先把自己的注意力放到事情的困难性之上。与此相反，多血质的人则从成功的希望开始。所以正如多血质的人只是肤浅地思考一样，忧郁质的人则深刻地思考。他不轻易许诺，因为对他来说信守诺言是郑重的，但践约的能力却是有疑问的。这一切并非出于道德上的原因（因为这里所谈的也只是感性的冲动），而是因为相冲突会给他带来麻烦，并正因此而使他担心、疑虑和左右为难，但也因此而对快乐没有感受性。此外，当这样一种心绪成为习惯时，它却至少在魅力上与多半属于多血质者的遗传性的那种与人为善的心绪相对照。因为那自身都不得不因缺乏乐趣而遗憾的人，也未必能把乐趣给与别人。

人们形容这种人是：他是暴烈的，像麦秸一样迅速地燃烧起来，得到别人的让步后又可以马上平息下来；发怒而不记仇，甚至也许会对立刻向他让步的人加倍喜欢。他的行动是迅猛的，但不持久。他忙于工作，但却不喜欢自己承担工作，这正是因为他对此没有持久性。所以他喜欢充当单纯领导工作的司令官，却不打算自己去执行。因此他占统治地位的情欲是荣誉欲，他可以很乐意地从事公共事务，并希望得到公开夸奖。所以他爱面子，喜好形式上的排场，喜欢为人辩护；表面上宽宏大量，但不是出于爱，而是出于骄傲，因为他更爱的是自己。他注重条理，因此显得比他实际上更为精明；他贪婪，为的是不成为吝啬。他彬彬有礼，但在交往中拘于礼仪、呆板和装腔作势。他喜欢有一个谄媚者，不管是谁；用来作他开玩笑的靶子。别人对他的傲慢专横的抵触使他所遭受的伤害，甚至比吝啬鬼由贪婪所遭受到的还多，因为一个小小刻薄的玩笑就能使他装腔作势的威仪烟消云散，而吝啬鬼却通过赢利而弥补了他在这方面的损失。总之，胆汁质是一切气质中最少幸福的，因为它引起最多的对立面来反对自己。

冷血的人的粘液质粘液的意思是不冲动，而不是指惰性（呆滞），不能由于一个人有很多粘液就马上把他称为冷漠的人或迟钝的人，并在这种头衔之下把他归入到懒汉之列。粘液作为一种弱点，本是一种不活动的倾向，不能由自己激发自己对工作的强烈的冲动。在这方面的无动于衷则是自甘低能，这些意向的趋向只不过是吃了睡，睡了吃。反之，粘液作为一种长处，有这样的特点：虽然不是轻易地或迅速地被激动，而是缓慢地被激动，但却很持久。体内混有适当成分粘液的人总是慢慢热乎起来的，但却把热情保持得更长久。他不容易陷入愤怒，而是首先考虑他是否应当愤怒；即使对面有一个胆汁质的人怒不可遏，也不能够把这个坚定的人从他的冷血状态中拖将出来。

冷血的人具有完全正常的理性成分，但同时又生来具有这样一种粘液，他虽然不是才华四溢，但却是从原则而不是从本能出发的。他完全不必为此懊悔。在他身上，这种得天独厚的气质代替了其智慧的位置。人们甚至在日常生活中往往称他为哲学家。他以这种气质审视旁人而又不会伤害他们的虚荣心。人们也常常称他为狡黠的，因为所有射向他身上的石弹都像打在一袋羊毛上一样从他身上反弹回来。他是一位和气的丈夫，并懂得如何取得对老婆和亲属的控制，在这方面他显得对一切人都很顺从，因为他懂得用他不屈不挠但又考虑审慎的意志，使他们的意志转化为他的意志。正如那些体积小、速度大的物体在发生碰撞时就会钻穿设在它们路上的障碍物，而速度小体积大的物体则会把这些障碍物带着一起走，而不破坏它们一样。

可以绝对地说一个人："他有个性"，这在绝大多数场合下不单是说到他而已，而且也是在称赞他，因为这是一种激起人家对他的敬重和赞叹的可贵性质。

如果把这一称呼一般地理解为，可以有把握地期待他是一个什么样的人，无论是好人还是坏人，那么人们通常就补充道：他有这样或那样的个性，于是这一表述就标志着性情。但具有一种绝对的个性则是意味着意志的这样一种特点，主体根据它把自己束缚在一定的实践原则之上，而这些原则乃是他通过自己的理性独立地为自己所规定的。尽管这些基本原则有时也可能是错误的和有缺点的，但一般而论，根据坚定的原则行事（而不像蝇营狗苟之徒一下子跳到这里，一下子跳到那里），这种意志的公式本身就具有着一种值得珍视和值得赞叹之处；因为它往往也是罕见的。

在这种情况下，重要的并不是大自然从人身上产生的东西，而是人从自身产生出的东西。因为前者属于气质范畴（这里主体多半是被动的），而只有后者才提供出他具有一种个性的知识。

人的一切其他好的和有益的特点，都有一种可以与别的带来同样多利益的特点相交换的价格，比如才能有一种市场价格，因为领主或庄园主可以把一个这样的人以各种不同的方式来使用。气质有一种亲和价格，人们可以和他一起愉快地消遣，他是一个令人快意的旅伴。但是，个性却有一种内在的价值，它高于所有的价格。

模仿者（陷在风俗习惯中）是没有个性的，因为个性恰好在于思想方式的独创性，它的行为举止所汲取的是由它自己所开辟的源泉。但一个有理性的人也不能因此而成为一个古怪的人，的确，他永远也不会是这样，因为他所履行的原则是对每一个人都适用的，古怪的人是有个性的人的仿效者。气质上的驯良是一幅水彩画，而不是个性特征；但是将个性特征画成漫画，这就是对一个具有真正个性的人的肆意嘲讽，因为他没有参与去做那一度成为公众习惯（成为时髦）的恶事，因而被说成一个怪物。气质禀赋上的恶毒还不如没有个性的气质禀赋上的驯良那样糟糕，因为人们可以利用后者来占有对前者的优势。甚至一个具有恶劣个性的人，即使他因为强力推行他的坚定原则而遭憎恶，但同时却又是一个被赞叹的对象，正如刚毅在一般地和仁慈相比较时一样，虽然这两者为了产生出比现实中更理想的东西，为了配得上崇高思想的称号，必须在一个主体身上找到它们的统一。

在业已下定决心时那种不屈不挠的精神（如在查理十二那里）虽是一种对个性极为有利的天赋，其实还并非一种确定的个性。因为个性要求有从理性和道德实践原则中引伸出来的格律。所以人们不能有理由说：这个人的狠毒是他的一种个性特点，因为这样一来个性特点就会成为残忍的。但人却永远不在自己身上容忍恶，所以根本没有出自原则的狠毒，狠毒只是由于抛弃了原则。

四十二、面容与性格

相面术是从一个人的可见的面部形象，也就是从他内心的外部表现来作判断的技艺。据说其根据乃是人的性情和思想方式。在这里，对他作判断不是在他生病的时候，而是在他健康的状态中；不是在他情绪激动时，而是在心情平静时。不言而喻，当人们出于这种意图来判断一个人时，这个人就觉察到别人正在考察他，正在窥视自己的内心，他的心灵就不会是平静的，而是处在被强制的状态，内心激动的状态，甚至是眼看着自己被别人审查时的不满状态。

如果一只表有一个招人喜爱的外壳，那么（一位著名的钟表匠认为）人们并不能由此而肯定其内部也是良好的；但如果表壳做得很差，那么就可以有相当大的把握断定它内部也不很妙，因为工匠总不会因为忽视了花工最少的外表，而使一个精细考究地加工出来的产品蒙上坏名声。但如果把人类的工匠与一位不可捉摸的大自然造物主相类比，那么在这里也可能推出荒唐的结论，说什么造物主也会给善良的灵魂一个美丽的身体，以使他所造出的这个人在别的人那里有好的印象，被人欢迎；或者相反，会使一个人从另一个人那里得到鉴赏。

因为鉴赏包含着一个人对另一个人（根据其美丑）是喜欢还是讨厌的纯粹主观原因，而智慧则把带有确定的自然特征的人的定在作为客观的目的（这目的我们绝对无法理解）。鉴赏并不能用作智慧的准绳，以便在人身上把这两件异质的事情设想为在同一目的之中的相互谐调。

面容上的性格特征，对一个男人来说，糟糕的不是他的面孔由于肤色和麻瘢而变得丑陋，而是自己在女人眼里时变得不甚可爱。因为，如果他眼里闪烁着善意，如果从他的目光中，对自身力量的意识带着宁静的表情而放射出正直的光辉，那么他就总是可以招人喜欢并值得人爱，人可以被大家都这样承认的。人们拿一个这样的人及其可爱之处（通过说反话）来打趣，一位夫人也可以因为有这样一位丈夫而自豪。这样一副面孔并非漫画，因为漫画是出于编出笑话这样一种激情而对面部进行故意夸张的描绘（变形），它属于表情范畴；而那种面孔则不如看作是大自然所具有的某种多样性。它不能称之为丑陋的面孔（哪怕它令人惊惧），反之，即使它并不妩媚，也不美丽，但如果毕竟也不丑的话，也就能唤起爱情。

神态是正在活动中的面容,这是由或强或弱的激情在人身上造成的，而对这种激情的倾向则形成为了人的面容。一种激情的影响不通过神态是难以显露出来的。神态在对表情和声音的努力克制上就已经泄露了出来。在控制自己在激情上过分软弱的人，他的神态变化（不顾他理性的作用）也会把他想要隐藏起来、瞒过别人的眼睛的心事揭露出来。但是那些精通此道的人，如果人们看穿了他们的话，通常就不被认为是最好的人，可以加以信任的人，特别是当他们熟练地装出的神态与其所作所为相冲突时。对于那些有意撒谎，但却不自觉地暴露出心事的神态加以解释，而这种技艺可以有许多微妙的观察作为根据。我在这里只想对其中一种加以考察。如果有一个人，他一直并没有斜视的毛病，而当他说话时眼睛看着自己的鼻尖，因而眼光乜斜，那么他所说的话一定是在撒谎。但我们决不能把一个斜视者的有生理缺陷的眼睛状态划入此列，这种斜视者与撒谎的劣习可以是完全不相干的。

此外还有一种由大自然所制定的表情，它使一切人种和一切风土地域的人甚至不用约定而相互理解。属于此类的有点头（肯定）、摆头（否定）、扬头（反抗）、晃头（惊奇）、皱鼻（嘲讽）、冷笑（嘲笑）、拉长了脸（拒绝要求）、皱额（苦恼）、迅速地做一个张、合嘴动作（呸！）、一张一合地挥手致意、以手抱头（惊异）、握拳（威胁）、鞠躬、手指放在嘴上（管住嘴唇）以命令沉默，还有发嘘声，等等。

四十三、性别的特性

在可以用较小气力取得如同用其他方式花更大气力所取得的同样效果的一切器械里，都必定是放进了技艺。仅从这点就可以预先断定：大自然的远见也会把比男子更多的技艺放进女人的机体中，因为它赋予了男人比女人以更大的气力，以便使两性在最紧密的肉体协调上，同时又还要作为理性的存在，去共同达到对他们至关紧要的目的，即种的保存。在此之后，大自然才在那种（作为理性动物的）性质里配置了社会性的意向，使得他们的两性联合体在家庭的联系中延续下去。

对于一个联系的统一性和不可分性来说，两个个人的任意会合都是不够的。一部分势必屈从于另一部分，并且交互地，一部分在某一点上对另一部分占优势，以便能控制或统治另一部分。因为在相互不可或缺的这两部分要求平等时，自爱心就会引起无谓的争吵。一方必须在文化的进展中以不同的方式取得优势：男人通过其体力和勇气而胜于女人，女人则通过在男人追求自己的意向面前控制感情的天赋而胜过男人。相反，在尚未开化的状态中，优势仅仅在男子一方，所以在人类学中，女性的特点比男性的特点更像是一门哲学家的学问。在原始的自然状态中女性的特点正如野生的苹果和梨一样不能被认识到，这些野生的苹果和梨的多种性质也只是通过嫁接和接枝才被发现。因为文化并没有把女人的这种特征带进来，而只是促成了它的发展，并使之在有利条件下成为明显可见的。

女人气就是软弱性。人们拿这一点开玩笑，傻瓜们以此而取笑她们，而懂得世故的人却看得很清楚，这正是把她们抬高到能操纵男子汉使之服务于自己意图的一种手段。男人是容易被考察的，妇女却不泄露自己的秘密，尽管别的女人的秘密（由于她的多嘴）在她那里也保守得很差。男人喜欢家庭和睦，并甘愿服从女人的管辖，只要不认为是对自己事业的干扰；女人不怕因口舌而引起家庭纷争，大自然就是为此目的而赋予了她多嘴和矫揉造作的辩才，以解除男人的武装。男人立足于在家中发号施令的强者的权利，因为他应当为保护家庭来对付外部敌人；女人则立足于从一部分男人得到保护来对付另一部分男人的弱者的权利，她用怨恨的眼泪使男人失去抵抗，因为这种怨恨向他揭示了他没有力量。

当然，这一切在原始的自然状态中就是另一个样子了。女人在那里是一头牲口。男子手拿武器走在前头，女人背着装满家具的包袱跟在男人之后。甚至在某种野蛮的社会制度中使多妻主义成为合法的地方，那最受宠幸的女人也懂得在自己的宫墙之内（所谓后宫里）取得对男人的统治，而在许多女人为一个女人（即应该统治男人的那个女人）而争吵时，男人则为如何从容忍的方式来取得安宁而大伤脑筋。在公民状态之下，女子委身于男子的欲念不能不通过结婚，以及一夫一妻制，在这里，当文明还没有在对妇女的骑士精神中提高到女性自由的地步（即除了一个男人外还公开拥有其他男人作为情人）时，男人对有外遇因而威胁到自己的妻子就加以惩罚。但当女人可笑地变得时髦和嫉妒起来时（像这种事在一个奢侈的时代是不少见的），女人的特性也就表现了出来，这就是利用自己对男子的特权，既要求自由，但也要求对整个男性的征服。这种意向尽管有一个卖弄风情的坏名声，但毕竟不是没有一种现实的理由来作辩护的。因为一个少妇总是有成为寡妇的危险，于是她就把自己的魅力扩展到一切可能会有幸成为她丈夫的男子身上去，这样，当那种情况发生时，她也就不会缺少求婚者。

蒲伯认为，可以从两点来说明女性（当然是指她们的有教养的部分）的特征：统治的意向和享乐的意向。但后者不能理解为家庭的享乐，而要理解为公共的享乐。在这里才可能表现出她们的长处和优越性；同时享乐的意向也才溶合在统治的意向当中。也就是说，在讨人喜欢方面不向自己的情敌让步，而是尽可能用她的风趣和魅力战胜她们大家。但即使是上述第一种意向，也正如一般的意向一样，并不适于用来描述任何一部分人对另一部分人的态度特征。因为，对那些优越于我们的东西产生意向，这是一切人所共同的，因而，尽我们的可能进行统治的意向也是如此。所以它并不表示女人的特征。然而，女性相互之间处于无休止的争斗之中，但对于男性却有着相当好的印象，这一点倒也许可以算作是女性的特性，如果这不仅仅是一个女人为了和其他女人在争夺男人的宠爱和顺从时所自然产生的后果的话。那么，统治的意向是现实的目的，而公共享乐，当它使女性魅力的活动空间扩展开来时，只不过是对那种意向产生影响的手段而已。

只有把大自然在制造女人时的目的，而不是把我们构成自己的目的的东西，作为原则来运用，才能刻画出女性之特征。由于大自然的这个目的不得不借助于人类的愚蠢来实现，但根据自然的意图却又必须是智慧的，所以，这个并不归我们选择、而是要用人类的性来达到某种更高意图的智慧的原则，甚至也可以用这样一些推测中的大自然的目的来规定，它们是:（1）种的保存;（2）由女性使人受到社会的教化和教养。

当大自然把它最宝贵的信物，即种，托付给女人的身体，而通过胎儿使人类繁殖下去并达到不朽时，它仿佛是由于顾虑到种的保存，于是就把一种恐惧，即对身体伤害的恐惧以及对类似危险的畏怯植入了女人的本性之中，而这种软弱性则给了女性合法地从男子那里要求保护的权利。

由于大自然还想引出那些文化教养方面的，也就是善于交际并合符礼貌的细致感觉，它就有先见之明地，让女性通过她们的贤淑，以及她们在说话时的善于辞令和富于表情，成为男子的主人；她们有权要求男子温存有礼地对待自己，以致于男子从孩提时代起就已无形中被束缚在自己的宽宏大量中，虽然这并不见得就导致道德本身，但却预示着产生出作为道德外衣的东西，即那种为道德作为准备和作劝导的有教养状态。

四十四、家庭的尊重

妇女要统治，而男人也要被统治（尤其是在婚前），于是就有古代骑士精神的尊重妇女。这种骑士精神本身先就包含着自己是招人喜欢的这种信念。年轻人总是担心自己惹人讨厌，所以在女人圈子里感到很是狼狈（困窘），女人声称，她用自己所引起的尊重来制止男人的一切纠缠，并且哪怕毫无功绩却要求人家敬重自己，这种骄傲和权利来自女性本身的合法要求。女人是拒绝者，而男人是追求者，女人的屈从是一种恩赐。大自然要让女人被追求，所以女人在（按照口味）作选择时不必像男人那么挑剔。而大自然也把男人构造得更为粗犷只要在他的形象上表现出保护女人的力量和干练，他也就足以使女人喜欢了。除非女人在形象的美丑方面是令人恶心的，而对于恋爱的可能性的选择又十分挑剔，这时她就只好表现为追求者，而他却成了拒绝者了。这甚至会在男人眼里整体地降低女性的价值。女人必须显得是冷淡的，相反，男人在恋爱中必须显得热情洋溢。一个男人不听从他所爱者的要求是显得可耻的，而一个女人轻易地顺从所爱者的要求才显得可耻。女人要使自己的魅力在一切高雅之士身上起作用，这种欲求就是卖弄风情；而装出爱上了所有女人的姿态则是尊重妇女的文雅。这两者都是矫揉造作，只能成为时髦，不能产生任何严肃的结果：比如风流韵事只能是已婚妇人装腔作势的自由，或是与此相同的，从前在意大利存在过的高等妓女业，关于这方面，有人说，比起混在个体家庭之中进行社交来，这似乎包含着更多文明公共交往的纯正教养。男人在婚姻中追求的只是他的女人，但妇女追求的是一切男人的倾慕，她们打扮自己只是为了她们嫉妒的女性的眼睛，也就是要在魅力和高贵举止上压倒别的女人。相反，男人打扮则是为了老婆的眼睛，如果只是想让妻子不因他的上衣感到羞耻也能算打扮的话。男人对女人的缺点评价很温和，而女人对女人缺点的（公开）评价却很严厉。至于年轻姑娘，如果要她们选择由男人的法庭还是女人的法庭来评判她们的过失，她们肯定都会选择由男子来做她们的法官。在文明的奢华高涨之时，女人只是出于被迫才表现出品行端庄，她们毫不隐晦地希望自己最好变成男人，这样她们就可以给自己的意向一个更大更自由的活动余地；但没有一个男人会希望成为女人。女人并不过问男人在婚前行为检点，但男人却无比重视妻子方面婚前的行为检点。已婚女人嘲笑的是小里小气（即一般男人的嫉妒），但她们也只是开开玩笑而已；未婚女子则极其严肃地对待这事。至于有学问的女人，她们需要书籍就像需要表一样。她们带着表是为了让人看见她们有一只表，通常不管这表停了没有，或是走得准不准时。女人与男人在有德或无德问题上有极大的区别，这既不是根据行为也不是根据动机。女人应当忍耐，而男人则必须容忍。女人是敏感的，男人是体贴的。男人的事是获取，女人的事是节约。男人在爱的时候是嫉妒的，女人也嫉妒，但是在没有爱的时候，因为别的女人获得了多少情人，那么对于她的崇拜者圈子来说也就损失了多少情人。男人的趣味是为了自己，女人把自己造成一个有趣的对象是为了每个男人——“世人所说的都是真的，大家所做的都是好的”，此乃女人的一条原则。这条原则是很难在严格意义上与“个性”这个词调和起来的。但也有一些头脑清醒的女人，她们在其家务范围内坚持着一种与她们的规定性相适合的光荣的个性。密尔顿的妻子曾劝说他接受克伦威尔死后委任给他的一个拉丁文秘书的职位，而不顾叫他现在把一个他从前谴责为非法的政府解释成合法的，这与他的原则是多么矛盾。他则回答他妻子道：“啊，亲爱的，你们所有的女人都喜欢赶顺潮，至于我，却必须做一个正直的男子汉。”苏格拉底，或许还有约伯的妻子正是这样被他们有头脑的丈夫逼入困境的。但男人的美德会因自己的个性而得到维护，而女人的美德也并没有因为她们被投入这种境况而减损自己个性的价值。

女性必须在实际事情上使自己得到训练和纪律的约束，而男人却不善于这样做。

年轻的丈夫对年龄比他大的妻子颇具控制力，这是建立在嫉妒心上的。嫉妒心使性能力较差的一方在另一方的侵犯面前为自己的权利担忧，因而感到自己不得不勉力对他顺从而殷勤。所以每个有经验的太太也只是从年龄相仿的角度，来劝阻与一个年轻男人的婚姻，因为在以后的年岁中，女人终归是比男人老得快。如果连这种不平等也忽视了的话，那么建立在平等基础上的家庭和睦也就将没有了保障。一个年轻而理智的女人和一个健康的、但年龄要大一截的男子却能够更好地建立起婚姻的幸福。不过，一个或许因为婚前的放荡而已经将自己的性能力破坏了的男子，他在自己家里将成为一个小丑，因为他只有在给予合理的要求以相应的回报时，才会拥有对这个家庭的统治权。

休谟看到，对女人婚姻上的讽刺比对女人性别上的挖苦还要更使女人（哪怕是老处女）愤怒，因为后者从来都不会是认真的，而前者却也许会当真起来，如果人们把没有结婚的人所解脱了的婚姻上的痛苦尽量突现出来的话。但在婚姻方面的自由放纵却必然会具有对整个女性来说是恶劣的后果，因为她们将沦为满足男性欲望的单纯工具，而这种欲望会很容易发展为厌倦和轻佻。婚姻使女人自由，却使男人失去自由。

一个面临结婚的人，尤其在年轻人身上考查其道德的品质，从来都不是女人的事，她把他看得比可能有的更好。她认为一个有理智的女人就足以把一个变坏了的男人引上正路了。由于这一判断，她往往觉得自己被用最卑鄙的方式欺骗了。与此相同的还有那些天真的人们的意见，认为这个人在婚前的纵欲本是情有可原的，而现在只要他还没有耗尽精力，就会从他妻子那里使自己的性欲得到足够的满足了。这些天真的好心人没有想到，在婚姻方面的放荡无羁恰好在于享乐的交替，而婚姻的单调会立刻使他恢复到原来那种生活方式去。

那么，在家里要谁应当拥有上述支配权呢？因为毕竟只可能由一个人把所有事务都结合到一个与其目的相协调的关系中来。假如我用合符骑士精神的语言来表述（但却不是说假话），那就是——妇女应当统治，而男人应当治理，因为意向在统治，而理智在治理。丈夫的态度必须显得这样——妻子的幸福是先于任何别人而存在于他心中的。但由于他必须最清楚地知道自己的处境如何，他能够做到哪一步，所以他将像一个大臣对待那位要准备一次庆典，或筹建一所王宫的只顾享乐的君主那样，首先对君主的支配权表示其必要的服从，只是因为目前手头拮据，或是必须首先解决某些紧迫的需要，等等，所以最高统治者可以干他想干的一切，但却带有这样一个条件，由他的大臣把这种意志交到他的手中。

因为女人应当被追求（而这就要求在必要时对男性加以拒绝），所以甚至在婚后，她们也必须广泛地力求让人倾慕，以便一旦她们成为年轻的寡妇，就可以为自己找到情人。男人则通过婚姻的纽带而断绝了一切这样的权利，所以因女人这种取悦于人的欲望而产生嫉妒心是不正常的。但根据女人的本性，夫妇之爱是不可侵犯的。女人们有时拿这个开玩笑，但正如上面已经讲过的，这也只是一种戏谑。因为在这种权利上容忍和宽恕外人的侵犯必将导致对女方的蔑视，同时也会导致对这样一个丈夫的憎恨。

通常，做父亲的娇惯他们的女儿，母亲宠爱自己的儿子，而在儿子们当中那个最任性的小伙子，往往是被母亲（唯愿他成为勇敢的）惯坏的。其原因似乎是考虑到两位老人在突然去世时的需要。因为，如果一个男人死了妻子，那么他就要在他的长女那里得到照料和扶持；如果母亲失去了她的丈夫，于是那长大成人、身强力壮的儿子就负有责任，同时也具有本身的自然意向，来尊重她、扶持她，给她的寡居生活带来愉快。

四十五、民族的特性

种族这个词，人们理解为结合在某个地域之中人的群落。就此而言，这些人构成一个整体。就是这样一个群落，或者这个群落的一部分，当它由于共同的出身而自认为是统一于一个市民整体之中时，就叫作国民，那置身于这些法律之外的部分（即这个民族中野蛮的一群），则被称为暴徒。他们的非法联合就是纠集，这是一种把自己从一个国家公民的性质中排除出去的行为。

休谟认为，如果国民中的每个人的个别特性都被努力吸收进来的话，那么国民本身也就没有特性了。我以为他在这里是错了，因为作出某种特性恰好是他本人所属的、那个民族的普遍特性，这种特性也是对一切外国人的藐视，其原因特别在于，这个民族以为单凭一个把内部公民自由，与对外部武力结合起来的精确宪法就值得自夸。这样一种特性与那种容易造成亲密无间的殷勤相反，乃是一种目中无人的粗野，也是一种出于被误解了的独立自主性，而对一切外来者的执拗态度，这种态度使人相信他不需要别人，还自以为可以免掉他对别人的友好行为。

英国和法国以这种方式成为地球上两个最文明的民族，它们的特性形成鲜明的对比，也许主要因此而相互争斗。它们后来人为所造成的特性只是天生特性的结果，即使根据它们的天生特性，它们大概也是唯一能够被承认，有一种确定不变的特性的民族，只要它们还未被战争的强制力混合起来。法语成了一般的会话语言，尤其是在妇女们的高雅社会里；而英语却成了商业范围中最广泛的贸易语言。这也许是由它们的大陆和岛国的位置区别所造就的。但是，它们现在实际上具有的天性，以及通过语言对这天性的培养，也许不得不追溯到它们由以起源的原始民族的天生特性，不过我们对此缺乏材料。但在实用人类学中，与我们有关的仅仅是，把这两个民族现在所具有的特性展示于一些例子中，并尽可能使之系统化。这些例子可以让人看出，一个民族可以在另一个民族身上期待些什么，一个民族可以怎样来利用另一个民族的长处。

那些因袭下来，或是仿佛因长期运用而成为本性、并嫁接于本性之上，且表达着一个民族性情的格律，只不过是这样一些大胆的尝试，与其说是哲学家们想根据理性原则，对一切民族的自然倾向的多样性所作之分类，不如说是地理学家们想根据经验来进行分类。

认为一个民族的一切特性都取决于政府形式，这是一种未经证明的不明确看法。因为，政府本身又从哪里得到它特殊的性质呢？即使是气候和地理也不能给这个问题提供钥匙，因为整个民族的迁移可以说明，他们并没有因为他们新的居住地而改变其特性，只是根据环境而使他们的特性适应于这种新住地，同时却让人总还是在语言、谋生方式、甚至穿着方面看出了他们出身的痕迹，也看出了他们的特性。我将更多地从他们的缺点和对规律的偏离方面，而不是从美化的方面（但也并不要漫画化），来大致勾勒一下他们的肖像线条。因为除了谄媚使人堕落、责备使人改善之外，如果一个批评者一律只强调人们的缺点，就好像他多少作一点夸奖就会激起被评价者之间的妒忌似的，那么他就会更少触犯人们的自私心理。

1. 法兰西民族在一切其他民族中，是以谈话风趣而独具特色的，在这方面它堪称是其他一切民族之楷模。他们尤其对来访的生人彬彬有礼，尽管现在宫廷礼节已不时兴。法国人的这种特点并不是出于利害，而是出于相互交谈的趣味上的直接需要。由于这种趣味首先涉及与广大妇女界的交往，所以妇女语言便成了这个圈子的通用语。毫无疑问，在心甘情愿为别人服务和助人为乐的友善方面，以及逐渐在人类的博爱原则方面，这种方式的意向也必定会有自己的影响，而且一定会使这样一个民族整个地成为亲切可爱的一群人。

但事情的另一面却是，热烈并没有用经过考虑的原则加以足够的约束，而在理性的洞察上也是漫不经心，仅仅因为有某些形式被认为是陈旧的，甚至只是被认为是过分的，就不能长久地坚持这些形式，哪怕他在这上头感到愉快。再就是一种传染性的自由精神，尽管在它的活动中也引入了理性，并且在民族对国家的关系中产生了一种震撼一切的热忱，这种热忱却仍然超出了限度。这个民族以魔法般的方式显示出来的，但却是来自现实生活的那些特点，可以很容易地单凭构成这特征的素材，即一些互不关联地随口说出的只言片语，来作一个整体的说明，而不需进一步之描述。

像这样一些词："机智（而不是健全理智）"、"轻佻"、"骑士精神"、"花花公子"、"卖俏"、"轻率"、"名誉至上"、"时尚"、"精神贵族"、"俏皮话"、"密旨"等，是很不容易用另一种语言来翻译的，因为，与其说它们描绘的是一些浮现在头脑中的对象，倒不如说刻画了说这话的那个民族性情上的特点。

2. 英吉利民族。这个不列颠的古老血统（克尔特人的一支）似乎曾经是一个勤奋的人种，只是由于德意志人和法兰西血统的人民的移入（因为罗马人的短暂的出现并不能留下显著的痕迹），而熄灭了这个民族的独创性，这正如他们混杂的语言所表明的一样。而且，由于他们那相当有利于抵御外敌、更诱使他们自己成为侵略者的孤立的地理位置，使这个民族成了一个强大的海上商业民族，这样他们就具有了一种即使原来在天性中并没有、但却为自己取得了的特性。所以，即使英国人的特性只不过是指从过去的经验教训中所学到的原则，他们也必然会为自己做成这样一个特性，即装作具有一个特性。因为，固执于某种自愿接受的原则或毫不偏离某种确定的（不管什么样的）规则，这种僵化的思想会给一个人带来这样的重要性，即人们肯定知道：可以把他看作什么人，以及他会把别人看作什么人。

这种特性对于法兰西民族而言，比对任何其他民族都更为格格不入，这可以这样来解释：因为英国人在和别人甚至在他们自己之间打交道时，放弃了像法国人那样一种最优秀的亲切友好的交往性，仅仅要求别人的尊敬，而每个人又都只愿意相信他自己的头脑。英国人为自己的同胞们建立了庞大的、一切其他民族所没有的慈善机构，但由于命运而漂泊到他们土地上并陷入于危难的外国人，却常常可能死在垃圾堆上，因为他不是英国人，也就是说，不是人。

但即使在他们自己的国土上，英国人也还是孤立的，他吃的是自己的所得。比起在餐馆里吃饭，他宁可一个人用同样多的钱在单独的房间里进餐，因为在餐馆里总要讲一定的客气。而在外国，比如在法国，英国人去到那里，只是为了把沿途的旅馆宣布为可憎的（如夏普医生所说的）。他们聚集在这些旅馆里，也只是在他们之间才保持社交。但奇怪的是：一方面，法国人大都喜欢英吉利民族，并对之抱有尊敬之赞美，另一方面英国人（不必走出自己的国土）则对法国人怀有普遍的憎恨和蔑视。这也许不能归咎于邻国的竞争性（因为英国人把自己看得毫无疑问地优越于法国人），仅要归咎于一般商业精神，这种精神以最优先的地位为前提而产生出来，它在这个民族的商人之间是极其反社交的。因为这两个民族隔海相望，只由一条沟渠（尽管也可以叫作一条海峡）而分开，然而在他们的争斗中，这两个民族之间的竞争毕竟产生出以不同方式变化了的政治特性，一方面是担忧，另一方面是憎恨。这是他们的不可调和性的两种方式，一方企图自保，而另一方企图控制对方，并在对立之中消灭对方。

我们现在可以更加大概地把握其他民族的性格特征了。他们的民族特点不能像以上两个民族那样，通常由他们不同的文化类型中引出，而要从其通过不同原始血统的混合而来的天赋素质中引出。

3. 由欧洲和阿拉伯（摩尔人）血液的混合而来的西班牙人，在公共和私人作风中都表现出某种庄重性，甚至农民在按法律必得服从的上司面前，也会表现出对自己尊严的意识。西班牙人的庄重风度，以至于在他们的交谈中也存在的语言的浮夸，都显示出一种高贵的民族傲气。所以对于法国人的亲密放肆，他们是完全反感的。他们温驯地服从法律，尤其诚心诚意地服从他们古老的宗教的法律。这种庄重也并不妨碍他们在轻松愉快的日子尽情娱乐（例如用唱歌跳舞来开始收获的时候）。当夏夜里芳旦戈舞愉快地跳起来时，有不少在这时享有余暇的劳动者，就在大街上伴着这种音乐翩翩起舞。——这是他们好的一面。

坏的一面是：他们从不向外国人学习，不去为了认识别的民族而旅行；在科学上也许还停留于数百年之前；对一切改革表示沉默，以不需要工作为荣，喜欢如同斗牛那样的浪漫主义精神情调，像过去的（宗教法庭的火刑）所证明的那样残酷，而且在其趣味中表现出部分非欧洲的血统。

4. 意大利人结合了法国人的热烈（欢快）和西班牙人的严肃（庄严），他们的审美特性是一种与激情相联结的趣味一样，正像从他们的阿尔卑斯山到那些诱人山谷的风景一样，一方面给人提供勇气的源泉，另一方面也给人宁静的享受。这种气质既不是混浊的，也不是散乱的（因为那是产生不了什么特性的），只是一种感性的情调，它导致崇高的感情，只要这感情同时又可以与美的感情相一致。在他们的表情中表现出他们情感的强烈活动，而他们的面部也是表情丰富的。他们的律师在法庭上的控诉是如此充满激情，看起来就像在舞台上的一篇朗诵。

正如法国人在谈话趣味方面占优势一样，意大利人在艺术趣味方面占其优势。法国人喜欢私人消遣，意大利人更喜欢公共娱乐：壮丽的列队游行，大型戏剧，狂欢节，化装舞会，公共建筑的豪华，用画笔或镶嵌工艺所作的绘画，气派宏大的古罗马遗迹，为了观看，也为了在大庭广众中被观看。但同时（为了不忘私利）也发明了期票、银行和彩券。这是他们好的一面：这样一种自由是冈朵拉船夫和那不勒斯流浪汉在上等人面前也可以保有的。

较坏的方面是：正如卢梭所说，他们在宫殿里谈话，而在老鼠窝里睡觉。他们的茶话会类似于交易所，在那里，一个大型聚会的主妇不惜破费，以便人们在漫步踱跶时互相传递当天新闻，却不一定需要友情，这位主妇只和从这些人中挑选出来的一小部分人共进夜宵。糟糕的方面则是：捅刀子、拦路抢劫、杀人犯躲入圣地避难所、警察的玩忽职守，等等。但这一切都不能归咎于罗马人血统，勿宁说，要归之于他们的双头政治的政府形式。但这些指责决不能由我负责，它们通常是英国人传扬开来的，而这些英国人除了他们自己的制度外不喜欢任何别的制度。

5. 德意志人有一种好品行的名声，即诚实和节俭的名声，这些特点正好不适合于冠冕堂皇的事情。德国人在一切文明民族中是最容易而且最持久地服从于他所属的政府的，对于被采用的规章制度，他们离改革的欲望和抵触的情绪最远。他们的性格是结合着知性的粘液质，既不对既定规章制度作玄想，也不自己想出一种制度来。然而他们又是一切国土和气候条件下的男子汉，随便就移居国外，却不狂热地固着于他的祖国。但同时他又是作为殖民者到外国去的，在那里他立刻和他的同乡们结成某种方式的公民团体，这种团体通过他们语言上、部分也是借助宗教上的统一，使他们定居为一个小民族，它在上级政府之下，在一种平和而有道德的状态中，以勤奋、整洁和节俭而在其他民族的移民们面前表现出自己的优越性。甚至英国人对于在北美的德国人也作出了上述这样的称赞。

由于粘液质（在好的意义上）是这样一种气质，即冷静思考，坚持不懈地追求自己的目的，同时又忍受住由之而来的种种艰难困苦，所以，对于德国人的正确知性和深沉反思的理性的禀赋，人们可以寄予如此的期望，正如对任何一个有能力造成最伟大文化的民族一样。除开机智和艺术趣味的领域，他在这方面也许不像法国人、英国人和意大利人那样行。这就是他通过坚持不懈的勤奋所达到的好的一面，而这恰好并不需要天才。天才也是和这种实用性、即和德国人与健全知性的禀赋联系着的勤奋大相径庭的。在与人交往中，这种特性就是谦虚。他们比任何别的民族都学习更多的外国语，他们是渊博知识的批发商，他们在科学领域中首先开辟了一些新的车道，使其他民族后来熙熙攘攘地顺道而行；他们没有民族自大心，像世界主义者一样不眷恋自己的故土，但他们在自己的故乡却比任何一个别的民族都更加地对外国人好客（如波斯维尔所承认的）；他们严厉地管教自己的孩子懂规矩，正如他们也宁可专制地使自己的爱好与制度规章相符合，而不允许有什么革新（特别是在政府里任意进行改革）——这是他们好的一面。

其不好的方面是他们的模仿倾向，能够成为其自己的独创的意见是微乎其微的（这与固执的英国人恰好相反）；但尤其是某种条理癖，比如说，不是把自己和其他的国家公民按照接近平等的原则来划分，而是按优越性的阶梯和某种等级秩序来严格分类。在这种等级格式中，在头衔的发明中，（如尊贵者和高贵者，名门，望族和贵胄）他们则变得毫无创造性，于是由于一味地拘泥于迂腐而变得奴颜婢膝。固然，也许这一切都要归咎于德意志的帝国组织形式，但同时这样一种看法也勿庸讳言，就是这种拘泥迂腐的形式的产生终归是来自于国民精神和德国人的自然倾向：必须在统治者直到服从者之间设立一个阶梯，其中每一级都被标上用以识别的相应称号。而那些既无职业也无头衔的人，也就是所谓的贱民。他们固然也还是给颁布头衔的政府带来了某些利益，但尽管如此，他们仍在臣民们那里激起这样的要求，要对非臣民的人在重要性的评价上加以限制。这在其他民族看来必会显得可笑，事实上，这种为了在一个概念下把握一个整体而作有条有理的划分的严格性和需要，暴露了天生禀赋上的局限。

四十六、理性的实践

实践原则是这样的一些命题，它包括意志一般规定，并且在这一般规定下具有若干实践的规律。当这些规定被主体视为只对他自己的意志有效时，这些实践原则就是主观的，或只是一些格言；当这规定看作被对每一理性存有的意志都有效时，它们便是客观的，或是实践的法则。假定纯粹理性在其自身中即含有实践的动力，即是它足以决定意志，这里便有实践的法则；若不如此，一切实践原则都将只是一些格言。当理性存有的意志是感性地被影响时，便可发生这样的情形，即“格言与那为此存有本身所确认的实践法则相冲突”的情形。举例来说，一个人或可使“不容忍有不被报复的损害”（无仇不报）成为他的格言，但他却可看出：这并不是一个实践法则而不会被人普遍遵循的。这只是他个人的格言；而且也可看出：这不但不是实践法则，而且正相反，它被视为每一理性存有的意志规律（由于每一理性存有都依此同一格言），则此“无仇不报”的格言必与其自己相矛盾。

在自然哲学里，“那发生的事件”的原则，同时是自然的法则；因为在那里，理性的使用是理论的，而且为对象的本性所决定。在实践哲学里，在那“只有事于意志的决定之根据”的哲学里，一个人为其自己所作的各种原则并不是那些“一个人所必不可免地为其所约束”的法则；因为在实践当中，理性有事于主体，即有事于意欲的机能，而此意欲机能的特殊性格可以在规律方面引起种种变化。实践规律总是理性的一种成果，因为它规定行动为达到结果（目的）的一种工具（手段）。

但是在那种“在其身上理性并不是单以其自己即可决定意志”的存有上，这种规律乃是一律令，也就是说，是一个为“将要”（应当）所标识（所特征化）的规律，它表示行动的客观强制性，并代表着理性已完全决定了这意志，那么行动自不可避免地依照这规律而发生。

因此，律令是客观有效的，而且完全不同于格言，格言是主观原则。各种律令，作为有效因的理性存在的因果性的条件，也就是只涉及结果以及“达此结果”的工具（或手段）而决定其因果性的条件，或者它们只决定意志，而不管这意志是否适合于这结果。前者必是假然的律令，而且只含有技艺的规则；而后者则相反，它是定然的律令，而且只是这定然的律令才是实践的法则。这样，格言实际是原则，而不是律令。但是律令本身，当它们是有条件之时，它们是实践的规则，却不是法则。法则必须是足以决定意志的，我是否有“对于一所欲的结果为足够”的力量，或我是否有“对于去产生这结果为必要”的工具或手段，这些问题足以决定意志，因此，法则是定然的律令，非然就不是法则，因为这必然性是缺无的，这种必然性，如果它要成为真实的必然性，就必须是独立的，即那些“是感性的。因而也就是说，只是偶然地与意志相联系”的条件。教会告诫一个人说：你要想老年不贫乏，必须在青年时要勤奋与节省；这是意志的一个正确而重要的实践规则。但是很容易就可以看出：意志指向某种别的东西，是被预设为是意志所意欲的，而关于这个意欲，他是否预见了属于他自己的获得物的那些资源以外的其他资源，或他是否不必期望达到老年，或他是否想到在未来的必须物的情形中他很少有办法，这些问题，我们必须把它留给行动者自身。理性是将必然性给与这个规则，但是这必然性是依靠主观条件的一种必然性，它并不能被设想为在一切主体上都有着相同的强度（程度）。但是说到理性可以立法，“理性只应需要去预设它自己”这是必然的，因为是规律为客观的，而且普遍有效，是只当“它们没有任何偶然的主观条件就有效”时才是如此。

现在，我们可以告诉一个人说：你决不应作一欺骗的诺言，这个规则是只有关于其意志的一个规则，不管他的目的是否能达到；那要先验地为这规则所决定的就只是这意志。现在，如果见到这个规则是实践而正当的，那它就是一个普遍的法则，因为它是定然的律令。这样，实践法则只会涉及意志，而并没有考虑涉及意志的因果性而被达到的，而要想使这实践法则为完全纯粹的，我们可不理那通过意志的因果性而达到的目的（因为这是属于感取界的）。

一切把“欲望机能的对象预先设定为决定意志的原因”的实践原则都是经验的，它们也不可能提供实践法则。

所谓“欲望机能的材料”，我的意思是一个对象，此对象的真实化乃是所欲的。如果这个对象的欲望是先于实践规律，而且是我们使实践规律为一原则的条件，第一，在此情形中这个原则完全是经验的，因为即是那样，“决定选择”的东西是一对象的观念以及此观念于主体的关系，而凭借此种关系，主体欲望机能被决定去寻求此对象的真实化。这样一种对于主体的关系是叫作一对象的真实化中的快乐。这样，快乐就必须被预设为意志决定的可能性的条件。但是，对于任何“一对象的观念”，不管这观念的性质如何，要想先验地去知道它是否将与快乐或痛苦相联系，或只是不相干的，这是不可能的。因此，在这样的情形中，选择的“决定原则”必须是经验的，因而那“预设对象的观念以为条件”的实践的材质原则也同样是经验的。第二，因为对于一种快乐或痛苦的感受只能经验地被知道，而且它也不能以同样的程度，对一切理性的存有都有效，所以那“基于这种主观的感受状况上”的原则可以用来充作那“有此感受性”的主体的格言，但是却不能用来充作法则，甚至对于有此感受性的主体也不能充作法则（因为它缺乏客观的必然性，此客观的必然性必须先验地被认知）；因此可以说：这样的一个原则决不能提供实践的法则。

一切物质的实践原则，都处于自私或个人幸福的一般原则之下。

从一事物的存在的观念而引起的快乐，只要当它决定“对于这事物的欲望”时，它就是基于主体的感受性的，因为它依靠于对象的现存；

因此，它属于情感，而不属于知性，知性是依照概念表示这观念对于一个对象的关系，不是依照情感或感受表示这观念对于主体的关系。快乐的实践则是在当欲望机能凭借“适意愉快的感觉”而被决定时，它才是实践的，此所谓“适意愉快的感觉”即是主体从对象的现实存在所期望者——期望有此适意愉快的感觉。现在，一个理性存有的所有的那“不间断地伴同着他的全部存在”的生命的愉悦（适意愉快）的意识更是幸福；而“使这幸福作为意志的决定的最高根据”的原则便是自私的原则。因此，一切材质原则（此等材质原则把意志的决定根据置于从任何对象的存在而接受到的快乐或痛苦中）俱都是属于同一类的，因为它们一切都属于自私或私人幸福的原则。

一切物质的实践规律都把意志的决定原则置于较低级的欲望本能当中，而如果真没有意志的纯粹形式的法则适合于决定意志，故我们决不能承认有任何较高级的欲望机能。

四十七、感性的实践

人们不管在其他方面如何精明，可是他们若觉得“比照着那‘与快乐之情相联系’的各种观念，起源于感取（感性）或起源于知性，并以之去区别较高欲望机能与较低欲望机能间的不同”为可能，这是令人惊异的；因为当我们研究欲望决定根据是什么，并把这决定根据置于某种被期望的愉悦中时，这令人愉悦的对象观念是从什么地方引生出来，是没有什么重要关系的，而令人愉悦的对象有多少愉悦，才是有重要关系的。不管一个观念是否在知性中有地位与根源，如果它决定这选择是只根据预设主体中的一种快乐之情才能决定，那随之而来的便是：它能够决定这选择完全依靠于内部感取的本性，也就是说，这内部感取能够顺应愉快地为这观念所影响。不管对象的观念如何不相似，即使它们是知性的观念，甚至是理性的观念，以相反于感取的观念，有如此的不相似，可是快乐之情，即“那些对象的观念所凭借构成意志的决定原则”的那快乐之情，则总是同一类的，这不只是因为这快乐之情只能经验地被知觉，也因为它影响那同一生命力，即“显现其自己与欲望机能中”的那同一生命力，而在这一方面，“此一决定根据”只能在程度上不同于每一其他决定根据。不然，我们如何能就量度来比较两个决定原则，即“其观念依靠于不同的机能”的两个决定原则来比较，以便选取那依最高度影响欲望机能。一个人可以将一本“他不能再得到”的有益的书赠送给未读书的人（目不识丁的人），以免耽误打猎；也可以在美好的演说当中半途退出，以便赴宴不至迟到；他为了在赌桌上占有座位，可以离开他本高度估价的一个学术性会谈；他甚至可以拒绝一个“他在平时乐于去布施”的可怜人，因为在他的口袋里只有仅够进戏院的票钱。如果他的意志的决定是基于那“他从任何原因而期望之”的适意或不适意之情上，那“他经由何种观念而被影响”，这对于他都是一样的。要想去决定他的选择，其所关心的唯一事情便是这种适意愉快有多大，能持续多久，是如何得到的，以及怎样才可以时常重复而不失。恰如对于一个需要用钱的人，不管金子是从山里掘出来，或是从沙里淘出来，俱都是一样的，假定到处都承认金子有同样的价值；和这一样，一个人若只关心生活的享受，他决不问这些观念是知性的观念，或是感性的观念，而只问它们在长时期中所给的快乐有多少。

只有那些乐于否决或拒绝去把“没有任何情感的预设而决定意志”这决定的力量赋予于纯粹理性的人，才能违背自己原有的解释，并违背得如此之远，即如想去把那“他们自己以前曾置之于同一原则之下”的东西描写完全异质的那样远。举例来说,我们能在纯然的“权力的运用”中找得快乐，在我们的心理的克服那“对反于我们的计划”的障碍这种心的强力的意识中找到快乐，在我们的心智才能的训练中找到快乐，以及其他，等等，这是可以观察的。而我们也可以很正确地称这些快乐是更为精致的快乐，更为精致的享受，这是因为它们比其他东西更为在我们的力量之中；它们并未耗尽，但是为“对于它们的更进一步的享受”而增加了能力，而当它们使人愉悦时，它们同时即使人有训练。但是若因此便说：它们是依不同的步骤决定意志，而不是经由感取（感性）而决定其意志，虽不由感取决定意志，而这快乐的可能性却为此快乐预设一种“植根于我们心中”的情感作为这种满足的首要条件。若如此说，这恰如当一些“想涉足形而上学”的无学之人想象物质为如此微妙，如此超级微妙，以至于他们几乎以此物质而把他们自己弄得眼花撩乱时，他们便认为依此步骤他们已把物质思议为一种“精神的而却又是有广延的”存有。

如果随着伊壁鸠鲁，使德性决定意志，只凭借德性所承诺的快乐才如此，则我们此后便不能以其主张这种快乐是与那些最粗俗的感取的快乐为同类而责备他。因为我们没有任何理由以其主张“这情感所因此被引起”的那些观念只是属于身体的感取而去怪责或控诉他。正如人们所能猜想到的,他已在较高级的认知机能的使用中寻求这许多观念的来源;但是这一点不曾而且也不能阻止他依据上述的原则而主张这快乐，即“那些理智观念所给予于我们”的那快乐，而且“只通过这快乐，这些理智观念才能决定意志”的那快乐，其本身正好是属于同类。

四十八、理性与感性的一致

“一致”是一个哲学家的最高义务“一致的例证”，这比在我们的混合主义的时代所见到的还要多。在我们的混合主义的时代里，一种肤浅而不诚实的调和系统，即关于矛盾的原则的调和系统，会被设计出来，因为这种调和系统较容易把它自己推荐给大众，“以便使每一方面都喜悦”。

私人幸福的原则，不管其中有如何多的知性与理性被使用，它总不能含有那些“属于较低级欲望机能”的决定原则以外的任何其他决定原则；那么，或者总没有（较高级的）欲望机能可言，或者纯粹理性必须只以其自身就是实践的；这就是说，纯粹理性必须通过实践规律的纯然的形式而没有预设任何情感，因而结果其也就是说，没有任何愉快或不愉快的观念，能够去决定意志。因此，只当理性以其自己即决定意志时，理性才是较高级的欲望机能，而且理性才真实地，甚至特异地是不同于那感性地被决定的欲望机能的，这样，即使掺杂了一点点感性地被决定的欲望机能的动力，而这一点点掺杂却也足以损害了理性的强力以及其优越性；这就恰如在数学的证明中，较少的经验条件也必减损或毁坏了数学证明的力量与价值。理性以其实践法则直接地决定意志，它不是凭借一种插入的苦乐之情而决定意志，甚至也不是通过法则本身中的快乐而决定其意志，而“理性成为立法的”可能也只因为“它作为纯粹理性技能是实践的”。

“成为有幸福”必然地是每一有限理性存有的愿望，因而也不可避免地成为理性存有的欲望机能之决定原则。因为我们并不是“原即有或生而即有‘满足于我们的全部存在’的满足”，此“生而即有‘满足于我们的全部存在’的满足”乃是一种天福，此天福必应蕴涵着“我们自己的独立自足”的意识。“满足于我们的全部存在”是一个问题，即“通过我们自己的有限本性而被安置于我们身上”的一个问题，因为我们有需求，而这些需求又是和我们的欲望机能的材料（对象）有关的，也就是说，是和某种“关联于一种主观的苦乐之情”的东西有关的，欲望机能决定我们所需要的，决定可满足于我们的情况。但是恰恰因为这个材质的决定原则只能经验地为主体所知，所以视这个问题为一法则，则是不可能的，一个法则，由于它是客观的，则必须在一切情形中以及对一切理性存有都含有这同一的“意志的决定原则”。因为，虽然幸福的观念在每一情形中是“对象对于欲望机能的实践关系”的基础，可是它也只是“主观的决定原则”的通名，它不能特殊地决定什么；可是这“特殊地决定什么”的特殊性的决定，却是那唯一我们在此实践问题中所要关心的东西，如果没有这样的特殊性的决定，这个实践问题毕竟不能被解决。因为裁决一个人要把他的幸福放在什么地方，本是每个人的特殊的苦乐之情，而且甚至即在同一主体中，“一个人要把他的幸福放在什么地方”。这也将随着他的需求的差异而有更变，这样，一个主观地必然的法则，客观地说，只是一个十分偶然的实践原则，这种实践原则在不同的主体中能够而且必须是十分不同的，因此，它也决不能供给一（实践的）法则；因为在“希望幸福”的欲望中，那有决定作用者并不是形式，只有材料才是有决定作用的，也就是说，只是“我是否要遵循法则以去期望快乐，并期望有多少快乐”这才是有决定作用的。各种自私的原则皆可以含有普遍的“技艺规则”；比如一个人他若想吃面包，必须设法制造一个磨粉机；但是基于这些知解原则上的实践规则决不能是普遍的，因为欲望机能的决定原而则是基于苦乐之情的，而这种苦乐之情决不能被认定为可以普遍地导向于一些同样的对象上去的。

但是，即使设想一切有限的理性存有，在关于“什么是他们的苦乐之情的对象”方面，以及在关于“他们所必须达到这一个对象而去避免另一个对象的工具”方面，也都完全契合，即使是如此，他们仍无法以自私原则作为实践的法则，因为这种无异议本身必只是偶然的。这决定的原则仍然只是主观而有效的，且只是经验的，也必无那种“在每一法则中而被思议”的必然性，即是说，必无“从先验根据而生起”的一种客观的必然性，除非我们主张这种必然性总不会是实践的必然性，而只是物理的必然性，也就是说，主张我们的行动为不可免地通过我们的爱好而被决定就像当我们看到别人打哈欠时而也打哈欠，而这打哈欠不可免地被决定那样。去主张毕竟没有实践法则可言，但只有“服务于我们的欲望”的劝告这个自此“去把纯然地主观的原则提升为实践法则”为较好。即使是“互相对应的现象”各种规律，也只当我们或者实是先验地知之，或者设想它们必能依一客观之根据而先验地被知，在我们的见识更加深入时，它们才可叫做自然的法则（如机械的法则）。但是，在纯然而主观的实践原则的情形中，那显然的格言，决不会被表象为实践的法则。

此第二注说初看似乎只是辞句上的精致，但是它定义了那些“有最重要的区别”的词语，这种重要的区别则是在实践的研究中需要引起考虑的。

一个理性的存有不能视他的诸格言为实践的普遍法则，除非他认为它们是这样的一些原则，即这些原则决定意志不是凭借其材料而决定，只通过其形式而决定的。

四十九、实践的对象

实践原则之材料，是意志的对象。此对象，它或是意志的决定根据，或不是意志的决定根据。在前一情形中，意志的规律乃是隶属于经验的条件；也就是说，它不能是实践的法则。现在，当我们从法则中抽掉一切材料，即抽掉意志的每一对象，则除一“普遍立法”的纯然形式外，就没有什么东西被遗留下来。根据这些，或者一理性的存有不能把他的主观的实践原则，即他的格言，思议为同时即是普遍的法则，或者他必须设想：只是他的这些格言的纯然形式，才是那“使这些格言成为实践的法则”的。

最普通的理解也能没有教导就可区别什么样的格言适合于普遍的立法，什么样的格言不适合于普遍的立法。举例来说，设想我已把以下所说作为我的格言，即“要以任何安全的手段来增加我的财产”。现在，我有一笔存款在我手中，此存款的原主已死，而且关于此笔存款，原主也无笔迹遗留下来。这情形恰是我的格言的合用处。那么，我想去知道那个格言是否也能当作普遍的实践法则而有效。因此，我把这格言应用于现有的情形上，设问：它是否能有一法则的形式，因而也就是说，我是否能同时通过我的格言立出这样一个法则？比如，每个人都可以否决一笔“没有人能证明”的存款。我立即觉察到：这样一个原则，若视之为一法则，它必消灭它自己，因为这结果必然是这样的，即最后终无存款可言。一个“我即如其为一实践法则而承认之”的实践法则必须有资格合于“普遍的立法”；此乃一个分析的命题，因而也就是说，是一个自明的命题。现在，如果我说我的意志隶属于一个实践法则，那我便不能引用我的爱好以为一“适合于成为一普遍的实践法则”的决定原则；因为这是如此之不适合于普遍的立法（还不适合于成为一普遍法则）以至于如果把它置于一普遍法则的形式，它必毁灭自身。

因此，有智思的人们就会有这样的思想，即在“欲望是普遍的”这个根据上把“幸福的欲望”称为一普遍的实践法则，并因而也称之为格言，凭借此格言，“每一个人皆使这欲望来决定他其意志”这思想，是很令人惊异的。因为虽然在别的情形中，一个普遍的自然法则使每一东西都是和谐的，可是在这里，则正相反，如果我们把一法则的普遍性归给这格言，那随之而来的必是和谐的极端反面——最大的相反（极端的冲突），而且是格言自身以及它的目的的完全的破坏（消灭）。因为在那种情形中，个人的意志并无同一的对象，而是每个人都有他自己的对象（他的私人幸福），这自己的对象（私人幸福）也可偶然地与那些“同样是自私的”其他人的目的达到一致，但这达到一致对于法则却是很不足够的，因为“一个人所被允许去做之”的那些偶然的例外是无止境的，而且它们也不能确定地被综摄于普遍的规律中。一种如下所说的和谐自可结成，即这和谐就像那“某讽刺诗所描写的‘决心想归于毁灭（自杀）’的两夫妇间”的和谐一样：“噢！奇异的和谐！他所愿的，她亦愿之。”或像所说的法兰西斯一世对于查理士五世所立的誓言一样：“我兄弟查理士所愿的，我亦愿之。”经验的决定原则固不适于任何普遍的外部的立法，但也很少能适于内部的立法；因为每一个人都使他自己的主体成为其爱好的基础，而在同一主体中，时而这一爱好有优势，时而那一爱好有优势。要想去发现这样一个法则：“此法则必可在这条件下，即把一切爱好置于和谐中的条件下，来统驭一切爱好。”这样一个法则，这是完全不可能的。

假设单只格言的纯然的立法形式，是意志的充足决定原则，试找出那“单凭借此纯然的立法形式而可被决定”的意志之本性。

因为法则的纯然形式只能通过理性而被思议，因而它并不是感取的一个对象，故结果也就是说，它并不属于现象的一类，因此随之而来的便是：那“决定意志”的纯然形式的观念是与那“依照因果性的法则决定自然中的事件”的一切原则不同的，因为在自然事件的情形中，这些决定原则必须满足其自身就是现象。现在，如果除那普遍的立法形式外，没有其他的决定原则能为意志充当一法则，这样的一种意志必须被思义为完全独立不依于“现象相互关系间的自然法则即因果性法则”的；这样的一种独立性被称为最严格意义的自由，即超越意义的自由；因此，一个这样的意志，即“它除在格言的纯然的立法形式中有其法则外，不能在任何其他东西中有其法则”，这样的一个意志，即是一自由的意志。

因为实践法则的材料，即格言的对象，决不能在经验地被给予外，以别法被给予，而自由的意志又是独立而不依于经验的条件，但又是可决定的，因此自由的意志必须于法则中，但却又独立不依于这法则的材料，而于法则中，来找到其“决定的原则”。但是，在法则的材料以外，除立法的形式再没有什么东西含于法则中。那么，那“独能构成自由意志的一个决定原则”也就是那“含于格言中”的立法形式。

这样，“自由”与“无条件的实践法则”是互相蕴涵的。在这里，我不打算讨论它们两者事实上是不同或是否为一个无条件的法则，或是一纯粹实践理性的意识，而此纯粹实践理性的意识又是与积极的自由的概念是一致的；我只研究：我们的关于“无条件地实践的东西”的知识从何处开始，它是否是从自由开始，或是从实践法则开始。

现在，它不能从自由开始，因为关于自由我们不能直接地意识到它，关于自由的首次概念乃是消极；我们也不能从经验来推断它，因为经验只给我们以现象法则的知识，因而也就只给我们以“自然的机械性，自由的直接反面”知识。因此，就是这道德法则，即我们能直接意识到它的这道德法则，它首先把“它自己”呈现给我们，而且它直接地导至自由的概念，因为理性呈现道德法则为决定原则，这个原则又是“不为任何感触条件所胜过”的决定原则，是“完全独立不依于感触条件”的决定原则。

但是那道德法则的意识又如何是可能的？我们能意识到纯粹的实践法则恰如我们能意识到纯粹的理论原则，我们的这种意识是通过“理性所规定的纯粹实践法则”的那必然性，以及注意于（从纯粹实践法则身上）消除理性所指导的一切经验条件而意识到的。“纯粹意志”的概念是从纯粹的实践法则而产生，而这正如“纯粹知性”的概念是从纯粹的理论原则而产生。“此义即是我们的概念的真正的归属”这一点，以及“正是这道德首先把自由的概念显露给我们”这一点，因而也就是说“正是这实践理性首先以此自由的概念把那最不可解决的问题提供给思辨的理性，因此把思辨理性置于最大的纠结困窘之中”这一点，以上三点从以下的考虑是显明的，即因为在现象中没有东西能为自由概念所解释，虽是自然的机械性却至少在现象的说明中是有用的，因此没有人会如此鲁莽以至于去把自由引导于科学当中，假使道德法则以及同着道德法则的实践理性不曾参加进来，并不曾把这自由的概念强加给我们时，根据这种考虑，以上所说三点是显明的。

但是经验稳固了我们的概念的这种次序。设想某人肯断他的色欲说：当这可欲的对象以及机会出现在面前时，他的色欲则完全不可抗拒。试问他：如果一个绞架竖在他得有这机会的住所之前，这样，在他的色欲满足之后，他必须直接被吊在这绞架之上，此时他能否控制他的情欲；我们不须迟疑他要答复什么。但是，试问：如果他的统治者以同样直接施绞刑的痛苦来命令他去作假见证以反对一个正直可敬的人，而这正直可敬的人恰是这君主在有理的口实之下想去毁灭的人，此时试问他在那种情形中是否他认为克服他的生命的爱恋是可能的，而不管这生命是如何的重要。他或许不愿冒险去肯定是否他必如此或不如此做，但是他必须毫无迟疑地承认去如此做乃是可能的。因此，他断定：他能做某种事，因为他意识到他应当作某种事，而且他承认：他是自由的——这一事实，倘无道德法则，他必不知道。

五十、实践的命题

你应当这样行动，即你的意志的格言总能同时当作一普遍立法的原则（当作一个“建立普遍法则”的原则）而有效。

纯粹几何学有这样一些命题，即此等命题是一些实践的命题，但是它们所含有的也只不过是这预设，即我们能做某事，如果需要我们必须做此某事时，而这些命题即是那些“有关于现实存在”的唯一的纯粹几何学的命题，意志是绝对而直接且客观地被决定了的；因为“以其自身即是实践的”那纯粹理性，在这里，乃是直接地立法。意志是被思为独立而不依于经验的条件的，因此，也就是被思为是“为这法则的纯然形式所决定”的纯粹意志，而这个决定的原则是被认为一切格言的最高条件。这事也够奇怪的，而且在一切我们的其余实践知识中无有可与之平行者。因为可能的普遍立法的先验思想是无条件地被命令着作为一法则，前去作为一个“没有从经验或从任何外在意志而假借得任何事”的法则。但是，这样的法则并不是一种箴言，根据它以做某事，即“通过此某事，某种可欲的结果能被得到”，这样的某事，却是一种规律，即“只就意志的格言的形式而先验地决定意志”这样的规律；因此，“去思议这样一个法则，即‘它只被应用于原则的主观形式，但它却又通过法则一般的客观形式而充作决定的原则’这样一个法则”，这至少并非是不可能的。

我们可以把这基本法则的意识叫做是理性的事实，因为我们不能从先行的理性的故实，比如自由的意识，把它推演出来，但它把自己当作一先验的综合命题而强加于我们，这种先验综合命题并不基于任何直觉上，不管是纯粹的直觉，还是经验的直觉。如果意志自由真的已被预设，它必是分析的命题，但是要去预设自由为一积极的概念，则需要智的直觉，而此智的直觉在这里却是不能被认定的；但是，当我们视这法则为所与，要想不陷于任何误解，就必须知道这法则本不是经验的事实，而只是纯粹理性的独有事实，这纯粹理性通过这法则宣称它自己为“根源上是立法的”。

纯粹理性单以其自身即是实践的，而且它给人以普遍的法则，此等普遍的法则被称为道德法则。

刚才所提到的事实乃是不可否认的。要想到：“不管爱好如何相反，理性，只要它不腐败，而且自制，它总是在任何行动中使意志的格言与纯粹意志相对质，也就是说，与它自己相对质，把它自己视为先验地实践的”，要想看出这层意思，那只须去分析这判断，即对“人们对于他们行动的合法性所作的”判断即可。现在，这个道德原则，因为立法的普遍性的原因，它被理性宣布为对一切理性存有而为一法则，只要当这些理性的存有都有一意志，也就是说，都有一“通过规律的概念去决定他们的因果性”的力量，因而也就是说，只要当他们能够依照原则而行，其结果也就是说，依照实践的先验原则而行。因此，它不只限于人，应用于一切“有理性与意志”的有限存有；它甚至包括作为最高睿智体的无限存有。但是，于前一情形中，这法则有一律令的形式，因为在他们身上，由于他们是理性的存有，我们能设想一纯粹的意志，但是由于他们是“被欲求及物理的（感性的）动机所影响”的被造物之故，我们就不能在他们身上设想一神圣的意志，这就是说，不能设想一个“不可能有与道德法则相冲突的任何格言”的意志。因此，于他们的情形中，道德法则是一律令，此律令定然地命令着，因为这法则是不被制约的；这样一个意志对于这法则的关系是“责成”名下的一种依待关系，此“责成”一词蕴涵着一种对于行动的强制，虽然这强制只是凭借理性以及理性的客观法则；而这种行动则被称为“义务”，因为一个有选择权而同时也常受制于感性影响的意志，它蕴涵着一种“从主观原因而生起”的愿望，因此，它可时常相反于纯粹客观的决定原则；因此，它需要实践理性的一种抵抗上的道德的强制，此种道德的强制可以叫作一种内在的但却是理智的强迫。

在最高的睿智体这方面，有选择权的意志是正当地被思议为“不可能有任何‘不能同时客观地是一法则’的格言”的意志，而也正因此原因，神圣的概念可属于这意志；神圣的概念并不把意志置于一切实践法则之上，而只置于一切实践地有限制性的法则之上，因而其结果也就是说，置于责成与义务之上。但是，意志的这种神圣性是实践的理念，它必须必然地用来充作一种模型，对于这个模型，有限的理性存有只能无限定地接近，而道德法则都经常地并正当地把这模型执持于有限的理性存有的眼前。有限的实践理性所能作成的，至多不过是使一个人的格言，无限定的进程成为确实的，并去使有限的理性存有，稳固的倾向于前进成为确实的。此即德性，而德性，至少当作一自然地被获得的能力看，它从不是圆满的，因为在这样一种情形中，“保证”从未能成为必然的确定，而当保证只等于劝导时，是十分危险的。

五十一、意志的自律

意志的自律是一切道德法则的唯一原则，也是“符合于道德法则”的一切义务的唯一原则；另一方面，有选择权意志的他律不只不能是任何责成的基础，反而相反于责成的原则，并相反于意志的道德性。

事实上，道德的唯一原则不依于“法则的一切材料”，并且也就存于那“依傍着纯然普遍的立法形式”的有选择权的意志的决定，而那纯然的普遍立法形式也是意志的格言所必须能够有的。现在，这种独立不依赖性就是指消极意义的自由，而这纯粹的，因而也是实践的理性的这种自我立法就是指积极意义的自由。这样,道德法则所表示的没有别的,不过就是纯粹实践理性的自律，也就是说，不过就是自由；而这自律或自由本身就是一切格言的形式条件，而只有依据这形式条件，这一切格言才能与最高的实践法则契合。因此,如果决意的材料进入实践法则中,并以此作为法则的可能性的条件，结果便是有选择权的意志的他律，也就是说，便是这依待，即“依待于‘我们定须遵从某种冲动或爱好’这物理法则”的依待。在这种情形中，意志不能给自己以法则，只能给它以箴言，即“如何合理地去遵循感性法则”箴言；而格言即“在这样情形中从不能包含有普遍立法的形式”的那格言，它不只不能产生责成，而且其自身即相反于一纯粹实践理性的原则，也就是说，也相反于道德的意向，纵使由此而作成的行动可符合于法则。

因此，一个包含有物质条件的实践箴言必不可算作实践法则。因为自由的纯粹意志法则是把意志带入一“完全不同于经验领域”的领域；

而由于包含于这法则中的必然性不是物理之必然性，因此必然性只能存于“法则一般”可能性的形式条件中。一切实践规律的材料都基于诸主观条件，此等主观条件只给实践规律一个有条件的普遍性，而它们一切又转向私人幸福的原则。现在，每一决意必有一对象，因而也就必有一材料，这是不可否认的；但并不是说，此材料或对象是格言的决定原则，并且是格言的条件；因为如果是这样，则此格言不能被显示于“一普遍地立法的形式”中，因为在那种情形中，对象的存在期望必应是选择的决定因，而决意也必须预设欲望机能依待于某物的存在；但是这种“依待”只能在经验条件中看到，因而它决不能为一必然而普遍的规律提供基础。这样说来，他人的幸福或一理性存有的意志的对象。但如果它真是格言的决定原则，我们必须认定：我们不只在他人的福利中看到一合理的（自然的）满足，而且也看到一种欲求，就如同情的意向在某人身上所引起的欲求。但是，我不能在每一理性的存有中认定这种欲求的存在。那么，格言的材料自可保留，但它决不能是格言的条件，不然的话，这格言必不能适合于法则。因此，限制材料法则的纯然形式也必须是“把这材料加到意志上”的一个理由，但却不是“预设这材料”的理由。举例来说，假若这材料是我自己的幸福。这幸福，如果我把它归给每一个人，它就能成为一个客观的实践法则，是只当我把“他人的幸福”也包括在内时，它才能如此。因此，“我们必须促进他人的幸福”这个法则并不是从以下的假设而发生出，即：“这法则是每一个人的选择意志的对象”，而只是从这事实而发生出的，即这普遍性的形式，即理性所需要的那普遍性的形式，是那“决定意志”的原则。因此，那决定纯粹意志的并不是这对象（他人的幸福），只是这法则的形式，通过这法则的形式，我限制了我的“基于爱好上”的格言，我这样限制，以便去给它一法则的普遍性，这样，便可以去使它适合于纯粹的实践理性；而只有这种限制，才能引发这责成的概念去把“我的自私”的格言扩张到他人的幸福上。

道德原则的直接反面便是当私人幸福的原则被作成意志的决定原则之时，如上文所示，凡是“把那‘要充作一法则’的决定原则置于别处，不置于格言的立法形式中”都要归于道德原则的直接反面。但是，这种矛盾却并非只是逻辑的。就像那“必会发生于经验地被制约的规律间”的那种矛盾一样，而且也是实践的，假定理性的声音在关涉于意志中不是如此之清晰，如此之不可御，如此之明显可见，甚至对于最普通的庸众也是如此，那么矛盾必将致使道德的完全崩溃。实在说来，这种矛盾只能被维持于诸学者其令人困惑的思辨中，此等学者为的要想去支持一种不费力的学说，他们很够勇敢，勇敢于闭其双耳以抗天声。

设想：一个熟习的人，此人若不是如以下所说，你必喜欢他，他想在你面前为自己曾作假见证而证明他自己为有理，而其证明首先是通过陈说他所认为的神圣的义务，即“顾念其自己的幸福”这神圣的义务，而证明其自己为有理，然后再通过列举“他由作假见证而已得到之”的那些利益，指出他在逃避检查，甚至在逃避由你自己所作的检查，以其所表示的精明，而证明他自己为有理，再设想，他继以上的证明，进而以十分严肃的态度去肯定说：他已尽了真正的人类义务。对于这样一个熟习的人，你或者当其面而讥笑于他，或者以厌恶而鄙弃于他；但是，如果一个人只为他自己的利益而规划他的行动的原则，你必无有什么足以去反对这样的行动者。再假设某人推荐一个人给你做管事员，为一个“你可以盲目地把你的一切事务都信托给他”的人；并且为的要想鼓舞你信任，此推荐人颂扬他为这样一个精明的人，即“他完全了解他自己的利益，而且他是如此之不屈不挠地活动以至于他不让任何可以促进利益的机会错过”，这样一个精明的人；最后，此推荐人唯恐你惧怕在他身上发现粗鄙的自私，他称赞“他所由以生活”的那高尚趣味；他不在赚钱中或在低级的荒唐中寻求快乐，只在扩大他的知识中，在与上流社会团体作有益的交往中，甚至在救济穷人中，寻求快乐；可是同时他又补充说：关于手段方面，他不是严格讲究的，并且他预备为目的去使用他人的钱，好像这钱真是他自己的一样，只有他知道他能安全地如此做而且没有泄露地如此做。对于这样一个推荐人，你或者认为他是在嘲弄你，或者认为他已丧失其感觉。

五十二、道德与自私

道德与自私间的界限是如此显明地而又清楚地被标明，以至于即使是最普通的眼光也能区别一物是否属于此一面或属于另一面。下面随来的几段注说在真理如此坦然明白处原本可显得多余，但至少它们可以用来把稍微多一点的显著性给予于常识的判断。

幸福原则可以提供格言，但决不能提供这样的格言，就如“有资格成为意志法则”这样的格言，纵使普遍性的幸福真被作成对象。由于关于这幸福的知识基于纯然的经验之上，因此这幸福也只能供给一般性的规律，而不能供给普遍性的规律；这就是说，它能给出那些“依据平均率将时常最合宜”的规律，但不能给出那些“必须总是而且必然地有效”的规律；因此，没有实践法则能够基于此幸福原则上。正因为在这种情形中，选择的对象是规律的基础，也就是说，对象必须先于规律，因此这规律所涉及的除那些被感觉到的以外，它不能涉及任何事，也就是说，它涉及经验，而且也基于经验，因此，判断的变化必须是无止的。因此，这种原则不能把同样的实践规律规定给一切理性的存有，虽然此等规律尽都包括在一公共名称之下，即幸福名称之下。但是，道德法则被思议为客观地必然的，只因为它对每一有理性与意志的存有都有效。

自私的格言只是劝告者；道德的法则却是命令者。现在，在格言与道德之间有一很大的差异。

最普通的智思也能很容易而无迟疑地看出：依据意志自律的原则，什么需要被作成；但是依据意志他律的假设，要想去看出什么须被作成，这却是很难的，而且需要有世界的知识。这就是说，义务是什么，这对于每一个人自身而言乃是坦然明白的；但是什么东西要去带出真正持久的利益，比如“将要扩展到一个人的生存的全部”的那种利益，却总是被蒙蔽于不可渗透的隐晦中；而且很多的精神是需要的，以便使基于利益上的实践规律适合于生命的各方面，甚至通过适当的例外而容忍地去使之适合于生命之各个方面。但是道德法则命令着每一个人须有最严格的遵守；因此，去判断“道德法则要求什么须被做成”，这必不是如此的困难，以至于最普通而无训练的理解，甚至没有世俗的精明，便一定不能正当地去应用这等道德法则。

去满足定然的道德命令，总是在每一个人的力量之中的；但是要去满足经验地制约“幸福之箴言”，甚至只就一简单的目的说，那种可能性是很小的，而且也无法对于每个人都可能。其理由是如此，即在前一情形中，只有格言的问题，即此格言必须是真正而纯粹的；但在后一情形中，却也有“一个人去实现一所欲的对象的能力以及物质的力量”的问题。一个这样的命令，即“每一个人必须试想去使他自己已成为有幸福的”这样的一个命令必是一个无谓的命令，因为一个人从不能命令任何人去做他自己所早已不可轻易地愿意去做的事情。我们必须命令或不如说只提供手段或工具给他，因为他不能做“他所愿望”的每一事。但是，“在义务之名下去命令道德”，是完全合理的；因为，首先，并不是每一个人都甘心情愿去服从道德的箴言，如果这些箴言违背他的爱好时；而就“服从这法则”的手段来说，在这情形中，这些手段并不需要被教导，因为在这方面，不管是什么，凡他所愿意去做的，他也能够做。

一个“在博戏中赌输了”的人可以气愤他自己以及他的愚蠢，但是如果他意识到在博戏中曾经欺骗，他必轻视自己，只要当他把自己与道德法则相比较时，因此，这种自己轻视是某种“不同于私人幸福原则”的事。因为一个人当他被迫着对他自己说：“我是一个无价值的人，虽然我已填满我的荷包”时，他必有一不同的标准，而当他赞许他自己说：“我是一个精明的人，因为我已使我的库藏富有”，他也必有另一不同的标准。

最后，在我们的实践理性的理念中更有一种事，此事伴随着道德法则之违犯，此即违犯道德法则的该受责罚。现在，责罚的概念，它并不能与“成为一幸福之分得者”的概念联合于一起，因为虽然那施责罚的人他可以同时有仁慈的意向，即“把这惩罚引至此目的”，而这种仁慈的意向，可是惩罚必须首先就以其自身当作惩罚，即当作纯然的损害，而被证成为有理，这样，固然惩罚已施过而停止了，而那受惩罚的人却又不能瞥见陷藏在这严责后面的仁慈，他仍必须承认公正已临于他，并且必须承认他之受到此惩罚乃是完全适合于其行为的。在每一惩罚中，必须首先存有正义，而此即足构成惩罚概念的本质。仁慈实可与惩罚相联合，但是那受罚的人并没有丝毫理由去依恃这一点。那么，惩罚是一种身体的恶，而这身体的恶虽然不能当作一自然的后果而与道德的恶相联系，可是它应当通过道德立法的原则，当作一种后果，而与道德的恶相联系。现在，如果每一罪恶，其自身就是可惩罚的，也就是说，它必包含着幸福的丧失，则说“罪恶恰即在此事实，即他已引起惩罚于其自身了，而因此惩罚他已损害了他的私人的幸福，这一事实”显然是悖理的。依此想法，惩罚必即是“叫任何事为一罪恶”的理由，而正义却恰相反，即存于“取消一切惩罚”，甚至即存于“阻止那自然随之而来的惩罚”；因为，如果这想法真已被做成，则行动中必不再有任何罪恶可言，因这样的损害，即“非然者，损害必随惩罚而来，而且也单因此损害的缘故，这行动才叫作罪恶”，这样的损害，现在自会被阻止。但是，视一切酬报与惩罚都只是较高权力手中的机器，而这机器只能用来去使理性的被造物追求他们的最后目标（幸福），这显然是把意志化归到一种“毁坏自由”的机械性，此义是如此之显明，它不需要我们多费解说。

五十三、道德法则

较为精致的，虽然同样仍是假的，便可作为那些“设想一种特殊的道德感取”的人的学说。这些人设想此种感取决定道德法则，而不是理性决定道德法则。由于此种感取之故，德行的意识就被设想为直接地与自足与快乐相联系，而不德（恶行）的意识，则被设想为和心理的不满足以及痛苦相联系。他们设想这样一种特殊的道德感取，因此，他们就把一切都化归于私人幸福之欲望。由于用不着重复我上面所说的，在这里，我将只解说他们所陷入的谬误。要去想象行恶的人是以其犯罪的意识为苦恼心理的不满足者，他们必须首先表现此行恶的人在其性格的主要基础上（核心上），至少在某种程度上，有一种首先的善；这恰如一个“以正当行为的意识而愉悦”的人他必须被思议为早已是有品德的人。因此，道德与义务理念必须先与任何关涉于这种满足者，而不能从这种满足而被引生出。一个人要想在他的符合于道德法则的意识中感到满足，并且感到那“伴着道德法则的违犯的意识”的痛苦的悔恨自责，他必须首先尝试我们所叫作义务者的重要，尝试道德法则的威权，尝试“依从道德法则”所给予于一个人在其自己眼中的直接尊严，因此，去感到这种满足或不满足为先于义务的知识者，或去使这种满足或不满足成为义务知识的基础，乃是不可能的。一个人甚至要想能够去形成这些情感的概念，他也必须至少是一半的或不完全的正直的。我并不否认这一点，即由于人的意志凭借自由能够直接地为道德法则所决定，所以依照这决定原则而来的时常实践最后终能主观地产生一种满足之情；可是，那正是义务才能去建立并去培养这种情感，而单是这种情感被恰当地被称作道德情感。但是，义务的概念不能从这情感而引生出来，不然，我们一定要为这法则本身去预设一种情感，而这样，则必把那“只能通过理性而被思”的东西弄成感觉的一个对象；而就这一点，如果它不是成为一个单调的矛盾，则必然毁坏一切义务的概念，而以低级爱好相斗争的精致爱好之机械游戏代替义务概念的地位。

现在，如果把我们的纯粹实践理性的形式的最高原则与一切以前的物质的道德原则相比较，便能把它们陈列于一个圆表中，在此圆表中，一切可能的情形都已穷尽，只除形式的原则这一个；这样，我们能一目了然地表示出：要想在现在所提出的这一个形式的原则以外去寻求任何其他原则，必是徒劳的。事实上，意志的决定一切可能的原则或者只是主观的，或者只是经验的，或者也是客观的与理性的；这两种物质原则任一种或是外在的或是内在的。

取以为道德的基础的实践的物质原则如下：

- 主观的
  - 外在的
    - 教育 ///（孟太够）
    - 城市法 ///（曼德威利）
  - 内在的
    - 感性的情感 ///（伊壁鸠鲁）
    - 道德的情感 ///（胡契孙）
- 客观的
  - 内在的——圆满（吴尔佛与斯多噶）
  - 外在的——上帝底意志（克鲁秀斯以及其他神学的道德学家）

图例在主观项下的那些原则一切都是经验的，而且它们显然不能供给道德的普遍原则；但是那些列在客观项下的原则都基于理性，因为当作事物的性质看的圆满，以及被思议为实体的最高圆满，即上帝，只能通过其理性的概念被思。但是，前者，即圆满的概念，可依一理论的意义而取用，或者它所意谓的没有别的，不过就是每一物在其自己种类中的完整性，或者它所意谓的是“一物只当作一物而观之”的完整性，在这里，我们不讨论这些。但是实践意义的圆满概念则是一物在一切种类的目的上的适宜性或足够性。这种圆满，当作人一个性质看，也就是说当作“内在的圆满”看，不过就是才能，以及那加强或完成此才能的技巧而已。被思议为实体的那最高圆满，即上帝，也就是说那“外在的圆满，它就是这个实有对于一切目的的充足性，那么，目的必须首先被给予，只关联于这种首先被给予的目的，圆满的概念才能成为其意志的决定原则。但是，一个目的——作为一个对象的目的，取之以为意志的决定原则目的——这样一个目的总是经验的，因而它可以用来为伊壁鸠鲁式的幸福说原则服务，但是决不能用来为道德与义务的纯粹而理性的原则服务。

因此，随之而来的，第一点，便是：这里所陈述的一切原则都是物质的；第二点，则是：它们包含一切可能的物质原则；最后，结论是：因为物质原则完全不能供给最高的道德法则，所以纯粹理性形式的实践原则，是这唯一可能的一个原则，它适合于去提供定然的律令，即是说，适合于去供给实践的法则；而且一般地说，它适合于去充作道德的原则，在此评判行为方面，以及在其应用于人的意志而决定的这方面都可充作道德的原则。

这一切“分析论”要证明“纯粹理性能力是实践的，也就是说，纯粹理性以其自身独立不依于任何经验的东西，即能决定意志”；这一切都通过一种事实来证明这一点，纯粹理性证明其自身是实践的，此事实即是所已展示于道德的基本原则中的自律性，借此自律性，理性决定意志，决定行动。

同时，这一节还展示：此事实是不可分离地与意志自由的意识相联系；它是与意志自由的意识为同一；而通过此自由的意识，一理性存有的意志，虽然由于属于感取的世界，但它承认它自己为必然地服从因果性的法则，就像一切其他动力因一样，可是，在另一方面，作为一“存有之在其自己”，它也意识到它存在于一智思的“事物的秩序”中，而且为一智思的“事物的秩序”所决定；所谓“意识到”并不是通过其自身的一种特别的直觉而意识到，而只是通过某种一定的力学法则而意识到，某种一定的力学法则决定它的感触世界中的因果性；因为如果自由可以归属于我们，则它即把我们转运于一智思的“事物之秩序”中，这在别处已被证明。

现在，如果我们把纯粹思辨理性的批判中的分析部分与这一部分分析相比较，我们将见到一个值得注意的对反。在那一部分分析中，那“使先验知识为可能”的那第一预料，并不是基本原则，而是纯粹的、感触的直觉。各种综合原则不能没有直觉，只从纯然的概念中而被引生出；正相反，它们只能在涉及感触直觉中存在着，也就是说，只能在涉及可能经验的对象中存在着，因为那只是知性的概念，而与这种直觉相联合的，才使“我们所称之为经验”的那种知识为可能。超出经验的对象以外，也就是说，就事物对于智思物来说，一切积极的知识在思辨理性上是正当地被否决了的。但是，实践理性可以走得如此之远，就像去确定地建立智思物的概念那样远；这就是说，它可以去确定地建立“思考这些智思物”的可能性，实是去建立“思考这些智思物”的必然性。举例来说，它对抗一切反对，它表示：自由的设定，所消极思量的是与纯粹知解理性的那些原则与限制完全相一致的。但是，它却并不能关涉智思物这样的各种对象而给我们以任何确定的扩大，即扩大我们的知识，正相反，它割截了关于这样的各种对象的一切观想。

另一方面，道德法则，虽然它不能给出“观想”，但可给予我们这样一种事实，即“绝对不是可以由感触世界的任何与料，以及由我们的理性知解的使用的全部领域，来解释的”这样一种事实，这一事实指点到一个纯粹的知性世界，它甚至积极地规定了一个纯粹的知性世界，并且它能使我们去知道这纯粹知性世界（智思世界）的某种法则。

这法则（当理性的存有被论及时），它把知性世界（智思世界）的形式，即一超感触的自然系统的形式，给予于感取世界，而也并没有干扰其机械性。现在，一个自然的系统，从最一般的意义来说，即是法则下的事物的存在。“理性存有一般”的感触的自然，就是存有的存在是处于经验的法则之下的存在。而此种存在，从理性的观点看来，就是他律。另一方面，理性存有的超感触的自然就是存有的存在是依照那“独立不依于任何经验制约，因而也就是属于纯粹理性的自律”的法则而有的存在。而因为这些法则是实践的，因此超感触的自然，当我们能对它形成任何概念时，它不过就是处于纯粹实践理性自然系统。现在，这种自律的法则就是道德法则，因此，这种道德法则就是“超感触的自然”的基本法则，并且是一纯粹知性世界的基本法则，其所有的对方必须存在于感取世界，但却并没有干扰此感取世界的法则。我们可以称前者为基型世界，而知此基型世界只在理性中知之，后者则可称为副本世界，因为它含有前者的理念的“可能的结果”，前者的理念即是意志的决定原则。事实上，道德法则是理想地把我们转运于一系统中，在此系统中，纯粹理性，如果它真伴之以适当的物质力量，则必产生至善，并决定我们的意志去把一个理性存有系统形式赋予感触世界。

稍留意于自己，即可证明：此理念实可充当我们意志的决定模型。

当这格言，即“我想遵循它以给出证据（即作证）”的那格言，为实践理性所检验时，我总是考虑：如果它真是当作一普遍的自然法则而有效，则它必须是怎样的呢？显然，在此展望中，它必应迫使每一人要说真话。因为一个陈述（证言）须有证据力而却又故意地使之不真（说假话），这并不能当作普遍的自然法则而有效。同样，“我采用的以想自由地去处置我的生命”的那格言也可立刻被决定，即当我问我自己：“要想一个（自然之）系统能维持住自己，这格言须是怎样的呢，”当我如此问时，那格言也可立刻被决定。显然，在这样一个（自然之）系统中，没有人能随意地结束自己的生命，因为这样一种安排决不能构成持久的事物秩序。一切其他类似的情形都是这样。

五十四、对象决定意志

现在，在自然中，自由意志，由于其现实上是经验的对象，因此它并不是以其自身就能被决定而前去遵循这样的格言，即“此格言以其自身即能是普遍法则的自然系统的基础，或即能适宜于一个这样构成的自然的系统”那样的格言；恰恰相反，不如是这样的，即此自由意志的各种格言常是一些私人的爱好，此等爱好可依照感性法则而构成自然全体，但却不能构成这样的一个自然系统部分，即那“必只应通过我们的意志依照纯粹的实践法则而活动才可能”，那样的自然系统部分。但是，通过理性，我们意识到一个法则，一切我们的格言都隶属于这个法则，就像是一个自然的秩序必须从我们的意志而发起。因此，这个法则必须是这样一个自然系统，即“不被给予经验，但却通过自由而可能”这样一个自然系统的理念；因此，这一个系统是这样的，即“它是超感触的，而且至少在实践的观点中，我们便可给予客观的实在性”这样一个系统，因我们视这样一个系统为我们的作为纯粹理性存有的意志对象。

因此，意志所隶属的“自然系统的法则”与隶属于意志的“自然系统的法则”间的区别是基于这一点，即在前者，对象必须是那“决定意志”的各种观念的原因；而在后者，则意志是对象的原因。因此，其因果性只在纯粹的“理性机能”中有其决定的原则，此纯粹的“理性机能”因而可被称为纯粹的实践理性。

所以，有两个十分不同的问题，即一方面，纯粹理性如何能先验地认知对象，另一方面，纯粹理性如何能是意志的一个直接的决定原则，也就是说，如何能就对象的实在性而即能是此理性存有的直接的决定原则。

第一个问题，属于纯粹思辨理性的批判者，需要首先说明，即说明：直觉，如无之，没有对象能被给予，因而也没有东西能综合地被知，这样的直觉如何是先验地可能的；而此问题的解答最后被弄清楚了，只是如此，即这些直觉一切都只是感触的，因而也不能使任何思辨知识，即越过可能经验所达到的思辨知识，为可能；一切纯粹思辨理性的原则都只有裨于使经验为可能——经验或是所与的对象的经验，或是那些可以在无限后退中被给予，但从不能完整地被给予的对象的经验。

而第二个问题，即属于实践理性的批判者，其不需要有一说明来说明欲望机能的对象如何是可能的，因为这个问题，由于是自然的知解知识的问题，是被留给思辨理性批判的，所以它不需要来说明这一问题，而只需要说明理性如何能决定意志的格言，以及是否这格言的发生是只通过以经验观念为决定的原则而发生，或是否纯粹理性能是实践的，而且能是自然秩序的法则。这样一个超感触自然系统的可能并不需要任何先验的直觉，此先验的直觉，在此情形中由于是超感触的，对我们（人类而言）是不可能的，因为这个问题只是关于“决意活动在其格言中的决定原则”的问题。也就是说，此决定原则是经验的，还是纯粹理性的概念，而又如何能是后者，“去决定意志的因果性是否对于对象的真实化为足够”，这是被留给理性的知解原则的，由于此种决定是一种关于决意活动的各种对象的可能性的研究。因此，关于这些对象的直觉对实践问题而言是没有重要性的。我们在此只关心意志的决定以及作为自由意志格言的决定原则，而并不关心其结果。因为假如意志只须符合于纯粹理性的法则，那就可让其执行中的力量是什么都无所谓，而依照着可能的自然系统的立法的格言，任何这样的系统是否真实地可以出现，这是无关这个批判的。此批判只探究纯粹理性是否以及根据什么能是实践的，也就是说，是否以及根据什么方法能直接地决定意志。

在这节的研究中，批判可以而且必须起始于纯粹实践法则以及其实在性。但是此批判不以直觉为这些实践法则的基础，而是以“这些实践法则的在智思世界中的存在”的概想，也就是说，以自由的概念，作为这些实践法则的基础。因为自由的概念没有其他的意义，而这些法则是只在关联于意志的自由中才是可能的；但是由于自由被设定，所以这些法则乃是必然的，或反之，自由之所以必然的是因为那些法则是必然的，源于这些法则是实践的标准。“这道德法则的意识，或与此为同一事的，即自由的意识，如何可能”，这不能进一步被说明；但“它是可允许的”，这已在知解的批判中建立好。

现在，实践理性之最高原则的解释已被完成；那就是说，首先，最高原则已被表示出它所含有的是什么，并已被表示出它是完全先验地，而且独立而不依于经验原则，以其自身而自存；其次，它已被表示出在什么东西中它与一切其他实践的原则区别开。至于它的客观而普遍的妥效性的推证，即证成，以及这样一种先驱综合命题的可能性的鉴别，我们不能期望很好地去做成，就像在纯粹知解理性原则的情形中那样很好地去完成。因为知解理性的原则涉及可能经验的对象，也就是说，涉及现象；而我们也能证明：这些现象能当作经验的对象而被知，是只通过其依照这些法则而被置于范畴之下，才能当作经验的对象而被知；因而，一切可能经验都必须符合于这些法则。但是，我不能依此来进行道德法则的推证。因为此推证并没有关于对象的特性的知识，对象的特性的知识可以从某种源泉而被给予于理性；此一推证只有关于这样一种知识，即“此知识其自身即能是对象的存在根据，而也通过此知识，理性在理性的存有中有其因果性”这样的一种知识，也就是说，此一推证只有关于纯粹理性，即“能被视为一直接地决定意志”的机能的那纯粹理性。

现在，正当我们已达到基本的力量或能力时，一切我们人类的洞见便告终结；因为这些能力的可能性不能以任何方法来理解，这也恰如其可能性不能随意地被发明或被认定。因此，在理性的知解使用中，单是经验才能使我们认定这些能力为合法。但是这种“引用经验的证明，以代替从先验的知识源泉而来的一个推证”的便利，在关于理性的纯粹实践的能力中，是被否决了的。因为不管什么东西，凡需要从经验中抽引出其实在性的证明，其即必须为其可能性的根据而依靠于经验的原则，但是，纯粹而又是实践的理性，即以其概念而观之，它不能被视为是依待于经验的原则的。其次，道德法则是当作一种“纯粹理性的事实”而被给予的，关于纯粹理性的事实，我们可以先验地意识到，而它又是必定地确定的，纵然承认在经验中无“其准确的充尽”的事例可被发现，它也是确定的。因此，道德法则的客观实在性不能以任何知解理性的努力，而通过任何推证得以证明，因此，纵然我们拒绝它的必是确定性，它也不能后天地通过经验而被证明，然而它却是以其自身而稳固地被建立起来。

但是，寻求道德原则的推证虽徒然而无益，然而某种别的事以前不曾被期望的现在却被发现出来，这就是：道德原则倒转过来却足以充作不可解的机能的推证原则，此不可解的机能尚无经验可证明，但是思辨理性却被迫着认定其可能性。此一不可测的机能，即自由的机能。道德法则不只证明自由的可能性，并且他证明自由是属于那样的存有，即，“存有确认此法则为拘束于它们自身”那样的诸存有。事实上，道德法则即是一自由行动者的因果性的法则，因而也就是超感触的自然系统的可能性的法则，恰如感取世界中的事件间的形而上的法则就是感触的自然系统的法则；因此，道德法则足以决定思辨哲学被迫着去听任其为不决定者，这就是说，它足以为一种因果性决定其法则，这种因果性是这样的，即其概念在思辨哲学中原只是消极的，即为这样一种因果性决定其法则，因此，道德法则给此种因果性的概念以客观实在性。

“此种对于道德法则的信任”，“道德法则自身被明示为自由的推证的原则”，这一点即足以代替一切先验的证成，因为知解理性为的是去满足自己的需要，它已被迫着至少可去认定自由的可能性。其所以能至此，是因为以下的事实，即道德法则把一积极的定义增加到一种前此只是消极地思之的因果性上，此以前消极地被思议的因果性的可能性对于思辨理性为不可理解，但思辨理性却又被迫着去设定其可能性。道德法则把理性的超绝的使用变成内在的使用，这样一转变，理性就在经验领域中，通过理念，其自身就是一个动力因。

五十五、事物的因果性

感取世界中存有的因果性的决定，不可能是无条件的，必须有某种东西是无条件的。但是，由于在经验中绝不可能去发现任何事例以符合于这个理念（因为在当作现象看的事物之原因间，绝不可能去遇见任何绝对无条件的因果性的决定。）所以我们就能维护我们的设定，在视这存有的一切活动是现象时为服从物理条件者，而当这活动的存有属于知性世界时，而又视其因果性为并非物理地被制约者，在这两个观点之间，并无矛盾可言，而在这样展示以维护之中，便又使自由的概念成为理性的轨约原则。依此原则，我实不能得知那种因果性所附属的对象是什么；但我却排除了此中的困难，因为一方面，在世界中的事件的说明中，我把“从有条件者上升到某条件之权利”留给物理必然性的机械主义，而另一方面，我又为思辨理性保有余地，此余地对思辨理性而言，是空洞的，是智思的。但是，我并不能证实这个设定；这块空地现在是由纯粹实践理性，拿着一智思世界中的一确定因果性的法则，思辨理性并不能因此得到关于其洞见的任何事，只能得到关于其或然的自由的概念的确定性，此或然的自由的概念在此实践理性处得到客观的实在性，此客观的实在性虽然只是实践的，却无疑的。甚至因果性概念也不能如此地被扩大，就如去扩展其使用以越过这些限制那样被扩大。因为如果理性要想去越过这些限制，它必须要去表示：原则与归结间的逻辑关系如何能在一个不同于感触直觉的另一种直觉中综合地被使用。因此，它使用原因的概念，不是为了想去知道对象，只是为的想在关联于对象一般中去决定因果性。它能把“此概念的应用于对象”，即意在知解知识的“原因概念的应用于对象”，全然抽掉，那么理性的使用此概念只为一实践的目的而使用，因此，我们能把意志的决定原则转移于智思的事物秩序中，同时，我们也能承认我们不能了解原因概念如何能决定关于这些事物的知识。但是，理性必须依靠一定的样式就感触世界中的意志诸活动认知因果性，不然，实践理性实不能产生任何活动。但是，关于这概念，即“理性对于其自己的因果性即作为智思物的因果性所形成”的概念，理性并不需要为“其超感触的存在的认知”的目的来知解地决定之，以便依认知之路给它以意义。因为它所获意义是离开了认知之路而获得的，虽然只是为实践的使用而获得，也就是说，它是通过道德法则而获得其意义，它自是知性的一个纯粹先验的概念，此先验概念能被应用于对象，不管这些对象是否被给予，然而在不是被给予的情形中，它却没有确定的知解意义或应用，只是“关联于对象一般”的知性的一个形式，然而却是本质的概念。理性通过道德法则所给它的意义只是实践的，因为因果性的法则之理念其自身就有因果性，或者说，它就是这因果性的决定原则。

在道德原则中，我们已展示因果性的法则，此因果性的决定原则被置于感触世界的一切条件之上；我们已使“意志，由于属于智思世界，如何是可决定的”这一点为可被思议的，因此，我们已使此意志的主体（人）不只是为可被思议的，即如其属于一纯粹知性的世界而为可被思议的，而在这方面，却是不被知的，就其因果性通过一种“不能被还原于感触世界中的任何物理法则”的法则而为可被界定的；因此，我们的知识已被扩张而越过了感触世界的范围——这是那“纯粹理性的批判已宣布其在一切思辨中为徒然无益的”一个虚伪要求。然而，纯粹理性的实践使用如何可与其解释使用相和解，就理性的能力范围的决定而相和解？

我们可说休谟开始对于纯粹理性的诸要求的攻击，这一攻击使得对于纯粹理性的通盘研究成为必然。对于纯粹理性的诸要求开始作攻击的休谟，他这样辩解说：原因的概念是一个“含有不同事物的存在的联系之必然性”的概念，因此，只要当这些存在着的事物是不同的，则设已有了A，我即知某种完全不同于A的东西，即B，必须必然地也存在着。现在，必然性之能被归属于这一联系，是只当这必然性是先验地被知时，它可被归属于这一联系；因为经验只能使我们知道这样一种联系，即“这联系存在着”这样的联系，而不是“这联系必然地存在着”这样的联系。他说，当事物不曾给予于经验中时，要想先验地去知这一事物与另一事物间的联系，而且把这联系当作必然的联系而知之，是不可能的。因此，原因的概念是虚构的，而且是有欺骗性的，即以最温和的言辞来说，它也是一幻像，只因为“觉知某种事物或其属性为存在中而被联合”这一种“觉知之”的习惯于不知不觉间被误认为一客观的必然性，即“在对象自身中设想这样一种联系”这种客观的必然性，只有因为是如此时，它才成为可谅解的。这样，原因的概念是偷转地被获得的，而非合法地被获得的——它决不能合法地被获得或合法地使之成为确实的，因为它要求这样一种联系，即“其自身是徒然无益的、虚幻的，而且是在理性面前维持不住的，而且是没有对象可与之相应的”这样一种联系。依此思路，当一切事物的存在知识被论及时，经验主义首先被引导出来，以为原则的唯一来源；而且甚至就全部的自然的学问而言，随同此经验主义，遂有最彻底的怀疑论被引导出来。因为基于这样的原则上，我们决不能从存在着的事物之所与的属性推断到一个结果，因为这种推断必应需要那“含有这样一种联系之必然性”的原因之概念，我们只能为想象所指导，期望类似的情形——这是一种“从未是确定的”的期望，不管它是如何时常地被满足。没有一种事件，我们对之能说：某种一定的事物必须已先与它，而它也必然地随此先行的事物而来，就是说，它必须有一原因；因此，不管我们所已知的诸事例是如何地常常是如此，即在此诸事例上，总时常曾有这样一个先行事件存在，因而我们可从此诸事例上引生出一个规律，我们仍然不能设想这先行的事件必然地出现；因此，我们不得不被迫着去把它留给盲目的机遇，以此盲目的机遇，理性的一切使用遂告终止；而这一点就在涉及“从结果升到原因”的论证中坚固地建立起怀疑论，并且使此怀疑论为不可动摇者。

至此，数学很容易逃脱了，因为休谟想：数学的命题是分析的；也就是说，它们是凭借同一性，也就是说，依照矛盾原则，从此一特性进行到另一特性。但这并不对，因为恰恰相反，它们一切都是综合的。举例来说，虽然几何无关于事物的存在，但只在一可能直觉中有关于事物的先验特性，然而恰如因果概念的情形，它也是从这一特性（A）进行到另一完全不同的特性（B），此另一完全不同的特性B必然地与前一特性A相联系。总之,数学,如此高度地为其必然的确定性而被鼓吹（被尊崇）的数学，最后也必然以同一理由屈服于这种经验论，所谓同一理由即休谟以习惯代替“原因概念中的客观必然性”的同一理由。而且，数学，不管其如何骄傲，也必须同意去降低其勇敢的要求，即“要求于先验赞同”的要求，而且为赞同其命题的普遍性之故，它也必须依靠于观察者的和善，这些观察者，当其被请来作证时，也必决无迟疑去承认：凡几何学家所提议为一定理者，他们总是已觉知为一事实，也就是说，虽然这定理不是必然真的，然而他们也必应允许我们去期望它在将来也可是真的。照这样说来，休谟的经验论不可避免地引至怀疑论，甚至就数学而言，故结果是说，在理性的每一学问性的知解使用中也不可避免地引至怀疑论。就这样一种对于主要的各门知识之可怖的瓦解而言，通常大众的理性是否将较可避免，而且是否将变成不可挽救地纠缠于这种对于一切知识的毁坏中，这点，我将听任每个人去为其自己之判断。

至于说到纯粹理性批判中我自己的劳作（这些劳作是由休谟的怀疑主张引起，但是这些劳作进行得很远，而且它们包括纯粹知解理性在其综合使用中的全部领域，也就是说，包括被称为“形上学一般”者的领域），我就那些“为苏格兰哲学家所挑起而有关于因果概念”的怀疑，依如下所说的步骤而进行着的。如果休谟以经验的对象为物自身，则在“宣布原因的概念是一欺骗并且是一虚假的幻像”中，他是完全对的；因为就“物自身”以及“物自身的属性,即如其为物自身之属性”而论，要想去看出“为什么因为A被给予，那不同于A的B也必须必然地被给予”，这乃是不可能的事，因此，他无法承认这样一种对于物自身的先验知识。这个精察的哲学家也不能对于“原因”这个概念允许一经验之起源，因为这是与那“构成因果性的概念之本质”的那“联系的必然性”直接地相矛盾的；因此，这个概念是被剥夺了的，而且在观察知觉的行程中它是被代之以习惯的。

但是，依我的研究，的结果是：我们在经验中所要去处理的对象决不是物自身，只是现象，在物自身处，不可能去看出“如果A已被设定，则完全不同于A的B不也被设定，这如何必是矛盾的”；然而“A与B作为现象，它们依一定路数可必然地被联系于一个整一经验中”，这却是很容易被思议的；这样，它们不能个别被分离了而又与那种联系不相矛盾，此中所谓经验即是“在此经验中A与B它们才是对象，而且只在此经验中，它们才是为我们所可知的”那经验。事实上情形确实被看作是如此；这样，我不只是能够就经验的对象去证明原因概念的客观实在性，并且也能够由于它所含的联系的必然性，去把它当作一先验概念而推演出来；也就是说，我们能够从纯粹的知性，而用不着任何经验的根源，即可去展示它的起源的可能性，我也能够去推翻这经验论不可避免的后果，即怀疑论，首先就是物理科学而推翻之，然后再就是数学而推翻之。物理科学与数学这两者都是这样的科学，即它们都有涉及可能经验的对象。在此两种科学中推翻怀疑论后，随之也推翻了那彻底的怀疑，即对于“凡知解理性所声言要去辩识者”都予以怀疑。

但是，在谈到具有因果关系的事物，即那些“不是可能经验的对象而是处于可能经验的范围以外”这样的事物，又如何呢？其实不只因果范畴如此，一切其他范畴也同样如此，因为若无此等范畴，这必不能有关于任何存在着的东西之知识。那么，我们同样也可问：于论及一切其他范畴的应用于那些“不是可能经验的对象而是处于可能经验的范畴以外”的事物，这又如何呢？因为我已能够只就可能经验的对象去推演出这些概念的客观实在性。但是，即使是“我已拯救了这些概念”这一事实，也只在“我已证明了对象可以通过这些概念而被思，虽然并未通过它们而先验地被决定”这一情形下始足拯救之；而正是这一情形却即给这些概念一地位于纯粹知性中，通过这纯粹的知性，这些概念涉及对象之一般（感触的或非感触的）。如果仍然还缺少任何什么事，则所缺少者就是那“实为这些范畴，特别是因果范畴，之应用于对象这应用之条件”者，也就是说，那所缺少者即是直觉；因为凡直觉不被给予的地方，则应用这些范畴以期达到作为一智思物的对象的知解知识，这种应用便是不可能的；因此，如果任何人也要冒险于去作此应用，此是绝对被禁止的。此（因果）概念的客观实在性仍可保留，甚至关于（或涉及）智思物，它也可被使用，但却并没有我们的丝毫能够知解地去规定这个概念，规定它以便去产生知识。因为，“这个概念，甚至在涉及一个（超感触的）对象中，也并不含有什么不可能的东西”这一点已为以下的事实所证明，即纵使当其被应用于感取的对象，其地位也是被固定于纯粹知性中；而当它涉及物自身时，虽然它不能够被决定，决定它以便为知解知识的目的去表象一确定的对象，然而为另一目的，它犹可能够被决定，决定以便去有这样之应用。如果此因果概念含有某种“绝对不可能被思想”的东西，正如休谟所执持，则便不能有为另一目的而应用的应用。

五十六、知性与超感触

现在要想去发现“这所说的因果概念应用于智思物”的条件，我们只须回想“为什么我们不以其应用于经验的对象为满足，且也愿望去把它应用于物自身”的原因就可以。一经回想，即会知道那“使其应用于物自身为一必然”者并不是一知解的目的，而只是一实践的目的。依思辨而言，纵然我们在此新的应用中真是成功的，我们也不能在自然的知识中，或一般地说来，就像被给予者那样的对象，得到任何东西，我们必须从感触地被制约的东西跨一大步到那超感触的东西之上，以便去完整起我们的原则的知识，并去固定这知识的界限。但是在“这界限”与“我们所知者”之间总留有一无限的分裂未被填满，而我们也必须要侧耳倾听一徒然无益之好奇，而不是倾听一坚实的知识愿望。

但是，在“知性于知解知识中对于对象所有的关系”之外，知性还有其对于欲望机能关系，此欲望机能名曰意志，而当纯粹知性通过一法则的纯然概念而实践，此欲望机能也被称为纯粹意志。一纯粹意志的客观实在性，或与纯粹意志为同一物者，一纯粹实践理性的客观实在性，好像是通过一种事实而先验地被给予于道德法则中，因为这样，我们可以说出意志的决定，此决定是不可避免的，虽然它并不基于经验的原则。现在，在意志的概念中，因果概念是早已被含在内的，因此，一纯粹意志的概念含有一“伴同的以自由”的因果性的概念，这就是说，含有这样一个因果概念，即此因果概念不是依物理法则而为可决定的，也就是说，它在其实在性的证明中，不是能够有任何经验直觉的，但纵然如此，它却在纯粹实践法则中完全先验地证成客观实在性——实在说来，很容易看出理性的知解使用目的不能让实其客观实在性，但只为理性的实践使用之目的而如此证成之。现在，一个“有自由意志”的存有的概念就是一个作为智思物的原因之概念；而“此概念不含有矛盾”这一点，我们早已因以下的事实而确保之，即“因为一原因的概念完全从纯粹知性中而生起，而且有其为‘推证’所确保的客观实在性，又由于在其起源上是独立而不依于任何感触条件的，因此它并不被限制于现象，并且也可同样被应用于那些‘是纯粹知性的对象’的事物”，我们得确保那作为智思物的原因概念不含有矛盾。因为这种应用不能基于任何直觉，所以作为智思物原因，就理性知解使用而言，虽然它是一可能的而且是可思的概念，然而它却是一空洞的概念。现在，我不是作为智思物的原因的概念，渴望去知解地了解一存有本性，“通过此概念去指示此有一纯粹意志的存有，因而去把因果的概念结合于自由的概念”，这在我已经足够。现在，这个权利，我是凭借原因概念的纯粹而非经验的起源而确然有之，因为（在此）我不认为我自已对于原因概念有资格去作任何使用，除在涉及那“决定其实在性”的道德法则中去使用之外，那就是说，除只是一实践的使用外。

如果，随同休谟一道，对于因果概念，我已否决其“知解使用”中的一切客观实在性，不只是就物自身否决其知解使用中的客观实在性，就着感取的对象否决其知解使用中的客观实在性，则此概念必定丧失一切意义，而既由于其是一知解地不可能的概念，则它必被宣布为是完全无用的；而因为凡是一无所有者它便不能被作成任何使用，因此一“知解地无虚的”概念的实践使用必是悖理的。但是，一个不受经验条件制约的因果性概念，虽然是空的，即没有任何适当的直觉，然而知解地说来，它还是可能的，而且可涉及一不决定的对象；而依补偿而言，意义可给予于此概念是在道德法则中给予的，因而结果也就是说，是在实践的关系中给予之。实在说来，我没有那“必可决定此概念的客观的知解的实在性”的直觉，但虽然如此，此概念也有一真实之应用，此真实的应用是具体地（现实地）被显示于意向中；那就是说，此概念有实践的实在性，而此即足以证成它，甚至展望于（或涉及于）智思物也足以证成它。

现在，知性的一个纯粹概念，在超感触者领域中的这种客观实在性，若一旦被引进来，它即同时把一客观实在性给予于一切其他范畴，虽然这一切其他范畴与意志的决定原则处于一必然的联系中。这一切其他范畴的客观实在性只是一实践应用的客观实在性，它在扩大我们对于这些对象知解的知识，或扩大对于这些对象的本性的辩识中并无丝毫结果。既然如此，我们随后也将见到这些范畴只涉及那些作为睿智体的存有，而在这些存有中，这些范畴也只涉及理性对于意志的关系，也就是说，总是只涉及实践的事，而越过这实践的事，它们不能要求或奢望关于这些存有的任何知识；而凡"属于这些超感触的存有的知解的表象"的那一切其他特性，可被引入这些范畴相联系中，但这种与范畴相联系不能被算作知识，只能被算作权利，即"去承认并认定这样的存有"的权利纯粹地理性的关系，"而（思议）一超感触的存有（比如上帝）"这种情形处，一切其他特性之与这些范畴相联系也只能被算作一种权利。这样，这些范畴只在一实践的观点中应用于超感触者，这种应用并不给纯粹知解理性以丝毫的鼓励，鼓励去闯入那超绝者。

五十七、理性的对象

所谓实践理性的概念，我理解为这样一个对象的观念，即这对象，作为一个结果，是通过自由而被产生为可能的，因此，“成为实践知识的一个对象”，它只表示意志对行动的关系，通过行动，对象或对象的反面可被真实化；而“去决定某物是否是纯粹实践理性的一个对象”，这只是去辩识“意欲一行动”之“意欲之”的可能或不可能，凭借这所意欲的行动，如果我们有所需的力量时，某种一定的对象必可被真实化。如果对象被取来以为我们意欲的决定原则，则在“我们裁决它是否是实践理性的一个对象”以前，必须知道“它是否通过我们的力量的自由使用而为物理地可能的”另一方面，如果法则能先验地被视为行动决定原则，这行动也被视为纯粹实践理性所决定，则“一物是否是纯粹实践理性的一个对象”这判断并不依于与我们的物理力量相比较；问题是：是否我们一定意欲一“指向于一对象的存在”的行动，如果这对象处在我们的力量内时。因此，以上所说的问题只是关于“行动的道德的可能性”的问题，在此情形中，作为行动的决定原则者并不是对象，而是意志的法则。实践理性的唯一对象就是那些属于善者与属于恶者的对象。属于善者的对象意谓依照一“理性的原则”而必然地被意欲的一个对象；属于恶者的对象意谓也依照一理性的原则而必然地要被避开的一个对象。

如果善的概念不是从一先行的实践法则而引生出，却是用以充当实践法则的基础，则此善的概念只能是这样某种东西的概念，即“其存在足以许诺快乐因而并足以决定主体因果性而产生此快乐，那就是说，其存在足以决定意欲的机能”这样的某种东西的概念。因为“要想先验地去辨识什么观念将被伴以快乐，什么观念将被伴以痛苦”，而这是不可能的，所以“要去找出那根本上或直接之善或恶的东西”，将依靠于经验。主体的特性是苦与乐的情感，此情感是一“属于内部感取”的接受性；这样，只“快乐的感觉直接地与之相联系”的那东西基本上是善者，而那“直接地引起痛苦”的东西则必是恶的。但是，这一说法甚至相反于语言的使用，语言的使用将快乐与善区别开，并将苦与恶区别开来，而且要求善与恶将总是为理性所判断，因而也就是说，为那“共通于每一人”的概念所判断，而不是为那“限于个人主体以及个人主体的感受性”的纯然感觉所判断；虽然如此，快乐与痛苦也不能与任何先验对象的观念相联系，所以那“认其自己被迫着必须以快乐的情感为其实践判断之基础”的哲学家必将叫那“为快乐的工具”的东西为善，而称“是不乐或痛苦的原因”的东西为恶，因为“基于工具（手段）与目的的关系”的判断肯定是属于理性的。但是，虽然只是理性能够辨别工具（手段）与目的的联系，然而那从上面所说的“善只是一工具”的原则而来的实践格言，必不能含有任何“其自身为善”的东西以为意志的对象，但只含有某种“对某物为善”的东西以为意志的对象；善必总只是有用的，而“善对之为有用”的那个东西必总是处于意志之外，那就是说，处于感觉之中。现在，如果这作为快乐感觉真要与善之概念区别开，则在此情形下，必无什么“根本上或直接地是善的”东西，善只能在对某种别的东西即某种快乐为工具中被寻求。

“除因为善外，我无所欲；除因为恶外，我无所恶。”这是学者们一个古老客套语，而且它常是正确地被使用，但在某种样式中，其被使用也时常有害于哲学，因为善与恶，由于语言贫乏，乃是有争议的，结果，它们有双重意义，因而它们不可避免地也使实践法则成为有歧义的；而哲学，当在使用这两个字时，它觉察到了同一字中的不同意义，但却又找不到特殊的词语以表示它，此时的哲学即被迫着从事于细微的区别，而关于此细微的区别，却并无一致同意，因为这区别不能直接地为任何适当的词语所解释。

德文幸而有一些词语，这些词语不允许这差别被忽略。它有两个十分不同的概念，特别是两个十分不同的词语，对此不同的词语，拉丁文却只以“善”一字表示之。对“善”而言，德文有“善”与“好”两字；对“恶”而言，德文有“恶”与“坏”或“祸”两字。这样，当我们在一行动中考虑这行动的善与恶或考虑我们的祸与福时，我们即表示了两个完全不同的判断。因此，那早已随这而来的便是这结果，即前面所引述的那个心理学的命题，如果它被译为“除先考虑我们的祸或福外，我们便不能意欲什么”时，它至少是十分可疑的。可是另一方面，如果我们这样翻译它，即“在理性的指导下，只当我们估计某物为善或恶时，我们始能有所欲，而除此以外，我们便不能意欲什么”，那么，它便是不可争辩地被确定的，而且同时它也是十分清楚地被表示了的。

好或坏经常只是包含着“涉及我们的情况”，这所涉及的情况是当作愉悦的情况或不愉悦的情况看的，即作为快乐的情况或痛苦的情况；而如果我们依据这理由而意欲一个对象或避免一个对象，则这只当这对象涉及我们的感性或涉及这感性所产生的苦乐之情时才如此。但是善与恶则总是包含着“涉及意志”，当这意志为理性的法则所决定，而使某物为其对象时，因为意志从不会直接地为对象以及对象的观念所决定，它是一种“取理性的规律以为一行动的动力”的机能，而通过这种机能，一个对象可被真实化。因此，善与恶，恰当地说，是涉及行动的，并不是涉及个人的感觉的，而如果任何东西要成为绝对的善或恶，则那可称为绝对地善或恶者只能是行动的样式，意志的格言，结果也就是说，只能是这作为一善人或恶人的行动着的个人自己，而决不能是一物。

那么，当斯多噶在痛风之剧烈发作中叫嚷着说：“痛苦，不管你怎样使我苦恼，我也决不会认为你是一罪恶。”不管人们如何笑他，他却是对的。痛苦肯定是一坏事，他的喊叫即已泄露了它是一坏事；但是若说有任何罪恶可因而归属于他，这点却没有任何理由去承认，因为痛苦实不曾丝毫减低其人格的价值，只是减低了他其身体状况的价值而已。

如果他曾意识到一句谎话，则这一句谎话必要降低他的骄傲；但是痛苦却只便于去提升他的骄傲，当他意识到他不曾通过“任何不正当的行动”而应受痛苦时。

我们所称之为善者，在每一有理性者的判断中，都必须是一意欲的对象，而我们所称之为恶者，在每一人的眼中，它必须是一厌憎的对象；因此，这种判断，在感取（感性）以外，需要理性。在作为相反于说谎的诚实方面也是如此；在作为相反于暴戾的公正方面，以及其他等。但是我们可称一事是一坏事，然而每一人却必须同时承认它是一好事，其承认有时是直接的，有时是间接的。一个交给外科手术的人无疑感觉到这手术是一坏事，然而依照理性，他本人以及每个人又都承认它是好事。如果一个“以烦扰都是这样爱好和平的人民为乐”的人最后挨了一顿狠打，一则这挨打无疑是一坏事；但是每个人都称许这事且视之为好事，纵然没有什么别的（好）事，由这事而结成；甚至挨打的这个人，在其理性中，也必须承认他遇见了公正，因为他见到了善行与善遇间的比例，就是这种比例，理性不可免地把它置于眼前，而在此事中，则置于实际。

五十八、福与祸的重要性

在估计我们的实践理性中，我们的福与祸无疑十分重要，而当我们的“作为感性的存有”的本性被论及时，我们的幸福是乃唯一重要的事，假若此幸福，如理性所特别需要，并不是为流转的感觉所估计，只是为感觉（偶然物）所有的影响——影响于我们的全部存在以及影响于与此全部存在相连属的满足，这种影响所估计；其幸福却并非绝对地是唯一重要的事。人是这样的一种存有，即由于他属于感取世界，他是有需求的存有，他的理性从其感性的本性边有一种“它（理性）不能拒绝之”的职责，即“去参与他的感性的本性的兴趣，并甚至为此生之幸福，如可能时，甚至为来生的幸福，去形成实践的格言”这种职责。但是，他也不是完全是这样的一种动物，就像“对于‘理性依其自己的理由所说的一切’都完全不相干（完全漠视），而只去使用理性作为一种工具，即对于其作为一感性的存有所有的欲望（或需求）的满足而为工具”，这样的一种动物。如果理性服务于人，则人之有理性必不能提高其价值于野兽之上；在此这种情形中，理性必只是一特殊的方法，大自然用它来装备人，其装备目的同于“其使野兽有资格适合”之目的，而并没有使他有资格适合于任何较高的目的。无疑，一旦大自然的这种安排已为人而作成时，人需要理性去考虑福与祸；但是，除考虑福祸外，他也有一较高的目的，即不只是去考虑那在其自身是善或恶者，并且也把此种估计彻底地从考虑祸福中区别出来，而使它成为祸福考虑的最高条件。

在“‘善与恶自身’与‘那只关涉于祸或福而才可被称为善或恶

者’这两者间的差异”的估计，这差异只是以下两论点的问题。或是这样的，即一个理性原则早已被思议为其自身就是意志的决定原则，而并没有顾及意欲的可能对象，而在此情形中，那个原则乃是一实践的先验法则，而纯粹理性是被设想为以其自身就是实践的。在此情形中，法则直接决定意志；“符合于法则”的行动其自身是善的；一个“其格言总是符合于此法则”的意志就是绝对地是善的，在每一方面都是善的，而且是一切善的最高条件。即意志格言是依据欲望的决定原则而来的后果，此欲望的决定原则预设一个苦或乐的对象，故也就是说，预设某种东西它可以愉悦我们或不愉悦我们；而理性的格言，即对于我们的爱好而为善，决定对于间接善的，而在此情形中，这些格言决不能被称为法则，但只可被称为合理的实践箴言。在此后一情形中，目的自身，即我们所寻求的快乐，并不是善，只是幸福；并不是一理性的概念，只是一感觉的对象之一经验的概念；但是“达此目的”的手段的使用，即行动，虽然如此，也仍可叫作是善的，可是，并不是绝对地善的，只是相对地对于我们的感性的本性，关涉于此感性的本性的苦乐之情，而为善；但是这意志，即“其格言为此感性的本性所影响”的意志，并不是一纯粹的意志；纯粹的意志只指同于那“纯粹理性以其自身就能是实践的”。

说到这里，“去说明实践理性的批判中方法的奇诡”这是适当的地方，这奇诡是这样的，即善与恶的概念必不可在道德法则之先而被决定，只能在道德法则之后通过道德法则而被决定。事实上，纵使我们不曾知道道德的原则是那“决定意志”的一个纯粹先验法则，然而我们要想做到就不可毫无理由地去认定一些原则，我们必须至少在开始时让以下的问题为未被裁决者，即“是否意志只有经验的决定原则，或是否它不也有纯粹先验原则”这问题为未被裁决者；因为去认定那有问题的论点为已决定者，此乃违反于哲学方法的一切规律的。假定我们想开始于善的概念以便由之去推演出意志的法则，这样，则一个对象的概念必同时即把此对象当作意志的唯一决定原则而指派给我们。现在，因为这个概念既不曾有任何实践的先验法则作为标准，则善或恶的标准不能不置于

“对象与我们的苦乐之情的契合”中；而理性的使用只能首先存于“决定这快乐或痛苦即‘与我的存在的一切感觉相联系’的那快乐或痛苦”中，其次，它存于“决定这手段即‘以快乐的对象担保给我自己’的手段”中。现在，由于只有经验才能裁决什么东西符合于快乐之情，而依此假设，实践的法则须基于这快乐之情，并以此情为一条件，因此，先验的实践法则之可能性必即刻被排除掉，因为“去找出这样一个对象，即由于它是善的对象，因此其概念必须构成意志普遍的，却是经验的决定原则，这样一个对象”，这是首先被想象为必然的。但是，那自先必要去研究的是“是否没有意志的先验决定原则”被发现外无处可以发现它，所谓在纯粹的法则中被发现，即是只当这法则只把格言形式规则划给格言，而无须涉及对象，只当如此之时，才能说在纯粹的实践法则中发现意志的先验的决定原则。我们把一切实践法则基础置于“为我们的善恶的概念所决定”的对象中，那对象由于无先在法则的原因，所以只能依一经验的概念而被思，因为以上两原故，所以我们早已事先剥夺了纯粹实践法则的可能性，甚至剥夺了思议纯粹实践法则的可能性。另一方面，如果我们首先已分析研究了这纯粹的实践法则，我们会看出那“决定道德法则并使之为可能”者，决不能作为对象的善的概念，而恰恰相反，那“首先决定善的概念并使之为可能”者是道德法则，只要当此善的概念绝对值得受此善之名时。

这个解说，即“只有关于‘终极的道德研究’的方法”的这个解说，是很重要的。它立刻解明了“关心于最高的道德原则”的诸哲学家的一切错误的缘由。因为他们想寻求意志的一个对象，而此对象他们可使之成为一法则之材料与原则；其实他们不应这样，他们应当首先去寻求一个“先验地而且直接地决定意志”的法则，然后再依照意志而决定对象，现在，不管他们把这快乐对象置于幸福中，道德的“情感”中，或置于上帝的意志中，他们的原则无论如何也总是包含着他律，而且他们不可避免地必须要依赖于“道德法则的经验条件”，因为他们的对象除依其直接关联于情感外，并不能被称为好的对象或坏的对象。那只有形式的法则才能先验地是实践理性的一个决定原则（所谓形式的法则意即是这样的一个法则，即它所规划给理性的没有别的，不过就是作为理性的格言之最高条件的那“理性的普遍立法”式。）古人把他们的一切道德研究都指向于“最高善”的概念的决定，而毫无隐蔽地供认了那错误。那只是好久以后，当道德法则首先以其自身单独被建立起，并被表示为是意志的直接决定原则之时，这个对象才能被呈现给意志，此意志的形式现在是先验地被决定。关于这一问题，我们将在“纯粹实践理性辩证”中处理它。至于现在的人，他们是以模糊的词语来隐藏这同一错误。虽然如此，那错误仍然展示于其系统中，因为它总是产生了实践理性的他律；而以此他律，一个能给出普遍命令的道德法则决不能被引生出来。

现在，因为善与恶之概念，作为意志先验决定的后果，也包含着纯粹的实践原则，也就是说，蕴涵着一种纯粹理性的因果性，所以它们以根源上并不涉及对象，就像知性的纯粹概念或理性的对象；恰恰相反，它们预设，对象是给予了的；但是它们一切都是一独个范畴的模式，也就是说，乃是因果性范畴模式，这因果性的决定原则是存于法则的理性的想法中，此法则当作自由的法则看，理性把它给予自己，而通过这法则，理性遂先验地证明自己为实践的。但是，由于行动一方面处于“不是一物理法则只是一自由之法则”的法则之下，故其因而结果也就是说，是属于智思世界中的存有的行为，而另一方面，当作感取世界中的事件看，它们又属于现象，所以实践理性决定是只涉及此后者中，故也就是说，在依照知性的范畴中，才是可能的，实在说来，不是意在知性的任何知解的使用，只意在于去把欲望之杂多先验地隶属于一实践理性意识之统一，即隶属于纯粹的意志。

这些“自由的范畴”——因为我们是按照与那些“是物理自然的范畴”的知解范畴有关的内容去命名的——有一明显的好处，即“越过知解范畴”的好处，因为知解范畴只是思想形式，这些思想形式通过普遍概念按一不定的样式为那“对于我们为可能”的每一直觉指表“对象一般”；反之，自由范畴则涉及“一自由的选择意志”的决定，对于此自由的选择意志，实无准确相应的直觉指派给它，但是它有纯粹实践的先验法则为其基础，此则在任何“属于我们的认知机能的知解使用”的概念方面不是这样的人；因此，自由范畴并不以直觉的形式，即空间与时间，作为它们的基础（空间与时间不处于理性自身，但须从另一根源即感性而被抽引出），而是由于它们是一些基本的实践概念，它们有“一纯粹意志的形式”为其基础，此纯粹意志的形式是给予于理性中的，故也就是说，是给予于思维机能自身中的。从此一义，遂有以下之情形，即由于纯粹实践理性的一切箴言只有事于意志的决定，而并无关于“一个人的目的的达成”的物理条件，所以这种先验的实践原则在关联于自由的最高原则时立刻变成一些认知，而并不需要等待直觉以获得意义，而此点之所以成立，乃是因为这些先验的实践原则，其自身就能产生它们所涉及的东西的实在性，这不是知解概念所能有的。我们必须地小心地去观察：这些范畴只应用于实践理性；因此，它们是依着次序从那些“犹是隶属于感触条件而且又是道德之不决定的”的原则，进到那些“是不依待于感触的条件而且又只是为道德法则所决定”的原则。

关于善恶概念的自由范畴表

A 数量	主观的，根据行为推测（个人实际见解）
	客观的，根据原则（规则）
	先天的，主、客观兼有的自由原理（法则）
B 性质	行为的实践规则（训导的）
	禁行的实践规则（禁止的）
	例外的实践规则（破例的）
C 关系	与人格的关系
	与个人境况的关系
	一个人与其他境况的相互关系
D样式	允许的和被禁止的事情
	责任和失责
	完善的和不完善的责任

在此列表中可以看出：自由被视为一种“不隶属于经验的决定原则”的因果性，而这些行动乃是感取世界中的现象；故也就是说，自由涉及那些“有关于行动的物理的可能性”的范畴，然而同时每一范畴却又是如此普遍地被取用，以至于该因果性的决定原则，可出离感取世界以外而被安置于自由中，而自由即是作为智思世界中的一个存有的一特性者。最后又可看出：样式范畴引发出一种转化，即“从实践原则一般转化到道德的实践原则”这种转化，不过引发这转化也只是引发而已。道德的实践原则通过道德法则而独断地（断然地）被建立起来。

在说明这现有的图表中，无须再有所增加，因为其自身即可理解。这种“基于原则”的区分在任何学问中都是十分有用的，为详尽透彻之原因以及为可理解之原因都很有用。例如，我们从上表以及其第一类中知道在实践的研究中必须从什么东西开始，也就是说，从那种格言即“每一人将其基于其自己的爱好”的格言开始；进而从那种箴言即“对某一类理性的存有有效”的箴言开始以及最后从那种法则，即“对一切理性之存有而不须考虑其爱好而都有效”的法则开始。依此类推，B、C、D类都是这样。照这方法，我们通览了“那必须被作成者”的全部计划，那必须被解答的每一实践哲学问题。

那首先决定意志的一个对象乃是善与恶的概念。但是善与恶的概念自身又隶属于理性的实践规律，这规律在关联于意志对象中的先验决定意志，如果理性是纯粹的理性时。现在，一个“在感取世界中对于我们是可能的”的行动是否处于规律之下，这是一个“须被实践判断所裁决”的问题，通过这种实践判断，在规律中所普遍之（抽象之）述说者可具体地（现实地）应用于一行动。但是，因为纯粹理性的一个实践规律，首先由于是实践的，因此它有关于一对象的存在，其次，由于它是纯粹理性的一个实践规律，因而它又就行动之存在而蕴涵着必然性，因此它是一个实践法则，而不是一个“依于经验的决定原则上”的物理法则，而通过此自由的法则，意志是要独立不依于任何经验的东西而为被决定的，然而凡能发生的一切可能行动之事情却只能是经验的，那就是说，只能属于“物理自然的经验”；因为以上的原因，所以以下的情形似乎是悖理的，即“期望在感取世界中去找出一个事例，虽然，它只依附于自然法则，然而同时它却又允许自由的法则之应用于它，而且我们又能把那‘须现实地显示于此事例中’的‘道德地善’的超感触的理念应用于此事例”这情形似乎是悖理的。这样，纯粹实践理性的判断遭受这同样等困难，即如纯粹知解理性的判断所遭受到的困难那样同样的困难。但是，纯粹知解理性的判断有办法逃脱困难，因为就理性知解的使用而言，直觉是需要的，而对这直觉，知性的纯粹概念能应用于其上，以这样的直觉能先验地被给予，因而当涉及此直觉中杂多的联合时，此直觉又能当作规模而符合于知性之纯粹先验概念。因此，对此超感触的东西，没有什么与之相应的东西可被发现于任何感触直觉当中。“依靠于纯粹实践理性的法则”的判断似乎要遭受到一些特别的困难，这些特别的困难是从以下的情形而发生，即“一个自由的法则是要应用于行动的，而这些行动是发生于感取世界中的事件，就这而言，它们又属于物理的自然”，就从这情形而发生。

五十九、物理法则与自然法则

在这里，对于纯粹实践判断，开拓了一个可取之展望。当我把在感取世界中对于我为可能的行动归属于纯粹实践法则之下时，并不是要谈及“当作感取世界中的一个事件看”的行动的可能性。这一可能性的问题是一种“依照因果性的法则而属于理性在知解使用中的裁决”的事，而所依照的因果性的法则就是知性纯粹概念，对此纯粹概念，理性在感触直觉中有一规模。物理的因果性，或“此因果性所依赖发生”的那条件，是属于物理概念的，其规模是为超越的想象所描绘。但是，在这里，我们并不要从事于一“依照法则而发生”的事件之规模，而只从事于一法则自身的规模，因为“意志无须任何其他原则而单为法则所决定”这一事实即可把因果性概念联系到一些条件上去，此等条件完全不同于那些“构成物理的联系”的条件者。

物理法则，由于它是这样一个法则，即“感触直觉对象须服从的”这样一个法则，因此它必须有一与之相应之规模，也就是说，它必须有一般的想象的程序，借着此想象的程序，它把法则所决定的“知性的纯粹概念”先验地展现于感取之上。但是，自由的法则（即“不隶属于感触条件”的因果性之法则），结果也就是说，“无条件地善”的概念，其不能有任何直觉，因而也不能有任何规模，可提供给它，结果，道德法则除知性外，不能有任何其他机能去助其应用于物理的对象。而知性为判断之目的并不能够为一“理性的理念”供给一感性的规模，只能供给一法则，由于能够具体地展示于感性的对象中，所以它也是自然的法则。

因此，我们可称此法则为道德法则的“特征”。

照纯粹实践理性法则而来的“判断的规律”是这样：如果你所想的行动发生于“你自己也为其中一部分”的自然系统的法则，你可问问你自己是否能把这行动视为依你自己的意志而为可能的。而事实上，每个人皆依此规律而裁决，而不管这些行动是道德地善的或是道德地恶的。这样，人们可问：如果每个人当他认为欺骗符合其利益时，便允许自己去欺骗；或当他彻底厌倦其生命时，他便认为自己缩短生命有理；或以完全不相干的态度来视他人之需要；而如果你属于一种事物的秩序，你当真是以本人的意志的同意而愿从属吗？现在，每个人都知道如果他秘密地允许自己去欺骗，并不能说别人也如此做；或者说，如果当他不被他人所注意时，他缺乏同情心，可是别的人对于他不必如此。因此，将其行动的格言与一普遍自然法则相比较，这种比较并不是他的意志的决定原则。可是，虽然如此，这个法则却依赖于道德原则。如果行动的格言不是这样，即如“能承受一普遍的自然法则的形式考验”那样而被构成，则它便是道德地不可能的。这一点甚至也是常识的判断；因为常识的通常判断，甚至经验的判断，也都总基于自然法则。因此，常识总有自然法则置于手边，唯独在那些“从自由而来的因果性在那里被评论”的事例处，这才使那自然的法则只成为自由法则的特征，因为倘若没有某种东西，常识可在一经验的情形中使用，则常识必不能在实际中给一纯粹实践理性法则以适当之使用。

因此，允许去使用感性世界的系统为超感触的事物系统之符征，假如我并不把直觉以及那“依靠于这直觉”的东西，转移到超感触的事物系统之上，只把法则的一般形式应用于其上时（这“法则之一般形式”的概念甚至在理性的“最通常的”使用中也发生，但在理性的纯粹的实践使用以外的任何其他目的上，它却不能确定地先验地被知。）因为一切法则，都是相同的（等值的），不管它们从什么地方引生出其决定原则。

进一步说，因为一切超感触的东西，故除自由外，绝对没有什么其他东西可被知，而甚至被涵盖于那道德法则中它才可被知；又因为“理性依赖道德法则的指导”的那一切超感触的对象，除为道德法则的目的以及为纯粹实践理性的使用外，对于我们仍然没有实在性。以此原故，我现在所作的这个解释，足可用来去防止把那“属于概念之符征”的东西计算于“概念自身”内。无疑，幸福以及那些“从一‘为自私所决定’的意志而产生”的无限数的利益，它们肯定可为“道德地善”充当一完全适合之符征，但它们却并非与道德地善为同一的。这同一符征亦足以防止实践理性之神秘主义，此神秘主义把那只充作一“符号”的东西转为一“规模”，也就是说，它想去为道德概念供给现实的直觉，但是，此直觉不是感触的，而是上帝王国的非感触的直觉。那适合于“道德概念的使用”者仅是判断的理性主义，此理性主义从感触的自然系统中只取那“纯粹理性以其自身也能思议之”者，也就是说，只取其符合于法则，而所转移成超感触的东西，不过就是那“能够通过感取世界中的行动，依照自然法则的形式规律，而现实地被展示”者。但是，谨防实践理性的经验主义更为重要；“因为”神秘主义与道德法则的纯净与庄严是完全相融的，此外“去滥用一个人的对于‘超感触的直觉’的想象”，对于普通的思想习惯并不十分自然或十分契合；因此，这方面的危险并不一般。可是，经验主义从根上拔除了意向的道德性（在此意向的道德性中，而不只是在行动中，即存有“人们所能而且所应当给予于自己”的那高度价值），而且它以某种完全不同的东西，即一经验的兴趣（“一般地说的爱好秘密地与之相联合”的那经验的兴趣）来代替义务，因此，经验主义与一切爱好联合，此爱好被升举到“一最高的实践原则的尊严”时，它们即贬损（或降低）了人性；而虽然如此，由于这些爱好对于每个人的情感是如此偏爱，所以，经验主义远比神秘主义更为危险，神秘主义从未构成大多数人的持久状况。

六十、意志的动力

行动的道德价值中其本质的东西便是——道德法则必须直接地决定意志。如果意志的决定依照道德法则而发生，一种情感，不管是哪一种，才能这样（要使法则可足够去决定意志，这种情感须被预设。），也就是说，不是为法则的原因而如此，则这行动将只有合法性，但无道德性。

现在，如果动力（或与发力），我们理解为一存有意志的决定之主观根据，那么则随之而来者便是：第一，没有动力能够被归属于神圣的意志；第二，人的意志的动力（以及每一被造的理性存有的动力）除道德法则外，不能是任何别的东西；第三，决定的客观原则必须同时也总是而且独是行动的决定原则，如果这行动并非"去满足这法则的文貌而并未含有法则的精神"。

因为在"给予道德法则以影响力——影响于意志之影响力"的目的之上，我们必须去寻求"可以能够使我们去废弃法则本身的动力"，因为那些其他动力只会产生伪善，而无表里一致之坚实性；而"去允许其他动力（比如兴趣利益之动力），甚至允许以与道德法则相合作"，这甚至是危险的；因此除小心地去决定：按什么路数道德法则变成一种动力，以及这动力在意欲机能上，所有的结果是什么以外，便没有什么东西能遗留给我们。因为关于"一个法则如何直接地而且即以其自身即能是意志之一决定原则"这问题，这对于人类理性而言乃是一不可解决的问题，而且与"一自由意志如何是可能的"这问题为同一。因此，我们所要先验地去表示的是：道德法则为什么其自身即如其为一动力，那么它在心灵上所产生的结果是什么。

在通过道德法则而作成意志的每一决定中，那本质的一点便是：由于是一自由意志，所以它只是为道德法则所决定，不是没有感性冲动的合作，甚至拒绝一切感性冲动，以及抑制一切爱好，当这爱好相反于那法则时。被当作一动力看的道德法则，所有的结果只是消极的，而此动力能够先验地被知道是这样的。因为一切爱好及每一感性的冲动都基于情感，而所产生于情感上的这消极的结果其本身也是一情感，因此，我们能先验地看到：道德法则，作为意志的一决定原则，必须通过抑制一切我们的爱好而产生一种情感，此情感可被称作痛苦；在此事例中，我们能从先验的考虑去决定一个认知对于苦乐之情的关系。一切爱好总起来构成“自我顾念”。这自我顾念或是“自我贪婪”，即存在于一过度的溺爱自己的那自我贪婪（我爱），或是满足于自己。前者更严格一点说，是“自私”，后者则是“自满”（自大）。纯粹实践理性只抑制自私，由于视此为在我们生命中，甚至是先于道德法则的东西而抑制，只要去把它限制于“与此法则相契合”这个条件时，就可抑制它，像这样抑制，即可被名为“合理的自我贪婪”（合理的我爱）。但是“自满”（自大），则理性必全部击灭它，因为先于“与道德法则相契合”的一切对于“自我尊重或尊大”的要求都徒然而不可证，因为“与这法则相一致”的一种心灵状态的确定是人格价值的第一条件，要是先与这种一致，那么任何对于价值之虚伪要求或假定都是虚假而不合法的。现在，倾向于“自我珍贵或尊大”的脾性，就是道德法则所要抑制的爱好的一种，只要当这珍贵或尊大是只基于“感性”时，道德法则必击灭自满自大。但是，因为这法则是某种自身,是积极的东西,也就是说,是一理智因果的形式，即自由的形式，所以它必须是尊敬的一个对象；因为，通过与爱好的主观对抗相抵触，它减弱了自大；又因为它甚至击灭了自大，即贬抑了自大，所以它是最高尊敬的一个对象，结果也就是说，它是一种积极情感的基础，积极情感不是属于“经验的起源”的，是先验地被知的。因此，尊敬道德法则是一种为一理智原因所产生的情感，而此情感是唯一“我们完全先验地知之"的一种情感，而此种情感的必然性，我们也能觉察之（辨识之）。

在前面，我们已经见到：任何东西，它若先于道德法则，而把自己的呈现为意志之一个对象，就必须依靠该法则本身，无条件地排除善的意志的决定原则中；并且也见到：那"存于格言的适宜于普遍立法"的纯然实践形式，它首先决定自身是善而且绝对是善者，并且也是一纯粹意志格言的基础。但是，我们现在见到：我们之作为感性的存有的本性是这样的，即意欲的材料，首先把它自己呈现于（烙印于）我们身上；而被感性所影响的自我，虽然在其格言方面完全不适宜于普遍立法，可是，恰像是它构成我们的全部自我，它力求把它的各种要求置于首位，并且去使它们被承认为是首要的而且是根源的。倾向于去使我们自己在我们选择的主观的决定原则中，充作意志一般的客观的决定原则，这种脾性可以叫做"自我贪婪"，而如果这种脾性假装作立法的，则它即可叫做"自满自大"。现在，道德法则最高的实践原则，完全排除了自我贪婪之影响，并且无限定地抑制了这自满自大。现在，不管是什么，如果它在我们自己的判断中抑制了我们的自满自大，它即以这自满自大为耻。因此，道德法则不可避免地谦卑了每个人，当一个人把他的本性之感性脾性与这法则比较时，其观念作为我们意志之一决定原则，就在我们的自觉中谦卑了我们，它即唤醒了对于它自己的尊敬，只要当它本身是积极的，而且是一决定原则时。因此，道德法则主观地说，甚至是尊敬的一个原因。每一东西若进入自我贪婪当中，它即属于爱好，而一切爱好都基于情感，结果，不管什么东西，它如果抑制了自我贪婪中的一切情感，它就因此事实必然地在情感上有一定影响；因此，我们了解了"先验地去觉知道德法则能够在情感上产生一种结果"的可能性，因为它从一切参与于最高立法者中排除了性好，以及排除了"去使爱好成为最高的实践条件"的脾性。（即排除了自我贪婪）。这个结果一方面只是消极的，而另一方面，就纯粹实践理性的限制原则说，它是积极的。对于这种结果，不需要在一种实践或道德的情感名称下，以先于道德法则而充作道德法则的基础。

影响于情感上的消极结果（不愉快）是感性的，但是，当作道德法则的意识这一结果来看，在关联于一超感触的原因当中，一个“被爱好所影响”的理性存有的这种情感即叫作愧耻（理智的自贬）；但是在涉及此种情感的积极根源即法则时，这种情感即是对于法则的尊敬。对于这种法则，实无情感可言；但是因为这法则排除了这抵阻，在理性判断中，即被估计为等值于对于这法则的因果性的积极帮助。因此，这种情感也可被叫做“尊敬道德法则”之情，而基于那两层理由（即愧耻与尊敬两理由）总而言之，它便可被叫做道德的情感。

因此，根据道德法则使实践纯粹理性变为行动，然而却又只是客观决定原则，然而它同时却也是一主观决定原则，也就是说，它是对于这行动而为一种动力，因为它于这主体的“感性”有一种影响力，并且产生了一种情感。在这里，主体中并没有先在的情感倾向于道德，因为这是不可能的。因每一情感都是感触性的，而道德意向的动力却必须是解脱一切感触性的条件的束缚的。反之，虽然感触性的情感是“我们所叫做尊敬”的那种感觉之条件，然而那“决定这特殊情感”的原因却处于纯粹的实践理性中；因此，这种特殊的情感，因为它的根源的原因，它必不可被称为感性的结果，只可被称为实践结果，其所以是实践的结果，因为通过这事实，即“道德法则的观念剥夺我爱（自私）是剥夺了我爱自私的影响，其剥夺自大是剥夺了自大的幻想”，通过这事实，道德法则观念减少了纯粹实践理性的障碍，并产生了“纯粹实践理性的客观法则优越于感性的冲动”这优越性的观念；排除了均衡对抗的势力，这道德法则的观念又在理性的判断中相对地把较大的重量给予于这法则。尊敬法则并不是对于道德性的一个动力，而只是这道德性本身才是主观地被视为是一动力，只要当纯粹实践理性，通过拒绝自我贪婪（我爱）的一切敌对要求，它把权威性与绝对主观性给予于法则时（法则即是“现在单是它才有影响力”的那法则）。而必须注意的便是，因为“尊敬”是一理性存有在情感上，所以“尊敬”预设这样的存有的这种感性，也就是说，预设这样的存有的有限性，所谓这样的存有即是“道德法则把尊敬置派于其上”者；而且这也必须被注意，即尊敬法则不能被归属于一最高的存有，或被归属于任何“不受一切感性的束缚”的存有，因此，于这类存有身上，这种感性不能对于实践理性而为一障碍。

因此，这种情感简单地说只是为理性所产生。它不是用来为行动之估价而服务，也非用来充作客观的道德法则本身的基础，而只是用来充作一种动力去使这道德法则即以其自己而为一格言。但是，有什么样的名字我们可更恰当地用于这独特的情感上，即不能与任何感性的情感相比较的这独特的情感？实在说来，只是纯粹实践理性之所有事。

六十一、尊敬只应用于人格

尊敬只应用于人格，而非事物。事物可引起爱好，或恐惧，就像大海、火山、肉食的猛兽那样；但决不能引起尊敬。有某种较近于这种情感的东西便是赞叹，而此赞叹，亦可应用于事物，例如，高山、量度、数目、天体的辽远、许多动物的强力与敏捷，等等。但是这一切皆不是尊敬。一个人也有爱、惧的表现，甚至是惊异的一个对象，但还不是尊敬的一个对象。他的幽默，他的勇气，他的强力，他的权力，都可以鼓舞我，但说到"内心尊敬他"却仍然是缺省的。法国的讽刺家以及通俗哲学家芳特奈利说："我在一伟人面前鞠躬，但是我的心却并不身体鞠躬"。我可以进一步说：在如下所述的一个谦卑的平庸人面前，即在他身上我觉察到品性的正直，其正直的程度比我在我自己身上所意识到的为高，在这样一个谦卑的平庸人面前，我的心鞠躬了，而不管是否我愿鞠躬或不愿鞠躬，虽然我把我的头抬得从未如此之高，以便使他可以不忘记我的优越地位。为什么是如此呢？因为他的范例显示一个法则给我，此法则制止了我的自满自大，当我把我的行为与此法则相比较时，所显示给我的法则乃是这样一个法则，即"服从此法则"的可实践性，我见到可因我眼前的事实而被证明。现在，我甚至可以（在我自己身上）意识到一同样程度的正直，但是尊敬却仍然不废。什么原因呢？这是因为以下的情形使然，即因为在人们中一切善都是有缺陷的，所以通过一范例而成为可见的法则仍然抑制了我的骄傲，所以能如此，是由于我的标准是为这样一个人所供给，因此，他也在较为更可取的面貌中显现到我的面前"，这样一个人所供给。尊敬是一种我们不能拒绝去封赠的礼物，不管我们愿不愿意；我们实能外部地抓住它，又不能不内部地感觉到它。

尊敬是如此的远非一快乐之情，以至于就一个人来说，我们只是很不情愿地屈服于尊敬。我们设法去找出某种“可以为我们减轻尊敬的负担”的东西,来补偿我们。即使是死者也经常不能逃脱这种批评（检查），即使是在庄严崇高的道德法则本身也要招受人们之力，求不予以尊敬。我们常想去把这道德法则还原到我们习见的爱好层次，我们又都费如许之麻烦，把这道德法则作出来，使之成为我们自己的易知的利益之规则（箴言）——被选用的规则，我们之所以这样做，除了我们要想去解脱这有吓阻作用或警戒作用的尊敬以外，这还有任何其他理由可想吗？虽然如此，在尊敬中所有的痛苦（不乐）是如此之少以至于是这样，即如果一旦一个人已放弃他的自满自大，并且允许尊敬有实践的影响力，则他决不能以默识这法则的崇高而被满足，而灵魂也相信它自己可依照这比例，伟大的才能以及比例于这种才能的活动，无疑也可引起尊敬或引起一种类似的情感。去给予这些才能以尊敬，这是很恰当的，那么，这尊敬显现为好像这种情感与赞美为同一物。但是，如果我们再密切一点观察，将会看到：有多少能力是由于天赋的才能，有多少能力是由于勤勉的训练，这时常是不确定的。理性把它（能力）大概当作训练之成果（结果），因而也就是说当作功绩，而表象给我们，“而这种功绩”很显明地减低了我们的自满自大，因而它或者谴责我们，或者迫使我们去追随这样一种范例，那么，我们对于一个人所表示的尊敬就并不只是赞美；而这一点也为以下的事实所确定，虽然真正的学者，至少就他的才能来说仍然感觉到这尊敬，因为这学者本人也致力于一种事业以及一种天职或使命，这种事业或使命在某种程度上使对于这样一种人的模仿为一法则。

因此，尊敬道德法则是这唯一而不可怀疑的道德动力，而此尊敬之情除了基于道德法则上，是并不指向任何对象的。道德法则首先在理性的判断中客观地而又直接地决定这意志；而自由，正在于此，即它通过

“服从于它的纯粹法则”这条件而限制了一切爱好，故也就是说，限制了“自我尊大”。现在，这种限制在情感上有一结果，并且产生了不乐的感觉，此种不乐感觉可由道德法则而先验地被知。因为迄今它只是一消极的结果，此消极的结果，由于它从纯粹实践理性的影响而发生，因此就抑制了主体的活动，只有当这主体的活动为爱好所决定时，故也就是说，它抑制了关于这主体的人格价值的意想，所以此法则作用于情感上的结果只是愧耻自贬。因此，我们能先验地觉知这种结果，但是我们不能通过这种结果而知道“作为一动力的纯粹实践理性”的力量，只能知道它之对于感性的动力之抵阻。

但是，因为这同一法则客观地讲，即依纯粹理性的想法，乃是意志之一直接的决定原则，这种愧耻自贬也只相对于法则之纯净性而发生，因此在感性的方面，道德之自我尊大的虚伪要求在降低同时，即是在理智面对于道德法则的即实践的尊崇之升高；总之，一句话，那正是对于法则的尊敬，因而由于此尊敬之原因是理智的，因此它才是一积极的情感，此积极情感乃是能先验地被觉知的。因为凡是降低了那对于一种活动为障碍者，它即促进了这活动本身。现在，道德法则的承认就是实践理性的活动意识，而道德法则之所以不能在行动中显露结果，是因为主观原因阻碍了它。因此，对于道德法则的尊敬必须被看成是法则作用于情感上的一种积极的，虽然也是间接的结果，在只要当这尊敬通过贬抑了自我尊大而减弱了爱好的有阻碍作用的影响时；因此，这尊敬也必须被看成是活动的主观原则，就是说，被看成是一动力，这也就是对于“服从法则”的一个动力，须被看成是“可符合于法则”的一个生命一生的格言之原则。

从动力的概念发生兴趣的概念，此兴趣的概念不能被归属于任何之存有，除非有此存有理性，而且此兴趣的概念代表意志的动力，只当这意志为理性所思议时。因为在一“道德地善”的意志中，法则自身必须是动力，所以道德之兴趣也只是实践理性之一纯粹兴趣，独立不依于感性的兴趣。一格言的概念是基于兴趣的概念上。因此，格言是“道德地善”的格言，是只当它只基于“感兴趣于服从法则”这兴趣上才如此。但是，动力的概念、兴趣的概念、以及格言的概念，这三者都只能应用于有限的存有。因为这三者都预设着存有本性的限制，在此限制中，这存有的选择的主观性格不能以其自身即与实践理性的客观法则相契合；这三者都预设这存有需要通过某种东西被迫着行动，因为一种内部的障碍在反对着此存有自身。因此，这三者不能应用于神性的意志（即无限存有之意志）。

纯粹的道德法则离开一切利益为实践理性所呈现，以便于人们去遵守，而此道德法则的声音甚至使最大胆的犯罪者也恐怖战栗，从而迫使他把自己隐藏起来而不敢正视它，在对于这样的道德法则之无限制的尊崇中，有某种事是如此之独特，以至于我们不能惊异于：我们见到“一个纯然的理智理念之影响于情感”这种影响，此影响在思辨理性方面乃是完全之不可理解的，也不能惊异于我们须以“先验地如此之基地看到此影响，以至于这样一种情感在每一有限的理性存有中是不可分离地与道德法则的概念相联系”而得到满足。

如果这种尊敬之情是感性的，也就是说，真是“基于内部感取上”的一种快乐之情，则想先验地去发现这种情感与任何理念之联系，这必是徒然的。但是（它不是感性的），它是一种“只应用于那是实践”的情感，而且它是依靠于一法则的概念上，因此，它不能被算作快乐或痛苦，然而却能产生一种“服从法则”的兴趣，我们称此种兴趣为道德的兴趣，这恰如“能感兴趣于法则”之能，恰当地说，即道德之情。

“意志对于法则的自由服从”的意识，这意识却又与那“置于一切爱好上，虽然只通过我们的理性而置于一切爱好上”的一种不可免的强制相结合，这种意识也就是尊敬法则。“要求这种尊敬而且鼓舞这种尊敬”的法则显然是道德的法则，因为没有其他法则能杜绝一切爱好，而不让它们表现任何直接的影响于意志之中。一个“依照这种法则而为客观地实践的”行动，直到每一有决定作用的爱好原则的排除，这种行动，就是义务，而这义务，因为那种排除之故，它与自己的概念中包含着实践的责成，这就是说，包含着一种决定“决定至于行动”的决定，不管这些行动作成是如何地勉强地（不情愿地）。“发生于这种责成（强制）的意识”的那种情感不是感性的，就像那必是为一感取对象所产生的那一种情感那样，仅仅是实践的，也就是说，这种情感成为可能，是通过意志的一种先在的决定以及理性的因果性而成为可能的。因此，由于是服从法则，即由于是一命令此种实践的情感并不包含快乐，相反，到此为止，它含有行动中之痛苦。但是，另一方面，因为这种强制只是通过我们自己之理性的立法而施行，所以这种实践的情感也包含有某种上升的东西，而情感上的这种主观结果，只要当纯粹实践理性是某一唯一原因时，则它在此纯粹实践理性方面就被称为“自我许可”，因为我们认知自己为被决定，是只通过法则而无任何（感性的）兴趣而被决定，而且我们意识到一完全不同之兴趣而主观地为这法则所产生；而我们之在一义务的行动中感有这种兴趣，这并不是为任何爱好所提示，只是为理性通过实践法则所命令而且实际地产生；因此，这种情感得到一专名，即“尊敬”之名。

六十二、义务与行动

义务的概念，客观地说，在行动方面，要求符合于法则，而主观地说，在行动的格言方面，则要求：尊敬法则将是“意志所依以为这法则所决定”的唯一模式。而“依照义务”而行的意识与“由义务”而行，即“由尊敬法则”而行的意识间的区别即基于上句所说。“依照义务而行”，纵使爱好已成为意志之决定原则，也是可能的；但是“由义务而行”，或道德价值，则只能置于此，即行动做成是由义务而做成，也就是说，只为法则之故而做成。

在一切道德判断中，以极度精确性或严格性去注意一切格言的主观原则，这样，则一切行动之道德性可以置于“由义务而行”以及由尊敬法则而行，而不是对于那“行动所要去产生”的东西的“喜爱或爱好而行”的必然性。就人以及一切被造的理性存有而言，道德的必然性便是强制，也就是说，乃是责成，而每一基于这必然性上的行动是要被思议为是一义务，而不是被思议为是一种属于我们自愿的，那先在的、早已喜悦于我们者，或是好像要喜悦于我们者乃是我们能把行动没有尊敬法则而即能做成之，我们自己，好像独立不依神体一样，可进而具有意志的神圣性，通过我们的意志与纯粹道德法则之不可争辨的一致而具有意志的这种神圣性，这纯粹的道德法则好像是要成为我们自己的本性的一部分，而且决不会有所摇动。

道德法则对一圆满的存有意志来说，在事实上，乃是一神圣性的法则，但是对每一有限的理性存有来说，则是一义务的法则，即道德强制的法则，以及此存有的行动的决定的法则（此存有的行动的决定是通过尊敬这法则以及崇敬此存有的义务而成的决定，道德法则就是关于此存有的行动之如此决定成的法则）。没有其他主观原则必须被预定为一动力，如其不然的话，虽然这行动或偶然发生或出现，因为它不是由义务而行（只是依照义务而行），故这（去做这行动的）意向却并不是道德的，而正是这意向，恰当地说才是在这立法中成为问题的事。

由爱人以及由一同情的善意而去对人们做善事，或由爱秩序而去做正义的事，自然是一种十分美好的事。但是，当我们以幻想式之骄傲，像志愿军那样，假想去把我们自己置于义务的思想之上，且好像我们是独立而不依于命令似的，只出于我们自己的快乐意愿去做那“我们认为不需要命令去做”的事，上面所说的“由爱人以及由一同情的善意而去对人做善事”，这不是我们的行为真正道德格言，即适合于我们在理性的存有间作为人的地位的真正道德格言。

我们处于理性的训练之下，而在一切我们的格言之中，我们必不要忘记我们之隶属于这理性的训练，也不要从这理性的训练中撤销任何，或是一种自私自利的专断而减低或忽视法则的威权，以至于把意志的决定原则置于任何其他处，而不置于法则本身，也不置于尊敬法则。义务与责成是我们所必须给予“我们之对于道德法则的关系”的唯一名字。我们确实是道德王国的立法分子；但是我们又是这王国中的公民，并非统治者，而去把我们作为被造物的卑微地位弄错了，而且专横地去否决道德法则的威权，这在精神上便早已是背叛了这道德法则，纵然这法则文貌是被弃尽了。

“爱上帝越过一切，爱邻人如爱你自己。”像这样的命令可能是完全与以上所说的相契合的。

因为当作一命令看，它需要尊敬一个法则，即“命令你去爱”的一个法则，而此法则不是把爱留给我们自己的随意的选择，爱上帝，若视作是一种爱好，这却是不可能的，因为上帝并不是可感取的一个对象。朝向人而发这爱好的爱，无疑是可能的。但这却不能被命令，因为依命令（感性地）去喜爱任何人,这不是在“任何人”的力量之中的。因此，那只是实践的爱它才是一切法则的精髓，而从这个意义上说“去爱上帝”就是意谓：愿意去实行他的诫命；“去爱一个人的邻居”意谓：愿意去实践对于邻居的一切义务。但是这命令不能命令我们去拥有这种习性，只能命令我们去努力追求。因为命令你喜欢去做某事，这在本身就是矛盾的，因为如果我们早已知道我们所不得不去做的是什么，而且进而如果我们意识到（我们是）喜欢去做它，则一个命令必完全是不需要的；而如果我们去做它，不是情愿地去做它，则只是出自于对法则之尊敬，那么，命令，必直接与它所命令的习性相对抗。因此，那法则，就像福音书中的一切道德箴言，即展示这道德习性于极其圆满之境，处于这极其圆满之境中，这种道德的习性，自其为一“神圣理想”而看它，它不是可为任何被造物所能得到的，但它却是我们要努力去求接近的一个模型。

事实上，如果一个理性的被造物实曾达到这一点，即他彻头彻尾喜欢履行一切道德法则，这必意谓于其身，不存有任何“足以引诱他去违背道德法则”的欲望，甚至这样一个欲望的可能亦不存；因为要去克服这样一个欲望，这主体总赔上某种牺牲，也就是说，对于“一个人所不十分喜欢去做”的某事总需要有自我强迫，而也没有一个被造物能达到“彻头彻尾喜欢去实行一切道德法则”这种道德习性的阶段。由于他是一个被造物，故是有依待的，因此他从不能完全脱离他的欲望与爱好，又因为这些欲望与爱好都基于物理原因，所以它们从不能以其自身即与道德法则相一致，这道德法则的来源是完全不同的；因此，这些欲望与爱好使“去把一个人的格言的‘心灵意向’基于道德的责成，不基于早已有之的爱好,基于尊敬,而不基于喜爱”这一点成为必然的,纵然如此，此后者即喜爱法则也必须是其努力方向，但却是不可得到的目标。因为在“我们所高度尊崇的东西，而因为意识到我们的弱点的原因，却又是我们所高度恐惧的东西”的情形中，“满足于这所尊敬与所恐惧的东西”的满足之更加容易，必把这最可尊敬的戒惧（敬畏）变成爱好，把尊敬变成喜爱；这种变成爱好，变成喜爱，至少也应是“忠于法则”的一种习性之圆满，如果“去达到这种习性的圆满”对于一被造物真是可能的时。

以上的反省尚不太重在想去理清所引的福音书中的命令，以便去阻止关于“爱上帝”方面的宗教的狂热，但勿宁说是在想直接就我们对于他人的义务，而准确地去界定这道德的习性，且前去抑制，以阻止纯然的道德的狂热，此道德的狂热感染了许多人。人所处的道德阶段是尊敬道德法则。“在服从法则中他所应当去有之”的那习性是从义务去服从它，不是从自发的爱好去服从它，或者说来，不是从一种由喜欢与自愿而扬起的努力去服从它；而他总是能够存在于其中那恰当的道德情况就是德性，即在奋斗中的道德习性，而非神圣性，那“通过激励为高贵的、庄严的、豪迈的，而被注入于心中”者没有别的，也不过就是吼叫着的道德的狂热与夸奢着的自满自大，通过这种激励，人们被导入于幻像，即那“构成他们的行动的决定原则”者并不是义务，即并不是尊敬法则人们遂幻想那些行动从他们身上被期待，并不是从义务而被期待，而只是当作纯粹的功绩而被期待。因为在依据这样的一种原则以模仿这样的行为中，不只是他们不曾丝毫充尽了法则的精神，不只是他们使动力成为感性的，而不是道德的，而是在这一种路数里，他们产生了一种徒劳无益的、高度飞扬的、空洞幻想的思路，以其心自发之善性来谄媚他们自己，因而忘记了他们的义务，即此义务才是他们所应当想到的，并不是功绩是他们所应当想到的。实在说来，所有的那些行动，自“以伟大的牺牲而做成，而且只为义务之故而做成”的那些行动，可以被称赞为高贵而庄严的，但也只当有一些迹象足以暗示这些行动被做成完全是由于尊敬义务而被做成，而不是从激发起的情感而被做成，才可如此被称赞。但是，如果这些行动置于任何人面前，以为须被仿效的范例，则“尊敬义务”必须被用来作为动力，它决不允许我们的徒然无益地以感性冲动去在功绩性的价值中骄傲。现在，只要探求我们将可对于一切值得称赞的行动找到一个义务的法则，此义务法则在命令着，而且它不听任我们去选取那“可以对于我们的爱好为可愉悦的”东西。这是表现那“能给灵魂一道德训练”的东西唯一的道路，因为只有这道路才可容许有坚实的而又准确地界定了的原则。

如果狂热地说，是对于人类理性的限制的有意的越过，则道德的狂热便是对于实践的纯粹理性，置于人类身上的限制的有意的越过，而依这限制，纯粹实践理性禁止我们去把正确行为的主观决定原则，置于任何别的东西上，却不置于法则本身上，或去把那“通过正确行动主观决定原则——道德动力而被带入于格言中”的意向，置于任何别的东西上，但却不置于“尊敬法则”处；而因此禁止，纯粹实践理性命令我们去把义务的思想，取来作为人们中一切道德的最高的、有生命的原则，这义务思想击灭了一切傲慢自大，以及徒然无益的自我贪婪。

如果这意思没错，则不但是小说家或热情的教育家，甚至是最严格的哲学家，如斯多噶，也曾被带进道德之狂热中，而未被带进一种清醒而明智的道德训练中，虽然斯多噶的狂热看来比较有英雄气，而小说家以及热情的教育家的狂热则是枯燥乏味，柔弱而无丈夫气；而我们如果没有伪善，那么对于福音书道德教训可以这样说，即它首先通过它的道德原则之纯净性，而同时它的原则亦适宜于有限存有的限制，而把人们的善行置于一种“明显地摆在人们眼前”的义务训练之下，这种义务不允许他们放纵于想象的道德圆满梦想中；而且我们对这也可这样说此自大与自我贪婪两者很易于去错乱人们的限度。

义务！你这庄严而伟大的名字！你这名字并不拥有什么妩媚或谄媚性的东西，但只要求服从，你却又不想去通过那“必会引起自然的厌恶或恐怖”的什么威吓性的东西来动摇意志，你只紧握一个法则，此法则即以其自身找到其进入心中之路，而且又得到不情愿之尊敬——这一个法则，在它之前，一切爱好黯淡无光，如聋如哑，纵使这些爱好暗地在反抗它或阻碍它，它们也仍是黯淡无光，如聋如哑，值得称义务这个名字有什么根源？你的这高贵家世，从你的高贵家世而被引生出的一个根，即“人们所能给予于自己”的唯一价值不可缺少的条件，你这样的高贵家世之根从哪里得见？

这根或根源不啻是这样一种力量，即“把人升举在他自己之上”的这样一种力量，此一力量把人联系到一种“只有知性才能思议之”的事物秩序，即把人联系到这样一个世界，与此全部感触世界连同在一起的时间中，人经验地可决定的存在与一切目的之总合。这个力量没有别的，不过就是人格性，也就是说，不过就是自由与“独立不依于自然机械性”的独立性，但此自由与独立性却又须被看作一个“服从特殊法则，即服从那‘为其自己的理性所给予’的纯粹实践法则”的存有机能；这样，就如属于感触世界的个人，由于其属于智思界，他隶属于自己的人格性。人，由于属于两个世界，也必须只以敬意来观照他自己的本性，在关涉于其第二而又是最高的品质中，并且以最高的尊敬来顾看这最高品质法则，此不是惊异。

那“依照道德理念而指表对象之价值”的许多表示基于这个根源上。道德法则是神圣的。而人是很不神圣的，但也必须视其自己人格中人性人义为神圣的。在万事万物之中，一个人所选取的每件东西，以及一个人有任何力量所能控制的每件东西，皆可用来做工具，而只有人，以及跟人一起的每一有理性的被造物，是在其自身即是一目的。通过他的自由的自律性，他是神圣的道德法则的义体。也正是由于这种原因，每一意志，甚至每一个人的个人意志，在关联于自己时，被限制于“与理性的存有的自律性相契合”这条件的，那就是说，它不是要被隶属于任何一个“不能与法则相一致”的目的的，目的须与相一致的法则可从“被动的主体自己”的意志而生出，依此，此被动的主体从不能被用来只当作工具，但也同时须被用来当作其自身即是一目的。我们甚至很正当地也可以把上句所说之条件归属给神性意志，就着世界中的各种理性存有，即作为神创造物的各种理性存有，而把这条件归属于神性的意志，因为这条件是基于各种理性存有的人格性上的，只通过这人格性，各种理性存有才能保证在其自身即是一目的。

这种鼓舞起尊敬的人格性之理念，即“它把我们的本性的庄严置于我们眼前，而同时它又把‘我们的行为的缺乏与它相一致’表示给我们，因而它击灭了我们之自大”这种鼓舞起尊敬的人格性理念，甚至对于最普通之理性也是很自然的，而且也很容易被观察出。

甚至每一普通的君子也有时见到，虽通过在其他方面无害的谎言，他可以使他自己脱离不愉快之事，或甚至可以为心爱而又值得受奖的朋友获致某种利益，然而他却避免了这谎言，他之所以避免这谎言，只是唯恐他在自己眼中秘密地轻视自己，有时还见到这一点吗？

当一个正直的人处在极度困穷中时，只要他忽视义务，就可以摆脱这种困穷，可是他岂不是通过以下所说的意识而强忍着吗？即他已在自己的人格中以人性的尊严而维持了“人”义，因此，他没有理由羞辱自己，或去担心或恐惧自我反省，他岂不是通过这意识而强忍着吗？

这种慰藉并非幸福，甚至不是幸福的一最小部分，因为没有人会愿意致此慰藉机缘，甚至或许也没有人愿望一个在这样境况中的生命。但是他活着，而他也不能忍受他在自己眼光中为不值得地活着。因此，这种内部之安和，就那“能使生命愉快”的东西来说，只是消极的。事实上，它只是避免人格价值方面沉没的危险，它是对于“某种‘完全不同于生命’的东西”的尊敬结果，这某种东西即是“在与之相比较并相对比中，生命连同生命的一切享受显得全无价值”的某种东西。他仍然活着，这是因为“活着”是他的义务，而不是因为他在生活中找到了任何愉快的东西。

以上所说，即是纯粹实践理性的真正动力的本性；它没有别的，不过就是纯粹道德法则本身，因为此道德法则使我们认识到自己超感触的存在之庄严而且主观地说，它在“人们也觉识到他们的感触性的存在，以及因此感触性存在而来的那‘感性地很易感染的本性’的依存性”这样的人们中，产生了对于人们的较高本性的尊敬。

现在，如此多之妩媚以及生活的满足可与这动力相结合，以至于单为此种妩媚与满足之故，甚至是一合理的伊壁鸠鲁派门人之最慎审的选择，也必然会宣称他自己是站在道德行为一边，而同时去把这生活愉快享受景色，联系于那“早已其自身即是充足的”最高动力上，这甚至也是明智的；但是这种情形只可当作一种均衡看，也就是对于“恶行在反对面所能去展现之”的吸引、诱惑而起一种均衡作用以抵制之，而不是想去把这真正的动力，即使是这动力最小部分，置于这生活享受景色当中，于论及义务时。因为若真是想把这真正的动力置于这景色中，那也就是等于想去染污道德意向在其根源方面纯净性。义务的崇高无所事事于生活的享受，它有它的特殊法则以及它的特殊法庭，虽然义务的崇高与生活享受这两者聚在一起，混合得十分之好，就像一对药剂一样，以之给于病人，这从未很容易地被摇动过，然而它们双方不久就要各自分开；如果它们不分开，则其义务的崇高将不起作用；虽然物理生命可以在强力方面得到一点什么事，然而道德生命则必不可挽回地枯萎下去。

六十三、实践理性与思辨理性

所谓，对于一门学问，或一门学问的一部分之批判的考察，研究并证明这门学问这种系统形式，当我们把这门学问与另一基于同一知识机能的系统比较时。实践理性与思辨理性两者是纯粹理性时，它们即基于同一机能。因此，这两者的差异必须因这两者的比较而被决定，而此差异根据也必须被指定。

纯粹理论理性的分析的对象，即如"可以被给予于知性"这样的对象的知识，因此，它被迫着必须从直觉开始，也就是说，必须从感性开始，因为这种直觉总是感触的；而只有在直觉之后，它才能进到概念，也只有在直觉与概念已先被讨论以后，才能以原则来结束。相反，因为实践理性并不有事于对象以便去知道对象，只是有事于它自己的"真实化对象"之能力，也就是说，但只有事于"即是一种因果性"的那个意志，当理性含有意志的决定原则时；因而结果，又因为实践理性并不要去供给一个直觉的对象，但作为实践理性，它只要去供给一个法则；所以如果理性要成为实践的理性，则"这理性的分析"之批判的考察，则必须开始于"先验的实践原则之可能性"只有在先验的实践原则已可能以后，它才能进入到一实践理性的对象之概念，即进到绝对的善与恶的那些概念，进至此以便依照那些原则去指定善与恶的概念；而也只有经过了原则的可能与对象的指定后，这些批判考察的段落才能结束，即以讨论纯粹实践理性对于感性关系，以及其对于感性的必然影响关系，即是说以讨论道德情感来结束。这样，实践纯粹理性之分析有其"共同于知解理性，但次序与之相反”的使用的条件的全部范围。纯粹的知解理性的分析是分成超越摄物学与超越辨物学，而实践理性的分析则相反地分成纯粹实践理性逻辑学与感性论，如果我可以只为类比之故，而使用这些名称，可知这些名称并非十分恰当。在知解理性那里，辨物学（逻辑）分成概念的分析与原则分析，而在实践理性这里则分成原则的分析与概念的分析。又在前一情形即知解理性那里，摄物学有两部分，正因为有两种感触直觉的原因；而在这里，感性并不能被看成是一直觉之能，只能被看成是情感，而关于这方面，纯粹实践理性不允许有进一步之区分。

区分为两部分再连同着它们的划分，这种区分在这里所以实际上未被采用，其理由也很容易看出。因为那正是纯粹理性在这里依其实践的使用而被考虑，也就是说，被考虑为从（意志）决定之先验原则而前进，“纯粹实践理性的分析”之区分必须相似于一个三段推理的区分，即从大前题中的普遍原则（道德原则），通过一个小前题，而达到结论，即意志的主观决定。一个人他若能信服发生于此分析中的各命题的真理，他将在这样的比较中感到快乐；因为这些比较可以正当地启示这种期望，即我们有一天或可能察识到（见到）这全部理性机能统一，并能从一个原则中去引申出一切，而此一原则是人类理性所不可免地要求的，因为只有在理性的知识之一圆满地系统性的统一中，人类理性才找到完整的满足。

但是，如果我们现在考虑及“我们关于一纯粹实践理性所能有，而且通过一纯粹实践理性而能有”的知识之内容，正如分析部中所展示的，我们顺着实践理性与知解理性间可注意的类比，也将见有同样可注意的或显著的差异。就其知解理性来说，一种纯粹理性的先验认识的机能，可通过从科学而得来的例证很容易而且很显明地被证明。但是，纯粹理性，单是其自身就能是实践的，这一点只能从理性的最普通的实践使用，通过证实以下的事实而被展示，即每一个人的自然理性都可承认最高的实践原则为他的意志的最高的法则，在科学能把这法则当作一种事实，即“先于一切关于其可能性之争辩，以及先于一切从它而被引申出的结果”这样的一种事实，掌握于手中以备去使用以前，“首先去建立并去证实它的根源的纯净性，甚至即在这通常理性的判断中去建立并去证实它的根源的纯净性”，也是必要的。但是这一层很容易被解明；因为实践的纯粹理性必须必然地开始于原则，因此，这些原则必须是最出的所与（与料），是一切学问之基础，它们不能从其他学问里被引生出来。通过一种简单的诉请——诉请于常识的判断，以充分的确定性，去作成这证实，即“证实道德原则为一纯粹理性的原则”之证实，这已是可能的，其可能是因为以下的理由而可能，即凡是任何经验的东西能够即刻通过那苦乐之情而被检查出来；然而纯粹实践理性则却是积极地拒绝去承认这种情感进入它的原则中以为一条件。经验的决定原则与理性的决定原则之异质性，可通过这种抵阻作用而清楚地被检查出来，也就是说，通过一种尊敬之情而清楚地被检查出来；而且被检查出来是按这样显著而凸出的样式而被检查出来，以至于纵使最未受教育的人也能在一个呈现于他眼前的范例中即刻见到这一点，即作意的各种经验原则可以迫使他去追逐这些经验原则的吸引诱惑，但是他从不能被期望去服从任何东西，除了服从理性的纯粹实践法则外。

六十四、幸福论与道德论

在幸福论中，经验原则构成了全部基础，但是在道德论中，经验原则甚至不能形成基础的最小部分。幸福论与道德论两者间的区别是“纯粹实践理性的分析”之第一而且是最重要的工作；对此工作必须以准确性与所谓之严格性进行，就好像几何学家进行其工作那样准确与严格。但是哲学家在这里有许多较大的困难要奋斗，因为他不能以任何直觉作为基础。但是，他有这便利，即就像化学家一样，他可以为“区别道德的决定原则与经验的决定原则”目的，在任何时以每个人的实践理性来做一试验，也就是说，他可以通过把道德法则加到经验地被影响的意志上去而做一试验。这恰恰如同化学家当其做盐酸中的石灰的化解时，把碱加到盐酸上，酸质即刻丢弃了石灰质，而与碱相结合，因而石灰即沉淀下来。与此相同，如果一个人在其他各方面都是正直的，如果对于这样的一个人，我们把道德法则呈现在他的面前，通过这样道德法则，他认识了谎言无价值，于是，则他的实践理性即刻便丢弃了利益观念，而与那“在他身上能保持尊敬其自己之人格”的东西相结合，而此等利益观念，在其已与理性的每一成分分离开而且从理性的每一成分被刷洗下来之后，它也是很容易为任何人所衡量利益观念在其他情形中掺进来与理性相结合，而不在“它可相反于道德法则”的情形中掺进来与理性相结合，因为理性从未丢弃过这道德法则，但不最密切地与道德法则相联合。

但是由以上的区别，并不是随着就可以说幸福原则，与道德的原则间的区别是它们两者间的一种对立，而纯粹实践理性也并不需要我们一定要放弃一切对于幸福的要求，只要论及义务，我们就必不要顾及幸福。“去供给幸福”，这甚至在某些方面也可是一种义务，一方面因为幸福含有实现我们义务之工具；一方面，若缺乏了幸福，便有足以令人违犯我们的义务或随之而来。但是“去促进我们的幸福”，这从不能是一直接的义务，它尤其不能是一切义务的原则。现在，因为除纯粹实践理性的法则，即道德法则以外，意志的一切决定原则都是经验的原则，也就是说，即如其为经验的，也都属于“幸福的原则”，因此它们必须与道德的最高原则来分开，而且也决不能当作一个条件而与道德最高原则相结合；因为如此的话，必能毁坏一份道德的价值，此恰如任何经验的成分若混杂于几何原则中，这必毁坏了数学证明的确定性，此确定性，依柏拉图的意见，是数学中最卓越的事，它甚至超过了数学的功用。

但是，因为不需要有纯粹实践理性的最高原则的推证，所以我们所能去做的充其量只不过就是去展示，如果我们已见到了一动力因的自由之可能性，我们必定同时也可看见“作为理性存有的最高实践法则的道德法则”的可能性，不只是可能性甚至是必然性，(对于这些理性的存有，我们把他们的意志的因果性的自由归给他们)；“何以能如此”，这是因为自由与道德法则这两个概念是如此不可分离地联系于一起，以至于我们可以把实践自由规定为意志。但是我们不能知道一因致因的自由的可能性，特别在感取世界中不能知道；可是只要我们能够充分地保证没有“自由的不可能性”的证明可被给予，而我们现在又通过那设定自由的道德法则而被迫着，因而也就是说有权去预定自由，则我们算为幸运的。

但是仍然有很多人相信他们依据经验原则能够解释这个自由，就像解释任何其他物理的（自然的）机能一样。他们视自由为一种心理学特性，而并不视之为一种“属于感取界”的存有的因果性之一超越的说法。这样，他们使我们丧失了那伟大的启示，也就是说，丧失了“一个超感触界”之启示，因此启示之丧失，就也使我们丧失了道德法则本身，此道德法则是决不承认经验的决定原则的。因此，在这里去增加某种东西以为防御，借以对抗这种妄想，并去展示经验主义显然的肤浅性，这是有必要的。

当作物理因果概念，相反于当作自由看的因果概念，它只是有关于事物的存在，只要当这些事物的存在在时间中是可决定的时候，也就是说，只要当这些事物存在是当作现象看，而以相反于它们的因果性的当作物自身看时。现在，如果我们把时间中事物的存在属性误认为物自身的属性，则想去融洽或协调"因果关系的必然"与"自由"这两者，乃是不可能的，它们两者是矛盾的。因为随"因果关系的必然"而来的便是：每一事件，也就是说，发生在时间某一点上的每一活动，是那存在于先行的时间中的东西必然的结果。现在，由于过去的时间不再是在我的力量（掌握）中，所以我所做成的每一活动必须是那"不在我的力量（掌握）中"的某一决定根据的必然结果，也就是说，必须是那"我活动于其中我从未是自由的"的一刹那间的那某一决定根据的必然结果。纵使我认定：我的全部存在本不依赖于任何外在的原因，这样，我的因果关系的决定原则，甚至我的全部存在的决定原则，便不在我自己以外，可是纵使如此，也不能丝毫把物理之必然转成自由。因为在时间的每一瞬中，我仍然是处于"通过那不在我的力量（掌握）中的东西而被决定去活动"必然性之下，而"在先行方面为无限"的那事件联系，即"我只能依照一预先决定了的次序而连续，却不能从我自己开始"的那事件联系，它必应是一连续的物理链子，我的因果性必从未是自由的。

如果我们想把自由归属于"其存在是在时间中被决定了的"这样一个存有中，我们便不能从"关于他的存在中的一切事件"的必然性的法则中，"关于他的活动"的必然性的法则中把他除外；若是这样把他除外，则必是把他交给了盲目的机遇。因为这法则不可免地可应用于一切"事物因果性"，只要当这些事物的存在是在时间中可决定的时，因此，随之来的便是：如果这是"我们也曾以此思考这些物自身的存在"的方式，则自由必须是当作不可能的概念而被拒绝。如果我们仍然想救住自由，则除了以下的办法外，没有其他的办法可以保留下来，即只有去考虑，一物的存在（当它是在时间中可决定的时），也就是说，一物的因果性（依照物理必然性的法则而来的因果性），都属于现象，而去把自由归属于这同一存有的为一物自身。如果我们想把这两个相矛盾的概念维持在一起，这办法的确是不可避免的；但是，在应用当中，当我们想去解释它们在同一活动中的结合时，重大的困难便呈现出来，这些困难似乎要使这样一种结合为不可实行的。

当我对于一个被定罪为一“穷贼”的人说，这行为，通过物理的因果法则，是前时中决定原因一必然结果，因此，“这行为可不发生”是不可能的，按依照道德法则而来的判断如何能于这行为做任何改变？我又怎么能想到，这行为可以不被做成，因为道德法则说这行为应当不被做成？那就是说，一个人如何能在同一刹那中，并就“他于其中服从一不可避免的物理必然”的同一行动，而被说为是自由的呢？有些人想用以下说法来避免这种困难，即“决定他的因果关系”的那原因是这样的一种原因，即，与一“比较的自由概念”相契合的一种原因。按照这说法，那有时可叫作是“自由的结果”者，其“决定的物理原因”是处于这正在活动的事物本身之内的。举例来说，例如，一个抛射体（子弹）当其在自由运动时所表现的，在此情形中，我们使用“自由”一词，是因为它在飞行时，它不为任何外在的东西所迫使。另举一例，我们说一个钟表运动是一自由的运动，因为它自己移动它的指针，运动不需要为外力所推动。和这相同，一个人的各种活动必然地为在时间上先在的各种原因所决定，可是我们仍说它们是自由的，这是因为这些原因是由我自己的机能而被产生出的一些观念，因此，行动也按照我们自己的快乐而活动着。这种说法是一种可耻的遁辞，某些人仍然以此可耻的遁辞来逃脱他们自己，并且相信他们已解决了这困难的问题，玩儿了点字眼的把戏来解决这困难的问题。

六十五、自由、自然与自身

事实上，在关于自由的问题上，为人们自己所承认的，这些有决定作用的观念在时间中以及在先行的状态中有其存在的根据，而此先行状态又通过其存在的根据，以之去追溯没有穷尽，如果是这样，则那“物理法则而必然地决定因果性”的各种原则是否居于主体之内，或是居于主体之外，倘若居于主体之内，这些原则是否是本能的，或是为理性所思议的，将都是无关的。那么，说这些有决定作用的观念是内部的，这是无关重要的；说它们有一心理学的因果性，而不是有一机械力学的因果性，说它们产生行动是借赖着观念而产生行动，不是借赖着身体的运动而产生行动，也是无关重要的；它们仍然是如下所说的一个存有的因果性的决定原则，即“其存在是在时间中为可决定的，因而也是在过去时的条件而迫使下的，当这主体要去活动时，那些过去时的条件是不复在其力量（掌握）之中的”，这样一个存有的因果性的决定原则。这些有决定作用的观念实可承蕴着一心理学的自由，但是“纵然如此”，它们却也包含着物理的（自然的）必然性，因此，它们并没有为“超越的自由”留下余地，此超越的自由必须被思议为独立而不依于任何经验的东西的独立性，独立而不依于一般地说的“自然”的独立性，不管这“自然”或经验的东西，是只在时间中所考虑的内部感取之一对象，或者是在时间与空间中所考虑的外部感到之一对象。假设没有这种超越的自由，没有道德法则是可能的。

依照物理的（自然的）因果法则而来的时间事件的必然性才可叫作

是自然机械性，虽然我们并不是以此来意谓那“服从于这机械性”的东西必须真实是物质的机器。在此，我们只注意于在一时间系列中的事件联系的必然性，即如事件按照物理法则而发展那样而注意其联系的必然性，不管“这种发展所发生于其中”的那主体是叫作物质的自动机，或者随着莱布尼兹,叫作精神的自动机；而如果我们的意志的自由是后者，则它必在根底上不过就是一做烤肉叉子的机器转叉狗的自由，此转叉狗一旦被扭起时，其自身即会完成其运动。

要想去排除以上所设想的情形中，在同一行动中自由与自然的机械性间的显而易见的（表面的）矛盾，我们必须记住纯粹理性批判中所说的，或随该批判而来的，即自然的必然性，不能与主体的自由并存者，它只能附着于服从时间条件的东西的属性上，只附着于作一现象看的活动主体的属性上，因此，在这方面，这同一主体每一活动的决定原则乃是处于那“属于过去时而且也不再是在他的（力量）掌握中”，此过去时不在其掌握中的东西也必须包括他自己过去的（早已做成的）活动，以及这些过去的活动所可决定给他的那品性，决定给他是在其自己眼中把这品性当作一现象而决定给他。但是这同一主题，另一方面，由于他也意识到他自己为一“物之在其自己”，所以他也考虑他的存在是“他的存在不服从时间条件”而考量的，而且视他自己为“他通过理性所给予他自己”的那些法则而为可决定的。在这种存在里，没有什么东西是先于其意志的决定的，就每一活动一般地说，他的存在的依照他的内部感取而变化的每一变形，包含他的“作为一感触的存有”的存在的全部系列，在他的超感触的存在的意识中，不过就是他的作为一本自物的因果性的一结果，而从不会被看成是他的作为一本自物（智思物）的因果性之一决定原则（决定根据）。依此观点，一个理性的存在对于他所做成的每一非法的行动，能正当地说他可以让它不被做成，纵使当作现象看，它是充分地被决定于过去中，一切过去都属于他的品性的整个现象，此品性是他为自己所造成的，而由于此品性之原故，他遂把那些现象的因果性转嫁于自己，使自己背上了那些现象的因果性的污名，而实则是把自己当作一个独立不依于感性的原因来看的。

我们所叫作“良心”的那个奇异机能的判决完全与这相契合。一个人可以如其所愿使用许多技巧，以便把他所记忆的一种非法的行动当作一无意识的错误，只是忽略，当作一种他的通过物理必然的急流而作成的东西，而描绘给他自己，然而他仍见到：这“依某偏爱而说话”的辩护者决不能使这内部的责难者沉默而不闻问，只要他意识到当作这错事时，在他清醒时，虽然如此，他又以某种坏习惯来说明其错行，这坏习惯，通过逐步忽略了注意，他让它在他身上生长，生长到这样一种程度，以至于他能把他的错误看成是这坏习惯的自然结果，虽然这种说明并不能使他防御那“他所投于其自身”的责备或谴责。上文所说的那观点同时也是后悔的根据，是对于很久过去的行动的后悔，每每想到，便对它后悔，这种后悔是一痛苦的感情，为道德之情所生，实际地说来，是空洞的。

因为当论及“我们的智思的（超感触的）存在”的法则（道德法则）时，理性并不注意时间之区别，而只问事件是否属于为我的行动，然后理性总是道德地把这同一情感联系于这事件上，不管这事件是现在刚发生或者是在好久以前已发生。因为在涉及生命存在的超感触意识中，感取界的生命不过是一独个的现象，而此现象，只要当它只包含着那有关于道德法则的心灵习性的显现时，即必不可依照那“当作现象而隶属于它”的物理必然性而被判断，只应依照自由绝对自发性而被判断。

因此，以下一点或可被允许，即如果有一如此深奥的洞见，洞见到一个人的心灵品性，为内部的以及外部的行动所展示者，有此洞见，以便去知道这些内外部行动的一切动力，甚至最微小的动力，并且同样也去知道那些影响这内外部行动的一切外在的机缘，“如果有如此深奥之洞见”，这是可能的，则我们必能以最大的确定性，就像月蚀或日蚀那样的确定性，来估计一个人的未来行为；虽然可以如此估计，但我们仍可主张说这人是自由的。事实上，如果我们对于这同一主体真能有进一步的洞见，即，真能有理智的直觉，那么，我们一定可以觉察到：在涉及一切那“有关于道德法则”的东西中，这全部的现象链锁出于依靠于当作一物自身看的主体的自发性，而关于此作为物自身的主体的决定是没有物理的解释可被给予的。可是因为缺乏这种直觉，所以道德法则保证我们以下的区别，即被我们当作现象看的行动对于我们的感性的本性关系，以及这感性的本性对于超感性的基体的关系，这两种关系的区别。

依据上文所说的那两种关系间区别的观点，我们也能使某些判断为有理，这些判断是“我们以良心做成的，但是起初看它们却又似乎完全相反于公平”，现有许多例案，在这些例案中，有些人即使用那“对于他人有益”的同样的教育，却还是表现出如此早期的堕落，并且还如此继续进行着其堕落，进行到成年期还是如此，以至于他们被认为是生就的坏人，而他们的品性也被认为是全然不可能有长进的；可是，虽然如此，他们仍然要判断为其所做的或所应做而未被做成事情，他们仍然要为其过错而被谴责为有罪；他们自己也须视这些谴责为很有道理，就好像是他们仍然与任何其他人一样对其行为要负责。如果我们不曾设想：不管从一个人的选择所发生的是什么，要都有一自由的因果性为其基础，此自由的因果性从最早的幼年期即于其显现（即活动）中表示其性格；如果我们不曾如此设想，那以上所说的判断和谴责就必不能发生。这自由的因果性所显现的那些显现或活动，因为行为的统一性的原因，它们显示一自然的联系，但是，这自然的联系并不使意志的恶劣性质成为必然，但恰好相反，它却是那些“自愿采用的而又是不可更变的”恶原则的后果，这些恶原则只会使这意志更为应该受责备而且应该受惩罚的。

但是，在一个属于感取界的存有中，自由与自然的机械性的结合里仍然存在一种困难。纵使在以上所说的一切的被承认之后，它也足以用完全的毁坏来威胁自由。也有一种情况它可供给一“仍然有利于自由”的成果的希望，就是说，上句所提出的那困难是更强烈地压在那种系统上，即主张“时间空间中可决定的存在是物自身的存在”这系统上。因此，这种困难并不迫使我们去放弃我们的“时间的观念性之主要的假设”，此等的所谓时间是这样的时间，即只是作为感触直觉的纯然形式的时间，只是作为一纯然的表象的样式的时间，此表象的样式只适当于这主体，即“如其属于感取界”的那主体，这困难并不迫使我们去放弃我们的“这样的时间的观念性”这主要的假设。因此那困难也只要求这个想法与此“自由之”理念相融洽。

“超感触的主体就一特定活动而言，能是自由的，然而当作一个‘也属于感取界’的主体来看，这就同一活动而言，它又是处于机械条件之下的”，纵使这层意思是可以承认的，仍然还有以下的情形，即只要当我们允许作为普遍的第一因的上帝也是实体物的，存在的原因，我们必须要承认：一个人的各种活动在某种“完全超出此人的力量之外”的东西中有它们的决定原则，这就是说，在“不同于他自己”的一个最高存有中有它们的决定原则，而此人自己的存在及其因果性的全部决定都绝对地依靠于这最高的存有上。事实上，如果一个人的各种活动，即如那“属于他的时间中的变形”的各种活动，不只是作为现象的“他”的变形，而且也是作为物自身的“他”的变形，则其自由必不能被救住。于是，则人必是一傀儡或一自动的玩具，就像望堪生所发明的自动玩具一样（望堪生于1738年，在巴黎发明一种自动玩具），而为一最高的技艺者所制造以及所扭动。自我意识实可使他成为一思维的自动体，如果他自己的自动性意识被误认为是自由，这必然是一幻像。它所以称为自由，必然是依一比较意义而得名的自由，虽然它的运动切近的决定因是内在的，然而这最后而最高的原因却见诸一外来的手中。因此，我看不出那些“仍然坚持于视时间与空间为‘属于物自身的存在’的属性”的人们，能避免承认各种活动的定命性。如果（像那在其他方面都精明的门得孙一样），他们允许时间与空间是“必然地属于有限而派生的存有的存在”的条件，却不是“属于无限的最高存有的存在”的条件，我看不出他们依什么根据能够使这样的一种分别为有道理，实在说来，我看不出他们如何能避免发生到他们身上的矛盾，当他们主张说时间中的存在是一“必然地属于有限的各种物自身”的属性，而上帝就是这种存在的原因，但却不能是时间（或空间）自身原因时；就此各种事物的存在而言，他的因果性必须服从一些条件，甚至服从时间的条件；如此，则不可避免地要发生那“与他的无限性及独立性的概念相矛盾”的每一东西。

另一方面，我们很容易去引出这区别，即独立不依于一切时间条件的“神性的存在”的属性，以及感取界的一个存有的属性间的区别，因为这区别确实就是“一物在其自己”的存在与“一物之在现象中”的存在间的区别。因此，如果时间与空间的观念性不被采用，则除斯频诺萨主义外，也没有什么东西可以留存下来，在此斯频诺萨主义中，空间与时间是“最高存有自己”的本质属性，而“依靠于他”的那些东西则不是实体物，只是“附着于他”的一些偶然物；如果“依靠于他”的那些东西只当作他的结果而在时间中存在，这些存有的活动是指他在某时与某地所做成的一些活动。这样，斯频诺萨主义，不管它的基本观念的荒唐，它的辩说胜过创造说。依创造说，被认定为自体物的万有，以及“在其自身而存在于时间中”的万有，而这样的万有则被看成为一最高原因的结果，但却又不把它们看成是隶属于他以及他的活动者，而却把它们看成是一些个别的自体物，当创造说如此看万有时，斯频诺萨主义即比它更为强固地在辩说着。

以上所提到的困难可以简单而且清楚地解决如下：如果时间中的存在只是那属于“世界中的思维存有”表象的一纯然的感触模式，它并不能应用于这些思维存有的为物自身，那么，对于这些存有的创造就是对于物自身的创造，因为创造的观念并不属于存在表象的感触形式，或者说，并不属于因果关系，而只能涉及于智思物。因此，我即把感取世界中的存有看成是智思物。因为说上帝是现象的一个创造者，这必是一矛盾，所以，作为一创造者，他是感取世界中的活动原因，然而他同时又是这些活动着的存有的存在的原因，这也是一矛盾。如果（通过视时间中的存在为某种“只属于现象而不属于物自身”的东西），尽管实有当作现象看的活动之自然的机械性，而去肯定自由仍然可能，则“活动的存有是被造物”这情形不能有丝毫影响，因为创造只有关于活动的存有之超感触的存在，而无关于其感触之存在，因此，创造也不能被看成是现象的决定原则。可是，如果世界中的存有（万有）当作物自身而存在于时间中，则情形就完全不同了，因此在这种情形中，实体物的创造者必同时也就是这实体物的全部机械联系的创造者。

把时间（以及空间）与物自身存在分离开，这是十分重要的，此点已被作成在纯粹思辨理性批判之中。

人们可说：这里所提出的解答其自身就包含有很大的困难，而且很不易作出透彻明白的解释。但是任何其他已被试作或可试作的解答，就是相对更可理解的解答吗？我们可以这样说：独断的形而上学教师们在尽可能地隐瞒这困难点上已表现得非常之机灵了，其表现更多的机灵是在这希望中，即“如果他们关于这困难不说什么，则或许没有人会想到它”,他们是以这希望来表示他们的更多的机灵的。如果学问要想有进步，一切困难必须被展示出来，我们甚至也必须要把那些隐藏的困难寻求出来，因为每一困难都要求治疗，甚至障碍也可以变成“增进学问的透彻（贯通）”的工具。但是，如果这些困难是有意地被隐蔽起来，或者只是通过种种掩饰而被免除，则它们迟早必爆发为不治之症，而这不治之症必使学问瓦解于绝对的怀疑论中。

恰当地说，因为在纯粹思辨理性的一切理念之间，单是自由之概念它在超感触物的领域中大大地扩大了我们的知识，虽然其所扩大的只是我们实践的知识，所以我问我自己：为什么单单这自由的概念才专有如此大之收获，而别的理念却只为“纯粹知性的（只是）可能的存有”指派一虚空的空间，但却不能以任何方法去规定这些可能的存有的概念？我们现在可以看见到：因为我不能无范畴地思考任何东西，所以我必须首先为我现在所讨论的理性的“自由之理念”寻求一范畴；而此范畴就是因果的范畴；而虽然自由这一理性概念，由于是一超绝的概念，它不能有与之相应的任何直觉，可是知性的概念，却必须有一所与的（早先给予于它的）感触直觉，通过这感触直觉，其客观实在性才首先被保证了。一切范畴是被分成两类：一类是数学的，此类范畴在对象观念中论及综合的统一；另一类是力学的，此类范畴则在对象的存在的观念中涉及综合的统一。前者总是含有一种关于同质者的综合；而在此种综合当中，发现了不存在于这无条件的以先于那“当作在空间与时间中的有条件者而被给予于感触直觉中”的东西，因为这所想去找到的无条件者其身必也要隶属于空间与时间，因而它必仍然又是有条件的。因此，在“纯粹知解理性辩证”中，便形成这结果，即达到“这无条件的以及这条件的综体”那两相反的方法双方都是错误的。第二类范畴（关于因果及关于一物之必然性的那些范畴）不需要这同质性，因为在这里我们所要去解释的并非这直觉如何从其中的杂多而被给合成，而只是与直觉相应的那有条件的对象的存在如何被加到“这条件的存在”上去；在这情形当中，“去在超感触的世界中，设想这无条件的以先于感取世界中那全然是有条件者，并且去使这综合成为超绝的”，这是可允许的，虽然这所设想的无条件者仍是不决定的。因此，在纯粹思辨理性的辩证中，我们已见到：“为有条件者达到这无条件者”的那两个表面相反的路数并不真是矛盾的，并且已见到：这同一活动，即“由于属于感取世界，它总是感触地有条件的，这就是说，它总是机械地必然的”，它却同时又可从一“不是感触地有条件的”因果性中被引生出来，它可以被思议为是自由的。这唯一成问题的便是去把这“可是”变成“实是”，也就是说，我们必应能够在一现实的情形中，好像是通过事实，就可去展示某一些活动蕴涵着这样的一种因果性，不管这些活动是现实的，抑或是被命令着的，即只是依一实践的意义而为客观地必然的。我们不能希望在那“当作感触世界的事件而现实地被给予于经验中”的各种活动中去找到这种联系，因为自由的因果性必须总是在感取世界以外而在智思世界中被寻求。但是感取的事物是那唯一可提供到我们的知觉观察上的。因此，除了只有去找出一个排除一切感触条件的那不可争辩的客观因果原则以外，再没有什么可以留存下来的。所谓不可争辩的客观的因果原则即是：在此原则中，理性不再进一步诉诸（或请求）某种别的东西以为它的因果性之一决定根据，但是通过那个原则，其本身即含有这决定根据，因此，在此原则中，作为纯粹理性，其本身就是实践的。这个原则不需要去寻求，也不需要去证明；它早已存在于一切人的理性当中，而且已组合于他们的本性中，而此原则即是道德的原则。因此，那个无条件的因果性，连同着此因果性的机能，即自由，它甚至是确定地（决定地）而且是实然地被知道；而且通过它，一个存有（如我自己）既属于感取世界，同时也属于超感触的世界，这也是可以积极地被知的，这样，这超感触的世界的实在性即被建立起，而且在实践方面是确定地被给予了的，而这确定性（决定性），即在知解的目的上它必是超绝的，这确定性，现在在实践的目的上，它却是内在的。

但是，就那第二个力学的理念，即一必然存有的理念来说，我们不能做成这同样的步骤。设无第一力学理念的帮助，我们不能从感触世界升到这第二力学理念。因为如果我们试想这样去做，那我们一定要冒险于一跃而去离开那一切给予于我们者，并且要冒险于去纵跳到那个东西上去，即"关于它，无物以给予于我们，而它却能帮助我们去做成这样一个超感触的存有与感取世界的相联系"这样一个东西上去。一方面，"在关联于我们自己的主体当中，这种联系是完全可能的"，此则甚为显然，只要当一方面我知道我自己当作一智思的（超感触的）存有者，是借着自由而为道德法则所决定者，而另一方面，我活动于感取世界中。单只是这等自由的概念，它能使我们不须走出我们自己之外即能为这有条件的以及感触的东西，去找到这无条件的以及智思的（超感触的）东西。它依赖着这最高而无条件的实践法则，知道自己以及"意识到这法则"的那个存有是属于纯粹知性世界的，而且进一步它规定出"它之所依以能即如此而成为主动的"那样式或路数。这样，在理性的全部机能中，为什么单只是这实践理性的能帮助我们去越过这感取界，而且给我们"一超感触的秩序与联系"的知识，这是可被了解了的。但是须知这种"超感触的秩序与联系"的知识，也正因这原因，其被扩展不能超过多过其在纯粹实践的目的上为必要而被扩展。

现在乘此机缘，让我再多作一点解说，即我们关于纯粹理性所做的每一步骤，纵使在实践的范围内我们对于微细的思辨没有多加注意，然而这所做的每一步骤，也是如此密切而又直接地吻合于“知解理性的批判”中的一切部分，以至于好像是每一步骤都是以深思熟虑的意图，在“实践理性的最重要的命题”与“思辨理性批判之时，常看起来似乎过于微细而不必要的解脱”这两者之间的这样一种彻底的吻合，这样一种彻底的吻合可以引起惊异，并且稳固了那早已为他人所认识以及所称赞的格言，即在每一科学性的研究中，我们一定要以一切可能的准确与坦白来坚定地追随我们自己的道路，而决不要注意及那来自它的范畴以外的任何反对，只要忠实而且完整地即依这研究自身去进行我们的研究。屡次的观察使我相信：当这样的各种研究已结成时，在其一部分中那曾显现为十分可疑的事，假设我暂时放下这可疑点，只注意我手中的事情，直至它完成为止，最后，那十分可疑的事终不期然而见，其与那已分别被发现的东西完全相契合，而且也用不着丝毫注意于那些外来的各种学说为如何，而也对于它们没有任何偏见或不公平。从事著作的人，如果他们能够决心以称为坦白的态度去工作，则他们自己必将省免许多错误与所浪费的许多劳力（浪费是因为浪费于虚幻）。

六十六、智慧与理智的爱

纯粹理性总有其辩证，不管从思辨的使用来看，或以其实践的使用而看，这因为它对那特定有条件的东西要求其条件的绝对综体，而此绝对综体则终能见之于物自身。但是，因为一切事物的概念必须涉及直觉，而就我们人类说，这些直觉除感触直觉外从不能是其他直觉，因此，这些直觉从不能见诸那“只以有条件者与各种条件而组成”的“现象的链子”中，这样，则从“条件的综体这个理性的理念应用于现象”这应用中，遂发生不可避免的幻像，如同这些现象就是物自身似的。但是，如果这种幻象不通过“理性一与同其自己的一种冲突”而泄露自己，则它从未被注意是虚妄的。但是，通过这种冲突，理性被迫着去追踪这种幻像，追至其根源，并去寻求出它如何能被排除，而这一步工作则只能通过对于全部纯粹的理性机能，施以完整的批判考察而被作成。事实上是人类理性所曾陷于其中最有益的错误，因此它最后终于驱迫我们去寻求这钥匙以便去逃出迷宫；一旦钥匙被拿，则这钥匙又可进一步发现那“我们不曾寻求它但却已需要”的东西，也就是说，发现一个“观看到一较高而又是不变的事物秩序”的景观，我们早已存在于这秩序中，甚至现在也存在于这秩序中，而在这秩序中，我们通过那发现，能够通过确定的规律去依照理性的最高指令继续生活。在理性的思辨使用中，这自然的辩证如何可被解决，如何可防止十分自然的幻像而发生出的错误，这可以在“纯粹理性的批判”中详细被看到。但是理性在其实践的使用中也不见得较好一点。作为纯粹的实践理性，它同样想去为实践也有条件的东西去找那无条件者，而它去寻找那无条件者不是把它当作意志的决定原则而去寻找它，理性也还要在最高善（圆善）的名下寻求纯粹实践理性对象无条件的综体。

我们去实践合理行为的各种格言，即充分地规定最高善的理念，这是“实践的智慧论”的事，而此实践的智慧论，作为一门学问来看，即所谓哲学。哲学一词是取古人所了解之意。古人以为哲学意谓一种“概念中的教训”，即“最高善已被置于其中”的概念，并且也意谓一种“行为中的教训”，即“最高善所因它而被得到”的行为。去把哲学一词在其作为“最高善论”的古义中，这必应是妥善的。因为，一方面，（作为一种最高善论）这所附加的限制必应适合于那个希腊字（希腊字哲学一词指表“爱智慧”），而同时又必足以在哲学的名下去拥有“爱学问”，也就是说，“爱一切思辨的理性知识”，所谓“爱一切思辨的理性知识”就是这思辨的理性知识在以下两方面均可适用于理性而言，即一是在那个概念（即最高善的概念）方面可适用于理性，一是在“决定我们的行为”的那实践原则方面可适用于理性，而在这两方面适用于理性却也并未丧失这主要的目的（爱智慧），而单为此主要目的的原因，故此思辨的理性知识才可叫作实践的智慧论。另一方面，通过在此定义中执持一个自我估价的标准，于一个人面前而去抑制那“冒险去要求哲学家的称号”这样一个人的自大，这必是无害的。智慧的知识之所蕴涵的比一个平庸人所要求自己的更多一点。这样，哲学如同智慧仍然是一种理想，这理想，客观地说，其被呈现为完整的，是单只在理性中而为完整的；而主观地说，对一个人而言，它只是这人不停止的努力的目标，而无人能有理由宣称为实得有它，得有它以冒称哲学家之名，他也不能展示这理想之不可错误的结果于他自己的人格中认为一范例。而这一点却也正是古人所要求的认为一条件，以为值得有那个可尊敬的“哲学家”的头衔的条件。

关于在最高善定义一点上的纯粹实践理性辩证，我们需要去作一定的解说。

道德法则是一纯粹意志的唯一决定原则。但是因为道德法则只是形式的，所以它作为一决定原则须抽掉一切材料，也就是说，抽掉作意的每一对象。因此，虽然最高善可以是一纯粹实践理性的全部对象，但是它并不被看成是意志的决定原则；单只是道德法则才必须被看成是原则，而基于这原则，最高善以及最高善的实现或促进才是所属望或所意在者。这一解说是重要的，即在如“道德原则之规定”这样一种精细微妙的情形中而为重要的，在道德原则的规定处，细微的误解足以颠倒人之心灵。因为，我们已知：如果我们在善的名义下，认定任何对象为意志的决定原则以先于道德法则，并因此，从这对象中而推演出最高的实践原则，则总是会引出他律，从而毁灭了道德原则。

但是，如果最高善的概念以为其最高条件，则最高善必不只是一个对象，而它的概念以及它存在的观念，由于通过我们自己的实践理性而为可能者，必同样是意志的决定原则，这一意义也是显明的。因为在那种情形中，意志，如自律原则所要求，事实上实为那“早已含于这概念中”的道德法则所决定，而并不是为任何其他对象所决定。“意志决定”概念的这种次序决不可忽略，因为不然的话，则我们将误解我们自己，而且以为我们已陷于一种矛盾中，当每一东西实处于圆满和谐中。

六十七、美德与圆善

“最高”，这概念本身就含有一种歧义，这歧义，如果我们不去留意它，它可以引起不必要的争辩。“最高”可以说成究极或圆满。前者是那种条件，即“其自身不是被制约”的那种条件；而后者是那种全体。在前面已证明，德性是“那一切对我们能显现为可欲的东西”的究极条件，是“一切我们对幸福的追求”的极究条件，因此，它也就是究极的善。但是这并不意味着它是这完整而圆满的善，即“作为理性的有限存有欲望对象”的那完整而圆满的善，因为这完整而圆满的善也需要有幸福，有幸福不只是在那“使其自己为一目的”的个人偏面眼光中需要，而且甚至也在一无偏面的理性判断中需要的，此无偏面的理性会把一般说的各种人都视为自己即是一目的。因为“需要幸福,而又值得有幸福，而同时却又不去参与幸福”，这不能与“同具有一切力量”的理性存有的圆满意志相一致，如果为试验的原故，我们思议这样一个存有时。现在，因为德性与幸福合起来构成了一个人中最高善的所有物，而幸福的分配“准确的比例于道德”又构成一可能世界的最高善，因此这最高善即表示这完整的善——圆满的善。但是在此圆满的善中，作为条件的德性总是这极善者，因为它没有条件加在其上；而幸福，虽然它对具有者为可愉悦，然而它却并不以其自身即是绝对善的，并在一切方面是善的，它总预设“道德地正”当的行为为其条件。

当两个成分必然地被统一于一个概念中时，它们必须如理由与归结那样被联结，而这样被联结，则或者它们的统一被看成是分析的，或者被看成是综合的，前者是遵循同一律，后者是遵循因果律，因此，德性与幸福的联系可以依两路而被理解；即“努力成为有德”与“对于幸福合理的追求”不是两个不同的行为，而是绝对同一的行为，在此情形中，除去为后者服务的格言外，不须再另有格言以为前者原则；或者这联系是存于以下的情形，即德性产生出幸福以为某种“不同于德性的意识”的东西，这如原因产生一结果。

在此论题上，古希腊的学派，恰当地说，只有两个互相对反的学派，因而为它们都不允许德性与幸福须被看成是最高善的两个不同的成分，它们都依同一性的规律去寻求原则的统一，因此它们在决定最高善的概念中事实上又都遵循同一方法；只是它们在关于这两者（即德性与幸福）中哪一个被取为基本观念上有不同。伊壁鸠鲁派说，你要意识到“一个人的格言引至幸福”便是德性；斯多噶派说，你要意识到，“一个人的德性便是幸福”。依前者，慎审等值于道德；依照后者，单只是道德才是真正的智慧。

我们必须赞美这样的人们，即“在如此早的时期，他们就试探出一切可想象的扩展哲学领域的道路”，我们同时也必须叹惜他们的精明是不幸地被误用了，即在试想去追寻出两个极端异质的幸福与德性的概念间的同一性中而被误用了的。但是，“因试想去把原则上不可消融的差异，转成去避免或克服那些不可消融的差异，而这样一来，就表面地获致了不同名字下的观念的同一”，这却正契合于他们的时代的辩证精神。而这种想法又经常发生在以下各种情形处，异质原则的结合是着落得如此之深，或如此之高，或异质原则的结合需要对于那被假定在其余哲学系统中的主张有一种如此完整的转变，以至于人们遂惧怕深入这真实的差别，而只偏视它为形式或程式中的差异，在如此的各种情形处，以上所述的那种想法经常发生。

当以上所说的两派想法找出德性与幸福这两个实践原则的统一时，他们在“所依以试想去迫成这种同一”的路数方面并不相契合，却是无限地互相分离的，一派置其原则于感性一边，另一派则置其原则于理性一边；一派置其原则于感性欲望之意识中，另一派则置其原则于“实践理性独立”不依于一切感触的“决定根据”中。根据伊壁鸠鲁学派之说法，德性的观念早已包含于“促进一个人自己的幸福”的格言中；而另一方面，依照斯多噶学派，幸福的情感早已含于德性的意识中。现在，不管是什么，凡是含在另一概念中的只是同一于概念（所成的全体）的一部分，却并不同一于那能含概念所成的全体的本身，而两个全体也是各自不同的，虽然它们以同样部分而构成。这就是说，如果各种部分依完全不同的路数而被联合于一全体中，则所成的两个全体虽其构成的部分相同，而它本身却可各别不同。斯多噶学派主张德性是全部的最高善，而幸福则只是“得有此德性”的意识，由于幸福造成主体状态的一部分，伊壁鸠鲁学派则主张幸福是全部的最高善，而德性则只是为追求幸福而立的格言形式，即“达到幸福”的方法（工具）合理的使用。

六十八、德性及幸福的格言

现在，从以上分析所说，那是很清楚的，即德性的格言以及私人幸福的格言，就它们的最高实践原则来说，是完全异质的；虽然它们都属于一个整一的最高善，它们两者合起来使此最高善（圆善）为可能，然而它们两者都是如此之不能统一，以至于它们在同一主体中很强烈地互相限制，互相抑制。这样，“最高善如何是实践地可能的？”这一问题仍是一个难以解决的问题，不管迄今所作的一切企图为如何。但是，分析表明什么东西使这问题难于解决；也就是说，已表明：幸福与道德是最高善（圆善）的两个特别有显著不同的因素，因此，它们的结合不能分析地被认知为就像一个寻求他自己幸福的人，他只通过他的概念分析，即见到在如此活动中他即是有德的，那样，一个遵循德性的人，即在这样行为的意识中，见到他早已事实上是有幸福的，那样一来，凡此都是分析地认知它们的结合，因为这种结合被认为是先驱的，也即被认为是实践地必然的，它不能被认为是从经验中引申出的，因而最高善（圆善）的可能性并不基于任何经验的原则上，所以随之而来的是：这个概念的推证（合法化）必须是超越的。通过意志的自由去产生最高善（圆善），这乃是先验地（道德地）必然的；因此，“它的可能性”的条件必须只是基于先验的认知原则。

在最高善（圆善）中，德性与幸福被认为是必然地相结合的，因此，这一个假若没有其他一个附属条件，便不能为纯粹实践理性所认定。这个结合是综合的。这是已经表明了的；更特殊地说，它必须被思议为是原因与结果的联系，因为它有关于一实践的善，即“通过行动而可能”的一种善；因此，或者幸福的欲望必须是德行的格言的动力，或者德行的格言必须是幸福的有效因素。第一种情形，是绝对不可能的，因为正如已知的格言，即把意志的决定原则置于私人幸福的欲望中的那些格言，毕竟是不道德的，也没有德行能够基于它们之上。但是，第二种情形也是不可能的，因为在世界中原因与结果的实践联系，作为意志决定的成果来看，并不依于意志的道德意向，只依于自然法则的知识以及“为一个人的目的而去使用这些法则”的物理力量；结果，我们不能通过对于道德法则小心翼翼地遵守，便在世界中期望那“适合于最高善（圆善）”的幸福与德行间的任何必然的联系。因为最高善的促进是我们的意志的先验地必然的对象（目的），而且是不可分离地附随于道德法则，所以前者（最高善）的不可能必证明后者（道德法则）的假。因此，如果最高善不是通过实践规律而为可能的，则“命令着我们去促进最高善”的那道德法则必也被引至徒然无益之空想的目的，因而其结果必须是假的。

纯粹思辨理性的悖反，展示世界中事件的因果性里自由与物理的必然间一种相类似的冲突。那种冲突是通过指示出以下事实而被解决，即当事件以及甚至“事件发生在其中”的那世界只被看成是现象时，便无真实之矛盾可言，即因指出此义而被解决；因为同一个活动的存有，当作一种现象者，有一种感取世界中的因果性，即总是符合于自然机械性的因果性，但是关涉这同样事件，就这活动着的人同时视他自己为一智思物而言，他也能含有一个原则，通过此原则，那依照自然法则而活动着的因果性便是被决定了的，而此原则本身却是独立而不依于一切自然法则的。

前面所说的纯粹实践理性的背反正好与这相同。那两个命题的第一个:“追求幸福产生一有德性的心灵”，这绝对是假的，但是第二个:“一有德性的心灵必然地产生幸福”，这却不是绝对假的，只在“德性被看成是感触世界中的因果性之一形式”这限度内，这命题才是假的，只在“我设想感触世界中存在是一理性存有的唯一的一种存在”这限度内，它才是假的；因此，它只是有条件的假。但是，因为我不只是在想“我在一智思世界中当作一智思物而存在”为根据，甚至在道德法则中，“我对于我的因果性有一纯粹理智的决定原则，因此，作为一原因对于幸福则必定有一种联系”，这并非是不可能的，而这联系如果不是直接的，还可能是间接的，即通过一睿智的。可是在那“只是感取之一对象”的一自然系统内，这种结合（联系）除偶然发生之外，从不能以其他方式发生，因此，这种结合对最高善而言，并不足够。

这样，不管“实践理性与其自己”这种表面的冲突，最高善（圆善）总是一道德地决定意志的一必然的终极目的，因而也是意志的真正对象；因为它的最高善是“实践地可能”的，而意志的各种格言也有客观的真实性；此客观真实性开始为那显现于道德与通过一般的法则而成的幸福这两者的相联系中的背反所威胁；但是这种威胁也只由于误想而生，因为各种现象间的关系已被误认为是“诸各种自身对于这些现象”的一种关系。

当我们见到自己被迫走得如此之远，而走到与一智思世界相联系那么远，去寻求最高善（圆善）的可能时，则以下的情形似乎是奇怪的，即纵然我们走得如此之远以寻求最高善（圆善）的可能，而古今哲学家却以为自已能在德性中见到幸福的准确比例，即使在今生也能见到，或至少他们自信他们已意识，这一点似乎是奇怪的。因为伊壁鸠鲁如同斯多噶一样也把那从“德性地活着”的意识中发生出的幸福高抬在一切东西之上；而伊壁鸠鲁实践的规律中也并不如此低下，就像一个人从其学说的原则中所可推出的那样低下，或就像其学说的原则为许多人所解释的那样低下，此许多人是通过其使用快乐一词以代替知足而被误引了的；恰好相反，他把最无私的善的实践也算作“享受最亲切的愉快”的道路，而他的快乐表现也包含着温和与“爱好的节制”，就像最严格的道德哲学家所要求的。他主要地是在“使快乐为动力”这一点上不同于斯多噶，斯多噶很正当地拒绝这样去做。

因为，一方面，有德的伊壁鸠鲁，就像今日那些“不曾够深地反省其原则”的许多善意的人一样，也陷入一种错误。可问题是：首先这样一种习性（性向）如何是可能的？这样一种思想习惯，即在“估计一个人的存在的价值”中的这样一种思想习惯，如何是可能的？因为先于这种思想习惯，在主体中毕竟不能有一种情感，即对道德价值而有的一种情感。如果一个人是有德的，却没有意识到他的每一行动中的正直，他肯定不能享受生活，不管在生活的物理境况方面，对于他是如何之幸运而顺适；但是，我们能够首先在“他如此高度地估计其存在的道德价值”以前，便可只通过赞美的以心灵之和平，而使他为有德吗？此心灵和平必应是从一种正直，即“他对这并无感取”的一种正直的意识而发生。

但是，另一方面，在关于“一个人所做的”自我意识中，有一种隐瞒事实的机会，好像是一种足以令人发生视觉幻像的机会，这一种幻像，甚至最有经验的人也难以完全避免。心灵的道德意向是必然地与“意志直接为法则所决定”这一意识相结合。“意欲机能的决定”的意识总是在结成的行动中的一种满足的根源；但是这种快乐，这种一个人自己的满足，并不是行动的决定原则；而刚好相反，“直接通过理性而作成”的意志的决定乃是快乐之情的根源，而这种决定固然仍是意欲机能的一纯粹实践的决定，而不是感触的决定。现在，因为这种决定在活动的推动中很准确地有同样的内部结果，这同样的内部结果，从所欲的行动而被期望的那快乐之情也必然有之，因此我们很容易会把“我们自己所作的”视作某种“我们只是被动地感之”的东西，而是把道德的动力认作一种感触的冲动，恰如在所谓感取的幻像处所发生的那样。“直接地为一纯地理性法则所决定，决定而至于行动”，这是人性中十分庄严的事；庄严甚至也属于幻像，即“把这可爱理智的决定者主观面的事视作某种感触性的东西，并视作是一特殊的感触性的情感的结果”。注意我们的人格性的这种特质，以及尽可能地去训练理性的影响于这种情感，也是十分重要的。但我们必须小心谨慎，唯恐由于把这道德的决定原则误赞为一种激动力，而使它的根源处于特殊的快乐之情中，如果，我们便降低了并且损坏了这真正的动力，这法则本身，通过好像是把一种虚假的衬托物放在这真正的法则本身上，而降低了这真正的动力，这法则本身。尊敬是这样的某种东西，即对不可能“理性必有一种先行的情感为基础”这样的某种东西，因为这先行的情感必定总是感触的而且是感性的；“而”因通过则而来的“意志的直接的责成”的意识是决无法可以类比于快乐之情的，虽然在关涉意欲的机能中，它可以产生同样结果，但却是从不同的来源而产生。但是，只有通过这种想法，我们才能达到我们所要寻求者，也就是说，“行动不只是要依照义务而被作成”必须是一切道德修养的真正目的。

但是，我们岂不是有一个字，它不表示享受，如幸福一词所表示者，仅仅表示一种满足，一种幸福的类似物，此则必须必然地伴同着德性的意识，我们岂不是有这样一个字吗？是的，不错！这个字就是“自足”（自慊）。此字，依其恰当的意义而言，它总只表示一种消极之满足——满足于一个人存在之满足，在此种满足中，一个人意识到无所需求。自由以及自由的意识，当作一种“以不屈服的决心遵从道德法则”的机能看，乃是独立不依于爱好的，至少当作“决定我们的欲望”的动力看，它是独立不依于爱好的；而就我在遵从我的道德标准中，意识到这种自由而言，这自由便是一不可更变的自足（自慊）且唯一的根源，此种自足是必然地与这自由相联系的，而并不基于任何特殊的情感。此或可称为理智的自慊（自足）。感触性的自足，即“基于爱好的满足”的那感触性的自足，它总不能适当于那理智的自足的概念。因为爱好是可以变化的，它们与“表示它们”的放纵同时生长，而且它们总留下一较大的空虚，比我们所想去填满的空虚更大。因此，它们对于理性的存有总是一种累赘（包袱），虽然不能把它们丢弃，可是它们总从他身上把那“摆脱之”的愿望，扭夺下来。纵使爱好正当者（比如爱好于慈善），这种爱好虽然可以促进各种道德标准的效用，然而它总不能产生任何道德标准。因为，在这些标准当中，一切都必须被引归于作为一决定原则的法则观念，如果这行动须含有道德性，而不只是含有合法性时。爱好不管它是好的或是不好的，总是盲目的，而且是奴性的，而当论及道德时，理性不要充当性好的监护人，而是由于完全不注意于爱好，作为纯粹实践理性，它必须只注意于它自己的兴趣，而排除一切别的兴趣。纵使是慈悲心以及仁爱的同情心这类情感，如果它先于义务问题的考虑而成为一决定原则时，则它对于正当思考的人们，甚至也是一种令人烦恼之物，它把他们的审虑过的各种格言弄得混乱，而使他们从那里摆脱出来，使他们成为只服从于立法的理性者。

这样，我们能了解“这一纯粹实践理性的机能”的意识通过行动（德行）“控制一个人的爱好”的意识，也就是说，产生一“独立不依于爱好”的意识，即产生一消极的满足——满足于一个人的状况，也就是自足（自慊），这种自足根本上说就是自足于一个人自己的人格。自由身在此路数中（即间接地）转而可成为一种享受或受用，此享受不能称之为幸福，因为它并不依于一种情感的积极投合，它也不能是一种天福，因为它并不包含有“完全独立不依于爱好与欲望”这种完全的独立性，但是在“一个人的意志的决定至少可以解脱爱好或欲望影响”这限度内，它便有类于天福（至福）；而这样，这种享受（受用）至少在其根源上，可类比于“自我充足”，即可类比于那“我们只能把它归给最高存有”的那种“自我充足”。

根据对于纯粹实践理性背反的这种解决，随之而来的便是：在实践原则中，我们至少可以思议“道德的意识，与作为道德的结果与相称的幸福期望这两者间的一种自然而必然的联系”为可能，虽然并不因此可思议，随之即可说：我们能知道或觉知（理解）这种联系；另一方面，随之而来者也可说：幸福的追求的原则不可能产生道德；因此，道德是“极善”，而幸福乃是构成圆善的第二因分，但是当它是道德地被制约的，然而却又是前者（即道德）的必然结果时，它才能是圆善的第二成素。只有依此隶属关系，圆善才是纯粹实践理性之完整对象，而对于此对象，纯粹实践理性必须必然地思议其为可能，因为实践理性命令着我们，去把我们的力量，贡献给“此对象（圆善）之实现（真实化）”。

贡献至最高度。但是因为“被制约者与制约的条件的这样的联系的可能性”。完全是隶属于事物的直感性关系，而且它不能依照感取世界法则而被给予，虽然这个理念的“实践的后果”，即“意在于实现圆善”的那些行动，是属于感取世界的，所以我们想努力去建立可能性的根据：第一，就那直接存在于我们的力量之中者，第二，就那不存在于那“依实践原则而为必然的”就此两方面去建立那可能性的根据。

六十九、实践优于思辨

所谓优先性，即理性而被联系起来的两个或两个以上事物之间的那种优先性，我的意思是说“属于一个事物”的一种特权，即这一个事物在与其余事物相联系中作为第一决定原则的那种特权。在一种较狭的实践意义中，它意谓某一个事物的特权，当其他事物是隶属于这一个，而这一个却不后于（低于）任何其他事物时。对于心灵的任何机能，我们能把一种业用归属于它，也就是说，把一个原则归属给它，这个原则含有条件，即单在此条件下，这一个机能才能表现其作用。理性，来当作原则的机能来看，它决定心灵一切力量的业用，而它则单为它自己的业用所决定。理性思辨使用的业用存于对象的认知被推至最高先验原则；而其实践使用业用则存于意志的决定，就最后而完整的目的而说的意志的决定。至于那在理性的任何使用的可能上为必要者，也就是说，理性的各种原则与各种肯定的判断决不可互相矛盾，这一点，并不构成它的业用的部分，这只是（它的任何使用）之有理由条件；单只它的发展才算作其业用，并非只与其自身一致不矛盾算为它的业用。

如果实践理性不能认定或思想任何更进一步的东西以为给予，即此“思辨理性本身从其自己的洞见所能供给的”为更进一步的东西以为给予，则思辨理性必即有优先性。但是，设想实践理性其本身即已有一些根源的先验原则，某些理论的（知解的）项目（论点）都不可分离地与此等根源的先验原则相联系，但这些根源的先验原则却是从思辨理性的任何可能的洞见上被撤下来，假设那一个的业用是优越的？是否思辨理性一定要采用这些命题（原则），而且（虽然这些命题超越于它），它想用它自己的概念去把这些命题联合起来，当作交给它的一种外来的所有物而把它们联合起来？或不然，它顽固地只遵循自己特有之业用，而且依照伊壁鸠鲁的原则（规准），把那“不能通过展示于经验中的显著事例，而信任其客观实在性”的任何东西视作徒然无益的精巧，而加以反对或拒绝，纵使这徒然无益的精巧从未如此之甚地与理性之实践的纯粹使用的业用相交结，而其自身也不与知解的使用相矛盾，但只因为它破坏或侵犯了思辨理性的业用，破坏到这程度，即它排除了思辨理性所已置于其自身的范围或界限，而把它（思辨理性）虚度或消耗于“无意义”或“想象的虚幻”之境，因此而加以反对或拒绝，这种“顽固地遵循……”以及“把任何‘不能……信任其客观实在性’的东西都视作徒然无益的精巧而加以反对或拒绝”，这种拒绝是否可证明为有理？

事实上，只要当实践理性被视为依待于感性的条件，以及被视为只是在感触性的幸福原则下轨约爱好时，我们便不能要求思辨理性去从这样的源泉中取得它的原则。默罕默德的乐园，或降神者与神秘家之吸摄于神（混融于神），必是依照每一个人的趣味把他们的怪物印刻在理性上的，而一个人也很可能像在这样的样式中把理性交给种种的梦那样的无理性，但是，如果纯粹理性其自身就能是实践的，而且实际上也确是如此，正如道德法则的意识所证明的一样，则这纯粹理性仍然只是那“依照先验原则而判断”的同一理性，不管是依理论（知解）的观点而观之，抑或是依实践的观点而观之，这是很清楚的，即虽然纯粹理性在知解的观点中不足以积极地去建立某些命题，但是，这些命题却并不与纯粹理性相矛盾。因此，只要当这些命题，是不可分离地附随于纯粹理性实践的兴趣时，则纯粹理性即必须接受这些命题，尽管其接受这些命题是把它们当作某种“从一外在的根源而供给于它”的东西而接受的，即当作某种“不是生长于自己的土壤上，但却也足够使之成为确实的”的东西而接受；而且纯粹理性也必须想去把这些命题与它的作为思辨理性的力量中所有的每一东西相比较并相联系。但是以下一点必须记住，即这些命题不是一些增益它的洞见者，只是它在另一方面，即实践方面的使用的扩张；而这层意思丝毫不相反于其业用，这层意思即存于粗犷的（放荡的）思辨的限制中。

当纯粹思辨理性与纯粹实践理性结合于一个认识中时，假若这结合不是偶然而随意的，而是先验地基于理性自身时，因而也就是必然的，则实践理性就有其优先性。因为，假若无这种隶属关系，则必发生理性与其自身的冲突；因为如果它们两者（即思辨理性与实践理性两者）只是并列的，则思辨理性必严格地对住它的界限，而不允许从实践理性来的任何事物进入它的领域内，而同时实践理性也必把它的范围扩及到每一东西，而当它是必要之时，必想去把思辨理性包括于这些急须之内。我们也不能逆反次序，而要求纯粹实践理性隶属于思辨理性，因为一切业用最后总归是实践的，而甚至思辨理性的业用也是有条件的，而只有在理性的实践的使用中，它才是完整的。

七十、灵魂的不朽

圆善实现于世界是"通过道德法则而为可决定的"的意志的必然对象。但是在这样的意志当中,"心灵与道德法则完全的符合"是圆善的最高条件。因此,"心灵之完全的符合于道德法则"必须是可能的,恰如其对象之为可能一样,因为"心灵的完全符合于道德法则"则是包含在"促进此对象(圆善)"的命令中。现在,"意志完全的符合于道德法则"就是神圣性,神圣性这一种圆满,没有感触世界中的理性存有能够在其存在的任何时候具有的。因为它被要求为"实践地必然的",所以它只能被发现于一无限的进程中,而依据纯粹实践理性的原则,去认定这样一种实践的进程以作为我们的意志的一真实的对象(目标),这是必然的。

这种无止的进程只有在"存在的无止的延续以及这同一理性存有的人格性"假设上才是可能的;"存在的无止的延续以及这同一理性存有的人格性"即叫作是灵魂不灭。圆善,实践地说来,是只有在"灵魂不灭"的假设上才是可能的;由于其不可分离地与道德法则相联系,所以它是纯粹实践理性的一个悬设。所谓纯粹实践理性的一个悬设,则指的是一知解的(理论的)命题,此命题为一知解命题,它不是可证明的,但它却是"一无条件的先验实践法则"的不可分离的结果。

关于我们本性的道德分定(道德使命)的原则,也就是说,只有在一无底止的进程中,我们才能达到"完全的符合于道德法则",这个道德分定的原则(或信条),是有很大的用处的,不只是在"补充思辨理性的无能”这现在的目的上有很大的用处，就宗教而言，也有很大的用处。要是没有这样的原则，或者道德法则完全从它的神圣性被贬抑下来，通过由于成为放纵且屈从于我们方便的原因，而减低它的神圣性，或者人们滥用他们的天职观念以及滥用他们的期望，期望于一不可达到的目标，希望去获得意志的完整的神圣性，这样，他们便迷失于他们自己于幻想的接神论的梦想中，此则完全与自我意识相矛盾。在这两种情形当中，不停止的努力，努力于去严格地而且彻底地服从一个严格的、不可屈挠的理性的命令，这种不停止的努力，显然只是被阻碍了的。因为就一个理性的但却是有限的存有来说，那唯一可能的事便是一个无止进程，即“从道德圆满的较低级进到其较高级”这个无止进程。无限的存有，他在此从较低级到较高级的进程中，看见一全部的合顺——符合于道德法则；而神圣性，即“他的命令坚决地要求之”的那神圣性，则是见之于独主的智的直觉中，即对于“理性存有的全部存在”之独一的智的直觉中。就德性与幸福的希望而言，一切所能期望于被造物者是他的试验过的（确实可靠的）品格的意识，通过这试验过的品格，依据他从往至今所已做成的“从较坏到道德地较好”的进程以及那“因此前进的进程而被知于他”的那企图（意向）的不变性，也可以希望这同样进程进一步的不间断连续，不管他的生存可以维持多久，他总可以如此希望，甚至超出今生以外，又可以希望成为圆满地适合于他的意志，而没有任何放纵或原谅，他的希望成为圆满地适合于他的意志，实在说来，不是在这里（在眼前）希望的，也不是在其将来的存在的任何可想象的（可预见的）点位上希望的，只是在他的久压（延续）的无底止中希望的，其无底止的久历只有上帝能通览的。

七十一、纯粹实践的理论

这些悬设一切都依道德原则而进行，道德的原则不是一悬设，而是一法则，通过此法则理性直接地决定意志。因为它是如此地被决定而成为一纯粹的意志,需要这些必要的条件。这些悬设不是理论的（知解的）教条，只是一些“实践地必然”的设定，虽然它们并不扩张我们的思辨知识，却给“思辨理性”一般的理念以客观实在性，并且它们给思辨理性以“持有概念”的权利，若不是这样，甚至这些概念的可能性，思辨理性也不能冒险去肯定。

这些悬设就是灵魂不灭的悬设，“积极地视之”的自由悬设，以及上帝存在之悬设。第一个悬设是从一种“适合于道德法则的圆满实现”的延续的“实践地必要”的条件而结成；第二个悬设则是从独立不依于感触世界这种独立性的必然设定以及“依照一智思世界的法则即自由本身的法则而决定一个人的意志”这种决定机能必然设定而结成；第三个悬设则是通过最高独立之善者的设定，即上帝存在的设定，从“这样一个智思世界中圆善的存在之必要条件”而结成。

这事实，即为“尊敬道德法则必然地使圆善成为我们的努力对象”，以及由此事实而结成的“圆善之客观实在性的假设”，由这两点，通过理性的悬设，它们即可引至一些概念上去，这些概念思辨理性实可把它们当作问题而呈现之，但从不能解决这些问题。

1. 它引至这样一个问题，即“在解决此问题中，思辨理性除作错误的推断之外，它不能做成任何事”这样一个问题，此即灵魂不灭的问题。

在解决此问题中，思辨理性所以只能作成错误推断，乃是因为它不能把握住一种常体的性格，而通过此一常体的性格，它想去完成一个心理学的最后主体概念，为了使之成为一真实的实体的概念。这样一种常体性格，思辨理性并不能把握住它，可是这一种性格，实践理性却可通过一种延续的悬设而供给之（这一种延续是“在圆善中与道德法则相一致”之所以必需者，而所谓圆善则是实践理性的整个目的）。

2. 它引至“思辨理性对之除含有背反外，不能含有任何事，而其解决，思辨理性也只能基于一个或然地可思议的综念（概念）上，但此综念的客观实在性却不能证明或决定”，这样的一个概念，也就是说，它引至一个宇宙论的“智思世界的理念”以及“我们的在此智思世界中的存在”的意识，是通过“自由之悬设”以及同样也通过“与同此悬一智思世界之法则”而引至之，但对于此智思世界的法则，思辨理性只能指点的，却不能规定其概念。

3. 它给那“思辨理性能去思之但却被迫着不得不让其当作一纯然的超越理想而为不决定者”这样一个东西以意义，这就是说，是把它当作“为那个法则所决定”的意志的对象的可能性的条件，而给予以意义，此即是说，它给此概念以意义是把它当作一智思世界中圆善的最高原则而给予以意义，而所谓一智思世界即是“通过此智思世界中的道德立法而被赋予以统治权”的一个世界。

七十二、理性与实践

根据应用于现在的论点，要想实践地去扩张一种纯粹的认知（知识），就必须有一先驱的企向被给予，也就是说，必须有一作为“意志的对象”的目的被给予，此目的，由于它独立不依于一切神学的原则，它是通过一“直接决定意志”的律令（定然律令）而被呈现为“实践地必然的”，在此情形中，该目的便是圆善。但是，此目的（对象），没有自由、灵魂不灭、以及上帝，这三个知解的概念，乃不是可能的。因为它们是纯粹理性纯然概念，所以对于它们没有相应的直觉可被发现，也没有任何客观实在性可通过理论的途径被发现，通过实践的法则，纯粹思辨理性的那些对象的可能性便被设定，而思辨理性却并不能把客观实在性保证给这些对象。而通过这种设定，纯粹理性的知解和知识实可得到一种增加；纯粹理性必须把它们视为然的（只是可思议的）那些概念，被展示为是实有对象者；因为实践理性不可避免地为其对象（圆善）的可能而要求这些对象存在，其对象（即圆善），实践地说来，是绝对必要的，而这一点即促使知解理性之认定那些对象为有理。但是这种知解理性的扩张并不是思辨的扩张，也就是说，我们不能在一知解的观点中对于知解理性作成任何积极的使用。为什么呢？这是因为以下的缘故，即由于通过实践理性，在此所完成的，没有什么东西比“这些概念是真实的而且实有它们的对象”这层意思为更进一步者，而且又由于没有什么东西可因此等概念真实，而且的确是因为有这种对象的缘故，而在对于这些对象的直觉之路数中而被给予，所以这种真实性的允许并不使任何综合题为可能。就是因为这种缘故，所以这种知解理性的扩张并不是思辨的扩张。

这种发现丝毫没有帮助我们在一思辨的观点中获得此等对象知识，虽然在关于纯粹理性的实践使用中它可以帮助我们去获得此等对象的知识。其实，上面那三个思辨理性的理念其自身仍然不是一些认知；但是，它们是一些（超绝的）思想，在此等思想中，没有什么不可能的东西。现在，通过一必然的实践法则之助，并由于那三个思辨理性的理念是“这实践法则所命令其被成为一个对象”的那个东西（即圆善）的必要条件的原因，这三个理念便获得了其客观实在性：我们从这实践法则知道“那三个理念有对象”，但却不能够去指出“它们的概念如何关联到一个对象”，而这一点也仍然不是关于这些对象的一种认知；因为我们不能因此而对于它们形成任何综合判断，也不能理论地（知解地）决定它们的应用；我们对于它们毕竟不能作成任何知解的合理的使用，而理性的一切思辨的知识却正存于此种使用中。虽然如此，知解的知识（实不是关于这些对象的知解知识，但只是关于“理性一般”的知解和知识），却也只通过以下这一点而被扩大，即通过实践的悬设，对象已被给予于这些理念，而一或然的思想也会由于这种办法而首先获得其客观实在性。因此，这里并没有关于特定的（所与的）超感触的对象知识的扩张，只在关涉一般说的超感触的东西中有知解理性扩张，并有知解理性的知识的扩张，因为知解理性被迫着去承认实有这样的对象，虽然它并不能够更切近地去规定这些对象，规定它以便其自身去扩张关于这些对象的知识，就这种增加来说，纯粹知解理性简单地说来须感谢它的实践的机能。在此实践的机能上，那些理念变成内在的，而且是构造的，因为它们是“实现或真实化纯粹实践理性的必然对象（圆善）”这种真实化的可能性根源；而当离开这实践机能时，它们是超绝的，而且只是思辨理性轨约原则，这些轨约原则并不要求思辨理性在经验以外去认定新的对象，只是去把它在经验中的使用带至较接近于完整之境。但是，当理性有这种增加，它即像思辨理性那样，依照一消极样子，以这些理念开始去工作，不是扩张它的知识，只是纯净化了它的知识，一方面便可防止神人同形论，这是通过一种设想的经验而形成的那些概念表面扩张；而另一方面，则防止狂热，此种狂热通过一种超感触的直觉或同类的情感而许可这同样表面的扩张。这一切都是纯粹理性实践使用的障碍，这种障碍排除可以视为我们的知识在实践的观点中的扩张，而也并没有与以下的承认相矛盾。

在关涉一对象中，理性的每一使用都需要知性的纯粹概念（范畴），倘若没有这些纯粹概念，则没有对象可被思议。这些概念的可被应用于理性的知解的使用，也就是说，可被应用于这种使用所成的知解的知识，是只当直觉被作为基础，因而也只是为的要想通过这些概念去思议可能经验一个对象，只有在这时，这些概念才可被应用于理性知解的使用，也就是说，可被应用于这种使用所成的知解的知识。那些东西，即"它们要想被知道，须因着范畴而被思想"的那些东西，是理性之理念，此等理念不能被给予于任何经验中。只是在这里，我们并不有事于这些理念的对象之知解的知识，但只有事于这一点，即它们是否有对象。它们的实在性是为纯粹实践理性所供给，而知解理性则除去通过范畴去思考那些对象之外，不能于此再有什么进一步的事去做。这一点，如我们在别处已作清楚地展示，能够无须于任何直觉，便可很好地被做成，因为范畴在纯粹知性中有它们的地位与根源，而它们也总是只指表一般对象，而却不管这对象依何路数而可以被给予于我们。现在，当这些范畴被应用于这些理念时，是不可能在直觉中给它们以任何对象的；但是，"这样的一个对象确实存在，作为思想的一纯然形式的范畴在这里不是空的，而是有意义的"，这层意思是通过一个对象，即"实践理性在圆善的概念中所无疑地呈现"的圆善这一个对象，而充分地被保证给这些范畴的，这就是说，是通过一些概念的实在性而充分地被保证给这些范畴的，但是，虽然可这样地被保证给这些范畴，却并没有通过这种增加"而致成我们依知解的原则而来的知识丝毫之扩张。

当上帝的理念，智思世界（上帝的王国）之理念，以及灵魂不灭之理念，这三个理念进一步为"得自我们自己的本性"所决定时，我们决不可把这种决定视为那些纯粹理性理念之感性化（神人同形），也不可视为超感触对象的超绝知识；因为这些不过就是知性与意志，又是自其相互关系而观之者，在此相互关系当中，它们必须在道德法则中被思议，只就一纯粹的实践使用由它们而作成而言，它们才能被思议。至于“心理学属于这些概念”的那一切其余的东西，其实就是说，“就我们经验地观察我们的这机能的运用或表现而言才属于这些概念”的那一切其余的东西，都必须从这些概念身上被抽掉，因此，关于这些概念即“我们由之以思议一纯粹睿智体”的那些概念，所剩的也不过就是在“思议一道法则”，这“思议之”的可能上所需要的东西。对于上帝实可有一种知识，但这只是为实践的目的而有的知识；而如果我们想把这知识扩展至一知解的知识，则我们便找到一种“有直觉而不是有思想”的知性，一种“指向于对象但其满足却丝毫不依靠于这对象的存在”的意志。现在，这一切就是“我们对之不能形成任何概念以有助于对象的知识”的那些属性，而由此，我们也得知它们从不能在一“超感触的存有的学说或理论（即知解）”上被使用，因此，在这一方面，它们是完全不能成为一思辨知识的基础的，而它们的使用是也只限于道德法则的实践。

以上所说之如此的显明，而且也能如此清楚地为事实所证明，以至于我们可以极有信心地向一切虚伪的自然神学家们详细说明一个简单的属性，不管是知性的属性抑或是意志的属性，以便去决定他们所有的对象（即上帝），其所有的对象都是这样的，即对于它，我们不能够不可争辩地展示说：如果我们把拟人的（神人同形的）每一东西从这对象上抽掉，则除只是空字眼外必没有什么东西遗留给我们，而于那空字眼处，我们倒也不能把即“由之我们可期望有一种知解知识的扩张”的一点点概念联结到这对象上去。但是，就实践的知识来说，关于知性与意志的属性，仍然有一种关系概念存留给我们，对于关系的概念，其客观实在性是为实践法则所给予。当这一点一旦被作成时，则实在性即可被给予于一个“道德地被决定的”意志的对象的概念，并可被给予于此对象的概念的可能性之条件，此条件即上帝、自由、不朽之理念。但是，这实在性仍只是关联于道德法则之实践而被给予于它们，并不是为任何思辨的目的而被给予于它们。

七十三、圆满的概念

依以上的那些解说，对于这个重大问题，即“上帝之概念究竟是一个‘属于物理学（因而也就是说属于形而上学，此形而上学含有物理学的普遍意义的纯粹先验原则。）’的概念，或是一个‘属于道德学’的概念”，这一问题，现在很容易找到答复。如果我们须求助于上帝并以它为万物之创造者，须求它以便说明自然的种种安排或自然的种种变化，则这种说明至少不是一种物理的说明，乃是一种完全的招认，即哲学已到尽头的招认，因为要想对于我们眼前所见的东西能够构想其所有可能，我们便不得不去假定某种东西，而对此某种东西的自身，不这样做，我们是没有概念的。但是，形而上学不能够使我们通过某种推理从这个世界的知识，去达到上帝的概念以及去达到上帝的存在的证明，其所以不能，就是因为要想说这个世界只能为一个上帝所产生，我们一定要知道这个世界是全部可能中最圆满的可能的；而要想知道这个世界是最圆满的可能的，我们也必须知道一切可能的世界，这就是说我们必须是无所不知的。但是，只从概念上去知道这个上帝的存在，这是绝对不可能的，因为每一个存在的命题，是在说，每一个“肯定一存有之存在”即“肯定一个我对之构成一概念的存有之存在”的命题，乃是一综合命题，这就是说，其为命题也是这样，即我经由此命题，便可走出那概念之外，而且对于这概念我可肯定更多一点，即此在这概念本身中所想的为更多一点的东西，这就是说，在知性之中的概念有一个与之相应的对象在知性之外，显然是不可能的。因此，在上帝存在这个问题上，只剩下一个简单的程序，即对于“理性去达到这种知识”是可能的那程序，即“从理性的纯粹实践使用的最高原则去开始，并因而去决定理性的对象”这个简单的程序。那么，理性的不可免任务，即“意志之必然的指向于圆善”必然指向之任务，它不只是显露了这必然性，即一在涉及此世界中的圆善之可能中认定这样一个第一存有，这种“认定之”的必然性，也显露了那最可注意的东西，即显露“理性在其依据物理自然之途径的进程中所完全不能见到”的那某种东西，也就是说，显露了关于这第一存有的一个准确地界定了的概念。因为我们只能知此世界的一小部分，而又不能把此世界与一切可能的世界相比较，所以我们可以从此世界的秩序、设计、以及伟大中推断出此世界的一个睿智的、善的、有力量的、……创造者，但却不能推断说“他是一切，一切善，一切能（全智，全善，全能）……”以下所说是可承认的，即我们实可有理由通过一个合法的而且合理的假设来补充这不可避免的缺陷，也就是说，当智慧，善，等等，表现于那些部分中，即“把其自己呈现于我们的较切近的知识中”的那些部分中时，它们也正同样表现于其余部分中，因此，去把一切可能的圆满归属给世界的创造者，这是合理的；但是这一切并不是严格的逻辑推理，即“我们于其中能在我们的洞见上骄傲我们自己”的那些严格的逻辑推理，只是一些可允许的结论，即“我们于其中可以恣纵放任”的那些可允许的结论，而这些可允许的结论在我们能使用它们以前还需要进一步之推介。依经验研究的途径（物理学），上帝的概念总只是存留而为这样的一个关于“第一存有的圆满”的概念，即并不是“很够准确地被界定了，而可以被认为是适合于神的概念”的第一存有的圆满的概念。

当我现在试想通过涉及实践理性的对象，而检验此概念（即上帝的概念）时，我看出道德原则只承认“具有最高的圆满性”这样的一个世界创造者的概念为可能。只要想去知道我的行为感受到这个程度，即知我的心灵状态在一切可能情形中而且在一切未来时中的最深的根，必须是无所不知的（全智的），只要想把“行为相称的结果”分配给行为，必须是无所不能的；同样，必须是无所不在的，永恒的，等等。这种道德法则，“作为纯粹实践理性的对象”的圆善的概念，它决定第一存有的概念为最高存有；这一点，理性物理学的程序，换言之，就是理性全部的思辨程序，是不可能去做到的。上帝的概念是一个“根源地说来并不属于物理学”的概念，那就是说，是一个“并不属于思辨理性”的概念，只是一个“属于道德学”的概念。至于理性之其他概念，即我们上面曾视之为理性在其实践使用中的悬设者，也同此论。

在古希腊哲学的历史长河中，我们找不到纯粹理性神学的显著线索有较早于安那撒哥拉斯的；但是，这并不是因为那些较老的哲学家没有智力或洞见，通过思辨之途径，至少以合理假设的帮助，足以去把他们增长到这种纯粹的理性神学之境。什么东西可比“去认定一个‘具有一切圆满’简单的理性原因，以代替世界的若干（不同的）原因，代替一个不决定的圆满程度”，这种每一人都可有的思想，更为容易，或更为自然呢？但是世界中的罪恶对于他们似乎是严重的反对，不允许他们去觉得自己去作这样的假设是有理有据。那么，他们是在这一点上表示他们的智力与洞见，即他们不允许自己去采用这种假设，相反，却想在各种自然原因之间，去看看他们是否能够在这些自然原因中，找到一个第一存有所需要的性质及力量。但是，当这敏锐的民族在他们自然的研究中，已进到如此之远甚至很够“哲学地”去讨论道德问题时，他们首先发现一新的而且是实践的需要，此新的实践的需要并非不能给予他们第一存有的概念以确定性。而在这一点上，思辨理性只是表现了观察者的身份，或至多不过有这功绩，即“装饰一个‘不是从它自己的基地上生长出来’的概念”的功绩，以及“应用一连串从自然的研究（此自然的研究现在开始提出）而来的确证”的功绩去作展示。

从以上那些解说（提示），读者将可彻底信服那辛苦的“范畴的推证”乃是有必要的，而且对于神学与道德学又是如何地有成果的。一方面，如果我们把范畴置于纯粹知性中，则只有通过此推证，我们才能不如同柏拉图那样，视之为内在而固有的（天赋的），而且也终可以不在其上建立起过度的虚伪要求——要求关于超感性者的理论（知解），对这种过度的虚伪要求——要求关于超感触者的理论，我们看不出有什么成就或结局，而且通过这过度的虚伪要求——要求关于超感触者的理论，我们必使神学成为一种空想。而另一方面，如果我们视范畴为以后得的，则此推证又可以使我们不如同伊壁鸠鲁那样，把范畴一切使用都限制于感取的对象以及“感取的动力”。但是，现在，纯粹理性批判通过那个推证，已然表示：第一，范畴不是属于“经验的起源”的，但却是在纯粹知性中有它们先验的地位与根源；第二，由于范畴是独立而不依于对直觉其只涉及对象之一般，虽然它们除依应用于经验的对象外，便不能结成理论的（知解的）知识，可是当它们应用于一个“因着纯粹实践理性而被给予”的对象时，却能使我们确定地去思议那超感触者，这些是必然地与那先验地被给予的纯粹实践的目的相联系，而且也是必然地与此纯粹实践的目的可能性相联系，只就“这超感触者为这样的各种说法所规定”而言，它们（诸范畴）才能使我们确定地去思议那些超感触者。纯粹理性思辨的限制以及其实践的扩张，把纯粹理性带进“均等关系”中，在此均等（均衡）的关系中，“理性一般”能够适当地应用于其目的，而这一榜样比任何其他榜样更可较好地证明以下一点，即进至智慧的途径，就我们人类说，它必须不可避免地要通过科学（学问）而前进（或进行）；但是除非这门科学（学问）已被完成，否则，我们不能确信这途径可以引至那目标（智慧）。

七十四、理想与信仰

纯粹理性在其思辨使用中的需要只引至一假设；而纯粹实践理性的需要则引至一悬设；因为在前一情形中，我从结果方面，依原因的系列上升，我愿意升至如何高速，就升至如何高速，我如此上升，并不是要去把客观实在性给予于这结果，而只为在阔涉于这结果中想彻底地去满足我的探究的理性。在眼前，我看见自然中的秩序，而且，我并不需要依靠思辨去保证这种秩序与设计的客观实在性，而只是去说明它们，我须去预设一神体（上帝）以为它们的原因。因为从一种结果到一特定的原因的推断也总是不确定的，而且是可疑的，特别是在推至一个"如此准确而又如此圆满地界定了的，就像我们所须思之于上帝者那样准确的与圆满地界定的"一个原因时，尤其是不确定的与可怀疑的，因此，这种预设所被带至的最高度的确定性也不过就是这一点，即对我们人类而言，它是最合理的意见。

另一方面，纯粹实践理性的需要则是基于这一义务，即"使某种东西（圆善）作为我意志的对象，这样，便可用我的一切力量去促进它"这一义务；在此情形下，我必须假设圆善的可能，也必须假设"对于它的可能为必要"的那些条件，此即上帝，自由，以及灵魂不灭；因为我不能以我的思辨理性来证明这些，虽然我也同样不能以我的思辨理性来拒绝他们。这一义务乃是基于即"此某种东西完全独立不依于这些假设，而其自身又是必然地确定的"这样的某种东西上，此即是说，这一义务是基于道德法则上；至此为止，这一义务它要想在一最圆满的样式中约束我，使我对法则无条件的服从，它也不需要有如此进一步之支持，即通过关于“事物内部的构造，世界秩序的秘密的最后目的，或指挥这世界统治者”的知解的意见（想法）而来的进一步的支持。但是这道德法则的主观结果，其实就是说，那“服从于这法则”，而且“通过这种法则而被致成为必然的”那心灵意向，意即“去促进这实践地可能的圆善”的那心灵意向，它至少预设“这圆善是可能的”，因为去追求一个“在根底上是空洞的，而且无对象与之相应”这种概念的对象，必是“实践地不可能”的，现在，上面所提到的那三个悬设，只是有关于圆善物理的或形上的条件；总而言之，就是只有关于那些“处于事物本性中”的条件；但是，其有关于圆善物理的或形而上学的条件，不是为一随意的思辨目的而有关于它们，而只是为一纯粹的理性意志的实践，也必然的目的的原因，此一理性的意志在此情形中，并不是有关于选择一不可摇动的理性之命令，只是服从一不可摇动的理性之命令，此理性命令的基础本是客观的，而且它并不是基于爱好上；因为我们决无理由为“我们只是在主观的根据上所愿望的东西”的原因而认定“达至这所愿望的东西的工具（手段）是可能的”，或认定“这所愿望的东西之对象是真实的”。因此，这一需要是一个绝对必然的需要，而它所预设的不只被证成为一个可允许的假设，而且在一实践的观点中被证成为一个悬设；而由于承认纯粹道德法则，当作一个命令不可摇动地约束每一个人，因此有正义的人便可以说我意愿：（1）须有一上帝，（2）我在此世界中的存在也须是在物理原因之外的一个存在，而且是在一纯粹的知性世界中的一个存在，最后，（3）我的延续（久历）须是无底止的（无书的）；我坚固地持守此意愿，将不让此信仰脱离了我；因为只在此情形中，我的兴趣（专业），才不可避免地决定我的判断，而无须顾及那些诡辩，不管我是如何地不能够以其他更为巧妙的诡辩，来答复那些诡辩或去反抗那些诡辩。

在“使用一个如此不寻常的概念，就像纯粹实践理性的一个信仰的概念那样不寻常”中，要想没有误解，就增加多一点解说。看起来好像是理性的信仰，真要被宣称为其自身就是一个如此的命令，即“我们必须认定圆善的概念中需要被设定的东西”所作的分析，也将可见以下之情形，即“去认定这种可能”这是不能被命令的，而且也有实践的心灵意向需要去承认：“认定这种可能”为可被命令；但思辨理性却必须用不着被请求却须承认“去认定这种可能”，因为没有人能够肯定说：“世界中理性的存有，必应在服从于道德法则中同时值得有幸福，而且也比例地得有这幸福”,这在其自身则是不可能的。在关于圆善的第一成分中，即关于那“有关于道德性”的成分中，道德法则只给予一命令，而去怀疑这个成分必等于怀疑道德法则本身。但是，就那个对象（即圆善）的第二成分，即“圆满地比例于那价值性”的幸福这一成分说，则实无需一命令以去承认其可能，因为知解理性并没有说明一点什么东西来反对它；但是这样式（或路数），即“我们于其中去思议自然的法则与自由的法则的相和谐”的那样式，其中有某种东西，而关于此某种东西，我们则可有一个“选择”（一是抉择的自愿，一是自主的决定），因为知解理性关于此某种东西不能以必然确定性决定什么事，而就此点而言，则可有一道德的兴趣（事业）以扭转这形势。

我上面已说，在世界纯然的自然行程里，幸福与道德价值间的准确相应是不能被期望的，而且必须被视为是不可能的，因此，圆善的可能性从这一方面说不能被承认，除基于道德的“世界创造者”设定上。我有意地把“这个判断之限制——限制于我们理性的主观条件”的限制保留待后，为的是此诚信样式须更准确地被界定，在此步未做到以前，不要去使用这限制。事实如此，即这所涉及的不可能只是主观的，也就是说，依照这样不同的（异质的）法则而发生的两组事件间的一种联系，在纯然的自然行程之路数里为可思议，这对于它（理性）是不可能的；然而就自然中那“适合于目的”的其他东西说，理性却并不能证明，即并不能通过充分的客观理由而展示，这“适合于目的”的其他东西不是依普遍的自然法则而可能的。

但是，现在，另一种裁决原则开始起作用，以扭转“这种思辨理性的不确定性”中的局势。“去促进圆善”这个命令是在一客观基础上被建立起；而一般所说的“圆善之可能性”也同样建立在一客观基础上。但是，理性不能客观裁决：我们要依什么路数去思议这个可能性，是否只通过普遍的自然法则，而用不着那“指挥自然”的一个明智的创造者即可思议它；抑或是只有依据这样一个创造者的假设可思议之。理性的主观条件参加进来了，这理性的主观条件，对于理性而言，乃是“思议自然王国与道德王国间的准确和谐”之唯一理论地（知解地）可能的道路；而同时，它也是唯一“对于道德性有传导力”的一个道路。因为这圆善的促进，它的可能性之设定，是客观地必然的，而同时又因为我们所依以“去思议这圆善为可能”的那样式或路数是我们自己的选择（自主的裁决），而在此选择（自主的裁决）中，纯粹实践理性的一种自由兴趣，（事业）是对于一明智的世界创造者之认定作裁决的，因为是如此云云，所以那是很清楚的，即“在这里决定我们的判断”的原则，虽然当作一种需要看，它是主观的，然而同时由于它是“促进那是客观地（实践地）必然的东西”之手段，因而它也是道德观点中的“一个诚信标准”的基础，也就是说，它是纯粹实践理性的一种信仰。那么，这信仰不是被命令的，但由于“去认定那个存在并去使那个存在，为我们理性进一步的使用的基础”是我们的判断之一自愿的决定，是对于道德的目的有传导力的，并进而与理性的知解的需要达到和谐，因此这信仰认其为从心灵的道德意向而涌现出者，纵使在好性情的人身上，它也可以时常摇动而不稳，但它却从不被划归于无信仰。

七十五、追求的圆善

如果人的本性是注定要努力去追求圆善的，那么我们也必须设定：人的本性的认知机能的限度，特别是这些认知机能的相互关系，是适合于这目的的。“纯粹思辨理性的批判”已证明：思辨理性是完全不能满意地解决那些置于它面前的最重大的问题，虽然它并不理那些“来自这同一理性”的自然而重要的暗示，也非不理“它所能做的去接近那置于它面前的伟大目标”的重大步骤，自身达到此目标（甚至以最大的自然知识之助也从未能达到）。那么，大自然只以继母的样式来供给我们所需的机能——在我们的目的上所需要的机能。

现在设想：在此事上，大自然已符合于我们的愿望（那种开明之力），给予于我们（设想是如此），尽一切可能将有什么结果出现？除非我们的全部本性真已同时起了变化，否则我们的爱好必首先要求它们自己满足，并且与理性的反省联系，在幸福之名下，要求最大可能而且最长久的满足；道德法则必继之说话，为的是要把诸爱好限于它们自己适当的范围内，甚至把它们隶属一较高的目的上，此一较高的目的决不注意及爱好。但是，假设无那种冲突，即道德意向现在与爱好相对抗的那种冲突，代之而起的必是：上帝与永恒以其可怕的威严立于我们眼前。法则的违犯无疑可被避免；那被命令的东西也可被作成；但是，心灵的意向却不能为任何命令所注入，而在此情形中，行动的刺激必总是活动着的，而且是外在的，这样，则理性无需尽其全力以便通过法则的尊严之一生动的表象，去凝聚强力以抵抗这爱好。因此，大部分符合于法则的行动必只是从恐惧而作成，一小部分则只从希望而作成，但却无一是从义务而作成，而行动的道德价值必不存在。这样，只要当人的本性仍如其所是而不变，则他的行为必变成是纯然的机械，在此机械中，就像在一木偶剧中那样，每一事都做得很好，但在木偶中却并没有生命。

现在，既然在我们完全不如此，既然以我们理性的一切努力，对于未来也只有十分隐晦而可疑的透视，既然世界的统治者只允许我们去猜测他的存在及他的威严，而并不允许我们清楚地去看他的存在与威严，或去证明他的存在与威严；而另一方面，在我们之内的道德法则，没有以任何确定性的东西许诺或威吓我们，它要求我们对它有一种无私的尊敬，而只有当这种尊敬成为主动的而且是主宰的时候，这尊敬允许我们通过它而对于超感触者的世界有一展望（透视），而这展望是只以微弱的一瞥；只有这一切是如上所说时，才有一真正道德意向之余地，而理性的被造物才能成为值得来分享这圆善者，此圆善是与他人格的价值相对应，而不只是与他的行动相对应。

这样，自然研究以及人的研究在这里也可同样是真的；而“人们所依以存在”的，那不可究测的智慧其所否决者方面值得赞美，也并不亚于它在其所赐与者方面值得的赞美，即就其所赐与对于人们方面来说，姑且值得赞美，而就其所否决于人们方面说，他并非不值得赞美。